区域能源互联网
理论与实践

国网江苏省电力有限公司经济技术研究院　组编

中国电力出版社
CHINA ELECTRIC POWER PRESS

内 容 提 要

区域能源互联网是能源互联网的重要物理载体，对提高区域内的清洁能源消纳水平、综合能效水平、能源安全水平，助力实现"双碳"目标以及推动以新能源为主体的新型电力系统建设具有重要意义。

本书从区域能源互联网的内涵与特征出发，总结了区域能源互联网的边界与体系框架。通过梳理区域能源互联网建设案例，总结了省级、城市级、终端级等不同类型区域能源互联网建设的典型经验，多维度阐述了区域能源互联网的发展模式，提出区域能源互联网的构建方案，形成宏观层次的多元化解决方案，为纷繁复杂形势下区域能源互联网的规划、设计、建设提供参考。

本书是关于能源互联网建设与实践的指导书，具有十分广泛的应用价值，可供能源互联网领域的工程师及科研人员阅读参考。

图书在版编目（CIP）数据

区域能源互联网理论与实践/国网江苏省电力有限公司经济技术研究院组编 . —北京：中国电力出版社，2023.3

ISBN 978 - 7 - 5198 - 7039 - 3

Ⅰ.①区…　Ⅱ.①国…　Ⅲ.①互联网络－应用－能源发展－研究－中国　Ⅳ.①F426.2-39

中国版本图书馆 CIP 数据核字（2022）第 168735 号

出版发行：中国电力出版社
地　　址：北京市东城区北京站西街 19 号（邮政编码 100005）
网　　址：http://www.cepp.sgcc.com.cn
责任编辑：崔素媛（010-63412392）
责任校对：黄　蓓　于　维
装帧设计：郝晓燕
责任印制：杨晓东

印　　刷：三河市万龙印装有限公司
版　　次：2023 年 3 月第一版
印　　次：2023 年 3 月北京第一次印刷
开　　本：710 毫米×1000 毫米　16 开本
印　　张：15.75
字　　数：253 千字
定　　价：89.00 元

能源互联网是近年来出现的新生事物，国家、能源行业、能源企业对其内涵和功能形态的认知自能源互联网的概念出现之始就在不断地丰富和完善。早期提出的能源互联网理念主要阐述了如何通过分布式微电网借鉴互联网的特点将传统电网转变为智能化的、具有快速响应和自愈能力的数字化电网。而早期的能源互联网概念，即"基于可再生能源的、分布式、开放共享的网络"，主要描述了其"可再生、分布式、互联性、开放性、智能化"五大特征，并将其作为未来经济系统的五大经济支柱之一。

当前，以新能源大规模开发利用为标志，以智能化、电气化为主要路径，以能源互联网为重要支柱的新一轮能源革命正在全球范围深入开展。2014 年 6 月，习近平总书记在中央财经领导小组第六次会议上提出了我国能源发展的"四个革命、一个合作"能源安全新战略，标志着我国进入了能源生产和消费革命的新时代。《中华人民共和国国民经济和社会发展第十三个五年规划纲要》提出，"将推进能源与信息等领域新技术深度融合，统筹能源与通信、交通等基础设施网络建设，建设'源网荷储'协调发展、集成互补的能源互联网"。面对能源革命的关键时期，能源互联网已经受到了国内各级政府和研究机构的高度重视，正逐渐由以基础性研究为主的概念阶段向以应用性研究为主的发展阶段转变。

电能作为优质、清洁的二次能源，是目前唯一能够实现各种能源大规模和经济高效转化的介质。大部分清洁能源也只有转换为电能才能高效利用。智能电网承担着电能输送与分配的任务，是能源体系中智能化程度最高的能源网络，具有极强的可延展性，能够打破不同类型能源转换、传输、消费的壁垒。智能电网必然成为能源互联网的主要形式，成为提供各类能源供需协调互动的主要平台。

为此，本书从能源互联网企业建设的视角，以区域能源互联网理论为基础，以翔实的建设案例为骨架，阐述了区域能源互联网的内涵、关键技术、典型业务、发展环境以及差异化建设路径。本书共分为8章。

第1章为本书的概述部分。重点介绍了能源互联网的内涵、特征及架构，阐述了能源互联网的五大特征和三大体系，阐述了区域能源互联网的内涵、定义与边界。

第2章从能源网架体系、信息支撑体系、价值创造体系3个层面分析了能源互联网建设中常用的多元综合规划技术、多能源协同优化技术、多能源交易技术等区域能源互联网关键技术和通信技术、云计算技术、大数据技术、物联网技术等信息通信技术。

第3章分析了能源互联网企业在区域能源互联网建设中面临的竞争环境与行业监管。以省级电网公司为例，分析了其面临的竞争环境、核心竞争力、竞争策略和监管问题。

第4章列举了区域能源互联网的典型业务。在能源体制改革和能源转型升级的背景下，考虑从业务维度、机制维度、主体维度3个维度建立区域能源互联网的三维业务架构。构建能源互联网业务筛选模型，并以省级电网公司为例介绍该模型的使用方法，研判省级电网公司的业务布局。

第5章介绍了省级区域能源互联网的建设路径。通过分析省级区域能源互联网的共性特征，总结省级区域能源互联网的三层级结构和三功能模块。在此基础上，按照新能源为主的送端区域、传统能源为主的送端区域、工业型受端区域、服务型受端区域4种类型分析了省级能源互联网的差异化建设路径，并以江苏为例，具体阐述了省级区域能源互联网的建设路径。

第6章介绍了城市级区域能源互联网的建设路径。从共性层面介绍了城市级区域能源互联网的特征与主要类型，并通过分析盐城和连云港的社会发展现状、能源禀赋、区域定位，总结了不同类型城市的特色建设路径。

第7章介绍了园区级区域能源互联网的建设方案。从基本概念、主体特征、主要功能阐述了园区级区域能源互联网的内涵。通过梳理园区区域能源互联网的各利益相关方合作竞争策略，重点介绍了园区级区域能源互联网的发展重点，同时结合同里新能源小镇、工业园区项目、钢铁节能减排项目等典型的示范项目进行分析，推动园区级区域能源互联网的实践发展。

第 8 章介绍了楼宇级区域能源互联网的建设方案。分析了楼宇级区域能源互联网的内涵与发展重点，并通过市民中心项目、商业广场项目、行政中心项目，详细介绍了楼宇级区域能源互联网的规划分析方法与建设重点。

本书由国网江苏省电力有限公司经济技术研究院组织骨干人员编写，在此感谢所有在本书编写过程中提供帮助的人。限于时间和水平，若有疏漏不当之处，还请广大读者提出宝贵意见。

作　者

2023 年 1 月

区域能源互联网理论与实践

目 录

第1章　概　　述

1.1　能源互联网的内涵与特征

能源互联网的初步构想早在 20 世纪 70 年代由巴克敏斯特·福乐提出，福乐认为，能源互联网战略是能源最高优选；随后，在 1986 年，彼得迈森为了关注电力传输网络连接以及可再生能源的使用创立了全球能源网络学会，这些愿景为能源互联网的发展提供了初步设想。在 2004 年，作为现代能源互联网的开端，《经济学人》杂志刊登了题为 Building the Energy Internet（建设能源互联网）的文章，引起了各国学者的关注。在 2008 年，美国 FREEDM 中心托马斯教授提出和构建了能源互联网的架构体系。与此同时，在国家层面，德国和日本分别提出了 E-Energy 计划和数字电网。其中，日本结合本国国情，主要以区域性电、热、冷、气综合能源系统建设促进可再生能源利用和能量梯级利用，进而提高能源自给率和利用效率，并探索了区域小型能源互联网络的实用性和经济性。2011 年，美国杰里米·里夫金在著作《第三次工业革命》中率先提出了能源互联网的概念，并给出了能源互联网的基本特征：以可再生能源＋互联网为技术核心，实现电网中可再生清洁能源、电动汽车的广泛接入，实现能源的公平交易和高效综合利用。在此基础上，许多学者又从能源互联网的不同技术、经济层面，包括信息技术、能量管理、运行与规划和市场机制等方面进行了深入分析，推动了能源互联网快速发展。

从能源政策角度看，2005 年美国通过了 National Energy Act 2005（2005 国家能源政策法案），该法案涉及能源效率、可再生能源、天然气、核能、交通、制氢等方面，使能源的利用从传统的单一的化石能源逐步转向为多种能源（尤其新能源）协调发展的能源格局。在 2006 年，欧盟通过了 The Energy Green Paper，Department of Industry（能源政策绿皮书），鼓励能源的可持续

利用，发展可替代能源，加大对清洁能源、能源利用率等方面的研究投入，从政策上推动了技术的发展。2010 年德国联邦经济与技术部发布了《能源战略2050——清洁、可靠和经济的能源系统报告》，明确指出了发展以可再生能源为核心的能源系统，建设适应可再生能源规模化发展的智能电网。在 2011 年，为了引领清洁能源革命，美国国家科学和技术委员会发布了报告《21 世纪电网的政策框架：确保未来的能源安全》，该报告为未来智能电网的发展、投资、技术和安全提供了政策性框架，进一步推动了能源战略的部署。在 2014 年，为了应对气候变化，减少碳排放，欧盟公布了《2030 年气候与能源政策框架》，进一步明确要求提高可再生能源比例，改革欧盟碳排放交易系统，建立竞争力更强、价格更低、能源供应更安全、温室气体排放更少的能源系统。2017 年，瑞士通过了《能源战略 2050》，使瑞士能源格局就此进入转型期。与此同时，其他欧洲国家也相继调整了清洁能源发展政策，进一步提高可再生能源在电力、交通的利用率，有利于推动多能源互补协调发展，构建绿色、高效、安全的能源系统，为区域能源互联网的快速发展提供了新的机遇。

对于中国而言，政府、企业、学术界对于能源互联网的定义各有侧重，主要可以分为以下几类。

2016 年 2 月，国家发展改革委、能源局、工信部联合发布《关于推进"互联网＋"智慧能源发展的指导意见》，阐述了能源互联网建设的基本路线图，提出"能源互联网是一种互联网与能源生产、传输、存储、消费以及能源市场深度融合的能源产业发展新形态，具有设备智能、多能协同、信息对称、供需分散、系统扁平、交易开放等主要特征"。

2019 年 3 月，清华大学能源互联网研究院联合国家能源互联网产业及技术创新联盟发布《国家能源互联网发展白皮书》，提出"能源互联网是以电力系统为核心与纽带，构建多种类型能源的互联网络，利用互联网思维与技术改造能源行业，实现横向多能互补、纵向源网荷储协调，能源与信息高度融合的新型能源生态网络"。

2020 年 6 月，国家电网公司发布《国家电网战略目标深化研究报告》，提出"能源互联网是以电为中心，以坚强智能电网为基础平台，将先进信息通信技术、控制技术与先进能源技术深度融合应用，支撑能源电力清洁低碳转型和多元主体灵活便捷接入，具有清洁低碳、安全可靠、泛在互联、高效互动、智能开放等特征的智慧能源系统"。

国家层面站在整个能源行业的角度对能源互联网的特征进行阐述，其定义侧重产业属性，建设重点侧重能源生产消费基础设施建设、多能协同综合能源网络建设、能源信息通信基础设施深度融合等方面；清华大学能源互联网研究院对国家层面能源互联网定义进行了延伸，进一步解释了能源互联网的形态属性；国家电网公司继承了国家层面对能源互联网的发展要求，并结合企业自身实际，描述了电网企业如何参与能源互联网的建设，如何服务国家层面能源互联网对电网企业的要求，侧重能源互联网的功能属性。本书以国网公司提出的能源互联网定义为基础开展相关研究工作。

能源互联网是一个正在发展中的内涵外延丰富、包容性很强的概念，是能源电力系统发展的更高阶段。技术上，能源互联网加快实现技术进步与融合发展，"大云物移智链"（即大数据、云计算、物联网、移动互联网、人工智能、区块链）等新进信息通信技术在能源电力系统广泛深度应用，多能转换技术、协调运行技术、用户互动技术等能源互联网技术全面升级，系统呈现数字化、自动化、智能化等特点。形态上，能源互联网网架结构坚强、分布宽广，集中式能源系统、分布式能源系统、各种储能设施和各类用户友好互联，各种能源系统互通互济，并与社会系统融合发展。功能上，能源互联网具有强大的资源配置能力和服务支撑能力，有效支撑可再生能源大规模开发利用和各种能源设施"即插即用"，实现"源网荷储"协调互动，保障个性化、综合化、智能化服务需求，促进能源新业态新模式发展。

1. 能源互联网的五大特征

清洁低碳、安全可靠、泛在互联、高效互动、智能开放是能源互联网的主要特征。

（1）清洁低碳。能源生产、传输、消费等各环节绿色环保，适应清洁能源高比例接入，实现清洁能源充分消纳。

（2）安全可靠。能源网架结构坚强，信息网络和数据运行安全，系统预防抵御事故风险能力和自愈能力强，能源供应稳定可靠。

（3）泛在互联。能源网络分布宽广，集中式、分布式等各类设施及主体广泛接入，跨地域、跨能源品种互通互济，能源系统与信息系统、社会系统融合发展。

（4）高效互动。能源配置和综合利用效率高，经济效益好，多能互补、"源网荷储"协调，各类主体友好互动。

（5）智能开放。具备灵敏感知、智慧决策、精准控制等能力，数字化智能化水平高，各类设施"即插即用"，服务用户多元需求，推动市场开放，打造共赢生态。

2. 能源互联网的三大体系

能源互联网的整体框架可分为能源网架体系、信息支撑体系、价值创造体系，这三大体系相互支撑、有机融合。

（1）能源网架体系。能源网架体系是能源互联网的物质基础，承载能源流，涵盖能源生产、转换、传输、存储和消费等各环节的能源基础设施，以电为中心实现电、气、冷、热等各类能源灵活转换、互通互济。

（2）信息支撑体系。信息支撑体系是能源互联网的神经中枢，承载信息流，是覆盖能源开发利用各环节及相关社会活动的信息采集、传输、处理、控制的数字化智能化系统，以互联网技术为手段提升能源网络的资源配置、安全保障和智能互动能力。

（3）价值创造体系。价值创造体系是能源互联网的价值实现载体，承载业务流，是在深度融合能源网架体系和信息支撑体系的基础上开展的各类业务活动和价值创造行为，以赋能传统业务、催生新的业态、构建行业生态为重点实现价值的共创共享。

1.2 电网企业建设能源互联网的外在要求与内生需求

1. 我国经济进入高质量发展阶段

党的十九大报告指出，我国经济已由高速增长阶段转向高质量发展阶段，正处在转变发展方式、优化经济结构、转换增长动力的攻关期，必须坚持质量第一、效益优先，以供给侧结构性改革为主线，推动经济发展质量变革、效率变革、动力变革。这是以习近平同志为核心的党中央对我国经济发展面临形势、变化规律和发展趋势的深刻洞察和科学判断，为新时代我国经济高质量发展指明了方向。2017 年 12 月 18—20 日召开的中央经济工作会议强调，推动高质量发展是当前和今后一个时期确定发展思路、制定经济政策、实施宏观调控的根本要求。

2. 现代化经济体系建设不断加速

建设现代化经济体系，是以习近平同志为核心的党中央从党和国家事业发展全局出发，着眼于实现"两个一百年"奋斗目标、顺应中国特色社会主义进入新时代的新要求提出的战略性举措和重大决策部署。建设现代化经济体系是我国发展的战略目标，也是转变经济发展方式、优化经济结构、转换经济增长动力的迫切要求。

在新的历史方位和国际国内环境下，以新发展理念为引领，我国现代化经济体系建设步伐不断加速。这就要求能源互联网企业厚植发展优势，牢固树立并"坚定不移贯彻创新、协调、绿色、开放、共享的新发展理念"，充分发挥电网在能源传输和利用中的功能与作用，持续提质增效，推动业务、管理不断转型升级。

习近平总书记强调，现代化经济体系，是由社会经济活动各个环节、各个层面、各个领域的相互关系和内在联系构成的一个有机整体。现代化经济体系主要包括以下 7 个部分。

(1) 创新引领、协同发展的产业体系。这是现代化经济体系的基础和核心。具体而言，就是要加快建设实体经济、科技创新、现代金融、人力资源协同发展的产业体系。

(2) 统一开放、竞争有序的市场体系。这是现代化经济体系配置资源的主要机制。只有建立这样的市场体系，才能给企业提供自主经营、公平竞争的优良环境，才能给消费者创造自由选择、自主消费的空间，才能实现商品和要素自由流动和平等交换，为高质量发展奠定微观基础。

(3) 体现效率、促进公平的收入分配体系。这是现代化经济体系的激励和平衡机制。形成公平合理的收入分配关系，推进基本公共服务均等化，逐步实现共同富裕，这是现代化经济体系的重要标志。

(4) 彰显优势、协调联动的城乡区域发展体系。这是现代化经济体系在空间布局方面的体现。要形成国土资源利用效率较高、要素密集程度较大、生态容量适度、城乡融合发展、区域良性互动、陆海统筹整体优化的生产力布局结构，塑造区域协调发展新格局。

(5) 资源节约、环境友好的绿色发展体系。这是现代化经济体系的生态环

境基础。要实现绿色循环低碳发展、人与自然和谐共生，牢固树立和践行"绿水青山就是金山银山"理念，形成人与自然和谐发展现代化建设新格局。

（6）多元平衡、安全高效的全面开放体系。这是现代化经济体系与外部世界的联系机制。高水平的开放体系是深度融入全球分工体系、与世界经济实现良性循环的经济体系，要求发展更高层次开放型经济，推动开放朝着优化结构、拓展深度、提高效益方向转变。

（7）充分发挥市场作用、更好发挥政府作用的经济体制。这是现代化经济体系的制度基础。要使市场在资源配置中起决定性作用，更好地发挥政府作用，实现市场机制有效、微观主体有活力、宏观调控有度。

3. 新经济模式不断涌现

当今时代，新一轮科技革命和产业变革蓄势待发，以移动互联网、大数据、云计算、物联网、虚拟现实、人工智能等为代表的新一代信息技术迅猛发展，并加速与经济社会各领域深度融合，新产业、新业态、新模式不断涌现，传统产业数字化创新转型步伐加快，促进了数字经济快速发展。以平台经济、共享经济为主要代表的数字经济等新经济模式不断涌现并迅速崛起，是发展最快、创新最活跃、辐射最广泛的经济活动。随着"互联网＋"的不断推进，数字经济作为经济发展新动能的作用日益凸显，已经成为社会创新发展和产业升级的新引擎。

据统计，2016 年，美国数字经济规模全球领先，达到 10.8 万亿美元，占国内生产总值比重达到 58.3%，中国数字经济规模 3.4 万亿美元，占国内生产总值比重为 30.3%，其余国家数字经济规模由高到低依次为日本、德国、英国、法国、韩国、印度、巴西、意大利、加拿大、墨西哥、俄罗斯、澳大利亚、印度尼西亚、南非，数字经济已成为 G20 各国国内生产总值增长的核心动力。

党的十九大报告明确提出，推动互联网、大数据、人工智能和实体经济深度融合，在中高端消费、创新引领、绿色低碳、共享经济、现代供应链、人力资本服务等领域培育新增长点、形成新动能。中国正在从以物质生产、物质服务为主的工业经济发展模式向以信息生产、信息服务为主的数字经济发展模式转变。国家互联网信息办公室发布的《数字中国建设发展报告》显示，2017年，中国数字经济规模达 27.2 万亿元，数字经济规模位居全球第二，同比增

长 20.3%，占 GDP 的比重达到 32.9%，数字经济对 GDP 增长贡献率达 55%。以共享经济为例，2017 年我国共享经济交易规模为 20772 亿元，2018 年同比增长 41.6%，达到 29420 亿元，依然保持高速增长态势。

新的经济模式的不断涌现需要能源互联网企业进一步突破技术瓶颈，主动拥抱平台经济、共享经济、数字经济等新理念，以创新思维培育新业务、打造新业态、建立新模式，推动新旧发展动能转换，实现质效提升和新价值创造。

1.3 区域能源互联网的内涵与特征

能源互联网是一个整体性、包容性的概念，具有丰富的内涵与外延，不同研究主体对各层级能源互联网的研究呈现多元化的分布态势，因此对于"区域"一词的理解也各不相同。

比如，西安交大的别朝红教授认为，能源互联网按照规模可分为区域能源互联网、城市能源互联网和终端能源互联网 3 层。区域能源互联网这一层级的能源系统是指大区级或省级能源系统，主要由综合能源生产基地、区域能源传输网络、综合能源负荷中心等构成。城市能源互联网由综合能源生产场站、"电/气/热/冷"能源消费园区、城市能源输配系统等构成。城市能源输配系统通过相互耦合的城市配电网、天然气输配网、供热系统等多能源网络，实现连接各综合能源生产场站与能源消费园区的功能。终端能源互联网是面向园区、工厂和楼宇等用户的综合能源系统，主要由分布式能源生产设备、综合能源消费用户、多能源传输微网等构成。在此基础上，信息互联网技术和能源市场又为实现能源的互济互补和高效利用，推动能源互联网的开放互联提供了重要保障。能源互联网三层架构如图 1-1 所示。

国网浙江电力的孙可提出"以省为实体的区域能源互联网"概念，认为相比园区能源互联网、微网等小型局域能源互联网以及大范围能源"骨干网"，区域能源互联网是以省为实体，以智能电网为基础，具备特高压网架结构，省级区域内部具备多重能源高效消纳功能，将区域内部电、气、热能源网络生产、传输、存储、消费综合有机互联，以解决当前以省为实体的内部综合能源配置问题。区域能源互联网内部组成有区域能源生产输入网络、以电力网络为核心的多能源耦合网络和热能自消纳能源流动网络、区域内部负荷侧

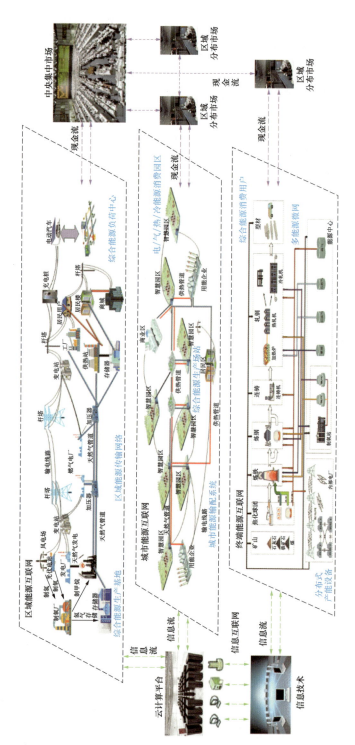

图1-1 能源互联网三层架构

能源输出网络，区域间具有特高压传输网络，区域能源互联网顶层配套综合信息网络。区域能源互联网整体架构如图 1-2 所示。

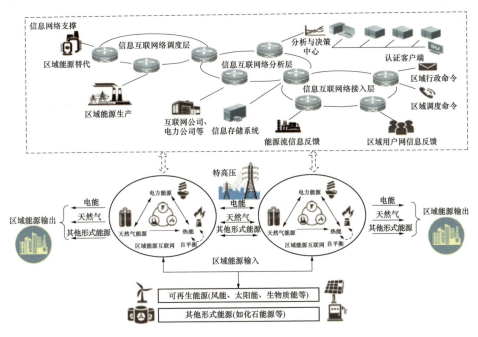

图 1-2 区域能源互联网整体架构

国网山东电力的王本胜区分了区域能源互联网与广域能源互联网的定位，认为广义能源互联网相对而言更强调于规模程度的电能传输优化问题。区域能源互联网作为大电网与用户侧交互的一种形式，则更注重于客户服务体验，其服务多样、灵活可调、能量高利用率、高度信息化、智能化、能源互补等特性使得其在商业、情景应用方面存在极大优势，并将能源互联网划分为三个大类：①国家电网公司主推的全球能源互联网概念，其侧重点为优先发展大区域电力资源跨区运输，将已有电网在空间上进一步扩大，实现大区域间能源不平衡供应的改善；②以综合能源系统和新奥泛能网为代表，主打各种范围下的多能互补特性，打开热、冷、电、气等不同能源体系间的隔阂，提高能源利用率；③侧重能源信息融合，以美国 FREEDM、德国 E-Energy、日本 Digital Grid 和里夫金 Energy Internet 为代表，特点是利用电力电子、信息通信和互联网等技术进行能量的控制，使得供需匹配，从而解决能源供给不平衡的问题。

国网（苏州）城市能源研究院的霍沫霖认为，区域能源互联网是一种利用

多能互补和智慧能源技术为多个建筑物提供冷、热、电的区域级综合能源系统，其可以提高整个区域能源系统效率，增加可再生能源利用和减少污染物排放。区域能源互联网是区域能源发展到高品质阶段的产物，其技术架构包括多能互补的能源系统和泛在互联的物联网平台，特征是横向冷热电耦合、纵向源网荷储互动。

西南电力设计院的夏雪认为，现阶段能源互联网的总体架构可以分为终端能源互联网、区域能源互联网、广域能源互联网 3 个层次。终端能源互联网可以是一个微网系统，也可以是天然气/沼气/氢气的分布式能源系统或是智能建筑，甚至可以是家庭的终端综合用能系统。终端能源互联网适用于学校、医院、机场、酒店、工厂等建筑或建筑群，是区域能源互联网的重要组成部分，其投资建设主体主要是加入能源市场的企业、团体以及个人，政府主要起到政策引导和监管的作用。区域能源互联网主要适合城市园区、新区、城镇示范区等，可推广至整个城市或城市群。因存在不同气候环境、不同供用能关系、城市规模与定位的差异，涉及范围较大，需要不同的部门和环节协调。广域能源互联网则是数个区域能源互联网的广域集合。其建设主要涉及机制体制的建设、宏观政策的协调以及区域能源互联网之间信息网络、能源传输管网的建设。

综上所述，尽管不同的学者对区域能源互联网的理解各有侧重，但大体可分为以下几个层次：全球能源互联网的研究对象为洲际、国家之间的能源优化配置，依托特高压等关键技术，提出全球电网骨干网架、各大洲能源互联网构建思路和关键措施，形成全球能源互联网整体方案，推动国际电力互联、政策对接、技术交流与人才培养；省级区域能源互联网旨在通过能源互联网建设，提高区域能源流交换和保障供应能力，实现省际之间、省内各区域之间的能源大范围配置，助力本省的能源安全供应与可靠运行，优化能源生产与消费结构，提升单位 GDP 能耗，促进大规模清洁能源消纳；城市级区域能源互联网重点通过打造服务于智慧城市建设的新型能源基础设施群，探索能源设施与信息通信、交通等各类其他基础设施的融合发展路径，支撑多元用能设施即插即用，提高能源综合利用效率，为用户提供灵活多样的定制化服务；园区、楼宇级区域能源互联网的核心在于利用分布式能源、多能互补、节能改造等相关技术，以提高用能效率与降低用能成本为主要目标，建设小范围的能源生产与消费融合网络。

因此，本书中提到的"区域"是一类集合的统称，泛指在地理上具有行政、组织、产权、功能等方面的相似性，可将其内部的能源生产、传输、消费等环节进行统一考量的地区。区域能源互联网是能源互联网的具体实现形式，以省、市、镇、园区、楼宇等功能单元为实体，打破能源系统各环节的交互壁垒，实现横向"电热冷气"多能互补、纵向"源网荷储"时空互济，促进区域能源高质量发展。

1.4　区域能源互联网的建设意义

区域能源互联网是工业互联网在能源领域的具体实现形式，是对"四个革命、一个合作"能源安全新战略的详细解读，是推动构建清洁低碳安全高效现代能源体系的具体实施路径，具体表现在以下几个方面。

1. 助力推动能源消费革命

通过深化电能替代，推广高效用能方式，拓展电能在终端能源消费中的广度和深度，培育电能在终端能源消费中的竞争新优势，支持智能家居、智能楼宇、智能园区、智慧城市建设，形成便捷化、一体化的能源消费模式，多维度多层级提升社会能效，助力形成能源节约型社会，为生态文明建设注入新动能。

2. 助力推动能源供给革命

通过建设兼顾大型新能源基地和分散式新能源接入的坚强灵活输配网架，打造安全可靠与经济高效相互协调、清洁主导与多能互补相互依托、集群集中与分散分布相互支撑的能源生产传输网络，促进消纳高比例可再生能源，支持灵活互动用能行为，形成能源低碳发展新格局。

3. 助力推动能源技术革命

通过"大云物移智链"等现代信息技术在电力系统广泛深度应用，推动传统电网由单一电能输送载体向具有强大能源资源配置功能的智能化基础平台升级，实现物理互联、数据互联、应用互联，促进技术创新、产业创新、商业模式创新。

4. 助力推动能源体制革命

通过逐步建设以能量、辅助服务、新能源配额、碳配额等为标的物的多元交易模式，建立多方参与、平等开放、充分竞争的能源市场交易体系，激发市

场活力，助力形成市场优化决定资源配置的大格局，还原能源电力商品属性，有效激活商业模式与产业模式创新。

5. 助力全方位加强国际合作

通过构建"以市场为导向、以用户为中心"的现代服务体系，不断优化电力营商环境，改善用户用能感知，提高用户价值创造能力，打造国际领先的能源服务新样板，推动能源互联网先进技术、装备、标准和模式"走出去"，推动形成开放共享的能源互联网生态圈。

第2章　区域能源互联网关键技术

无论是能源革命或是工业革命，技术创新和突破都在社会发展进程中扮演着无可替代的重要角色。应通过"政产学研用"资源充分融合，在区域能源互联网规划技术、运行优化技术、交易技术、信息通信技术等关键装备和技术应用方面取得突破，加快电网数字化转型升级，引领能源互联网创新发展与实践应用。

2.1　区域能源互联网技术体系

随着新能源高比例接入、新型用能设备广泛应用、"大云物移智链"等信息通信新技术与电网深度融合，电网的物理特性、运行模式、市场形态等都发生了深刻变化，正在加快向能源互联网演进。

2.1.1　能源互联网技术体系框架

基于一般系统结构理论，首先，将能源互联网技术体系这个复杂系统按照能源网架体系、信息支撑体系和价值创造体系这3个体系进行支配层划分。接着，针对每一个支配层，分别将技术发展现状、市场、政策、区域能源互联网类型、技术联系等要素纳入关联关系考量中。最后，将传统的电力技术体系调整到能源互联网技术体系中，得到能源互联网技术体系框架，如图2-1所示。

2.1.2　省级区域能源互联网技术体系框架

省级能源互联网企业在技术路线选取过程中，理应把握"两方面、三体系、四纵向"的原则。"两方面"指的是区域能源互联网关键建设技术和关键支撑技术两个方面；"三体系"指的是能源网架体系、价值创造体系、信息支撑体系；"四纵向"指的是能源生产与转换、能源传输与控制、能源消费、能源存储的能源利用全生命周期。对于新材料与器件、工控芯片等技术设计架构要求高、生产周期长、研发成本昂贵，需要投入大量的人力物力的技术，不纳入省级能源互联网企业技术框架。省级电网公司层面建设能源互联网技术路线如图 2-2 所示。

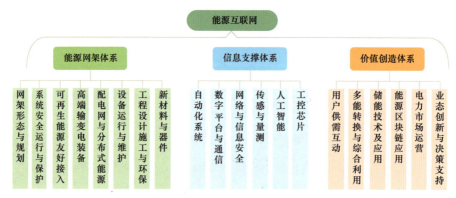

图 2-1　能源互联网技术体系框架

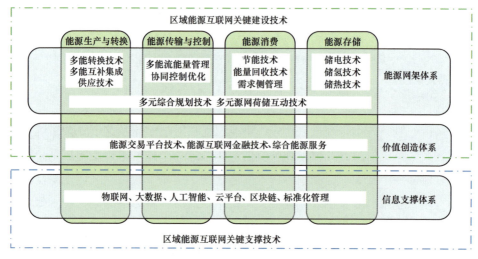

图 2-2　省级电网公司层面建设能源互联网技术路线

按照不同省份的社会经济发展阶段、资源禀赋、产业布局等地方特色，省级能源互联网企业建设区域能源互联网主要分为送端型区域能源互联网和受端型区域能源互联网两大类型。

一般系统结构理论可用于揭示技术体系组成部分之间的关联的新概念、技术体系结构、技术体系层次等，在此基础上抓住技术体系结构和技术点之间的内在逻辑关系，可以解决技术体系中的存在性及特性问题，形成能源互联网"基础理论—设计方法—技术框架"多维度多层次关系分析方法。针对以上每种不同类型的区域能源互联网，所需的关键技术也各有侧重，且都有着规划技术、运行技术、交易技术、信息支撑等相关共性技术，亟需在共性技术上加大研究力度和深度，以期实现不同类型的区域能源互联网建设目标。省级电网公司层面建设区域能源互联网技术体系框架如图 2-3 所示。

1. 送端型区域能源互联网关键技术

送端型区域能源互联网主要是指新能源资源和传统能源丰富，而本地负荷需求较小，无法完全消纳，需要采取特高压等技术手段将电量外送的类型。目前我国新能源为主的送端型区域能源互联网以西部地区省级电网公司为代表，包括新疆、青海、甘肃、宁夏、云南、贵州等省份；以传统能源为主的送端型区域能源互联网以北部地区省级电网公司为代表，包括内蒙古、山西等省份。

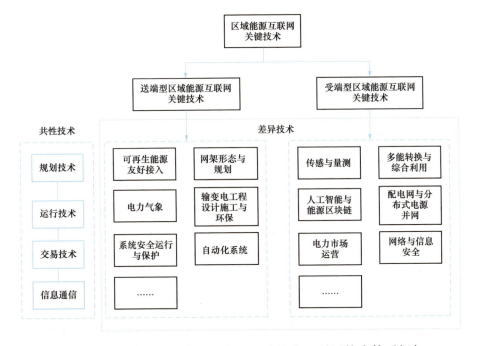

图 2-3 省级电网公司层面建设区域能源互联网技术体系框架

为满足新能源消纳和电力跨区大规模优化配置的需要，亟须发展可再生能源友好接入、网架形态与规划、自动化系统、输变电工程设计施工与环保、电力气象、系统安全运行控制等方面技术。能够提供不同时间和空间尺度下各类新能源预测结果及其概率分布，新能源主动支撑可实现新能源发电并网从"被动适应"到"主动支撑和自主运行"的转变，通过新能源发电的多能互补优化调度和跨区域送受端协调控制，保障新能源跨省跨区高效消纳；通过融合现代信息技术，集成区域能源互联网全流程规划，支撑未来电网发展技术路线和多能源联合送出的系统协调规划；形成了适应高比例新能源接入的交直流混联电网规划体系，掌握多能融合发展的能源互联网协同规划，支撑新能源多级接入规划；实现对电网运行态势的全景感知、准确预测、提前预判、风险评估与协同自动控制，大幅提升电网调控运行效率，提升大电网调度运行控制的驾驭能力、调控运行数据深度分析挖掘水平、电力电子化电网广域监测能力、清洁能源消纳能力，完成调控体系从分散自治向一体化协同，调控方式从人工监视到自动巡航，调控模式从"源随荷动"向"源荷互动"的转变；提高电网灾害监测的时效性及可靠性，科学支撑电网灾害防治，大幅降低灾害损失，切实提升电网抵御极端灾害破坏的设计能力，推进输变电工程防灾设计向安全韧性评估转变。基于省级能源互联网企业层面建设区域能源互联网技术体系框架，可得出送端型区域能源互联网关键技术体系框架，如图 2-4 所示。

2. 受端型区域能源互联网关键技术

受端型区域能源互联网是指以工业、第三产业为主要负荷，本地能源生产水平无法满足需求，需要从外部输送能源的类型。我国受端型区域能源互联网多分布于中东部地区，如北京、上海、江苏等地。

为满足能源稳定供应、降低用能的需求和各类综合能源服务发展的需求，亟须发展传感与量测、多能转换与综合利用、人工智能与能源区块链、配电网与分布式电源并网、电力市场运营、网络与信息安全等方面技术。可以实现能源互联的配电系统综合承载能力大幅提高，提升交直流配电网实时感知、保护智能决策与故障快速处置能力；实现一二次深度融合智能配电设备应用，以自主化巡检与人工智能辅助决策为主的配电网巡检新业务模式，拓展配电不停电作业范围，实现配电运维向健康主动预防转变，建立配电大数据应用体系；实现高比例分布式电源、电动汽车充电装备、微能网规模化应用，系统解决源网荷储协调优化调度问题；全面提升能源互联网规划、运行、调控及优化等业务

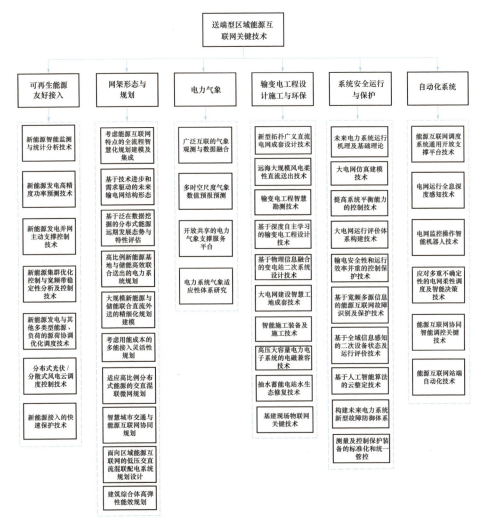

图 2-4　送端型区域能源互联网关键技术体系框架

的智能化水平，大幅提高电力影像检测识别准确度、知识检索及推理效率，提高能源互联网运行优化中人机融合及智能决策占比；提高电力机器人等自主无人系统覆盖率，大幅降低电网一线作业人员劳动强度，降低电力巡检人力运维成本；建成数据驱动的能源互联网人工智能应用综合示范工程，推动构建高度智能化的智慧能源系统，加速能源电力行业智能化发展，为"融合基础设施"新基建提供智能化技术支撑；形成综合能源数字孪生技术体系，大幅提高综合能源仿真的精度及速度，提升规划设计、运行调控等业务的自动化、智能化、集群化水平，推动综合能源服务标准化进程；提供冷热电气氢能源供应一站式服务，在满足多元化用能需求的同时实现终端用能清洁低碳、灵活高效，降低综合用能成本，增强用户用能获得感。基于省级能源互联网企业建设区域能源互联网技术体系框架，可得出受端型区域能源互联网关键技术体系框架，如图 2-5 所示。

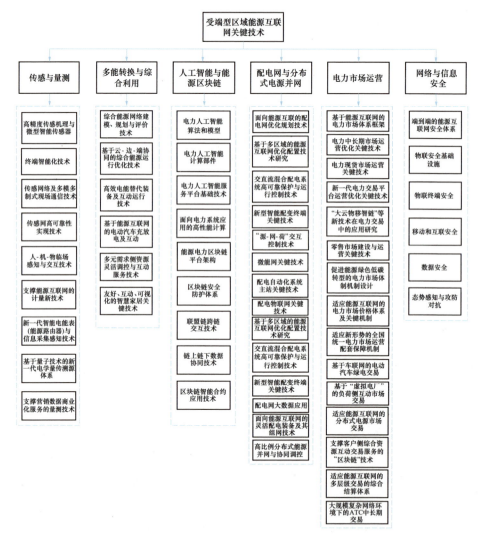

图 2-5　受端型区域能源互联网关键技术体系框架

基于以上的研究分析，从能源生产与转换、能源传输与控制、能源消费、能源存储的能源利用全生命周期来看，无论是受端型区域能源互联网还是送端型区域能源互联网，都需要关键建设技术和关键支撑技术等共性技术。其中，关键建设技术主要由综合规划技术、运行优化技术、交易机制等技术构成；关键支撑技术主要由信息通信支撑技术等技术构成。以下小节，将分别按照关键共性技术点进行具体分析阐述。

2.2 区域能源互联网规划技术

区域能源互联网能源系统是多种能源联合一体的系统，不同能源形式和网络之间的耦合关系强，多能之间的互补替代作用能够提升系统的综合利用效率。能源系统的规划设计，不仅仅是多种能源的简单加和，而是按照不同能源形式的互补耦合特性，统筹规划多能的供给和转换，这也是区域能源互联网关键建设技术之一。本节从多能系统基本组成、设计方法、系统规划以及规划模型求解算法展开介绍。

2.2.1 区域能源互联网多能系统基本组成和设计方法

区域能源互联网能源系统是以电能、太阳能、风能以及地热能等为能源，包含可再生能源设备、节能设备和储能设备的综合能源供应系统，以满足设计区域内的电负荷、热负荷以及冷负荷的综合能源需求，区域能源互联网能源系统能流如图 2-6 所示。

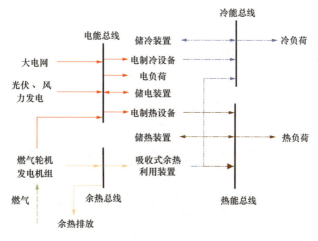

图 2-6　区域能源互联网能源系统能流

1. 多能系统设计的原则

区域能源互联网多能系统的设计目标是根据用户对不同能源形式的需求(冷气、暖气、热水、电、蒸汽等),利用区域内可获得的能源形式(燃气、电、光、风、地热、工业余热等),优化组合各种能源转换装置满足用户长期变化的供能需求,并获得经济、环保和安全性等方面的综合效益最大化。多能系统设计应注意遵循如下原则。

(1) 应包含用户需要的所有能源类型和该区域环境可以获得的所有能源形式。这里的环境允许指的是转换该类型能源所需的能源转换装备具备的安装条件。如具备光伏安装的屋顶和墙面、满足风机或光热转换装置的安装场地要求等。

(2) 应包含满足场地需求和用户需求规模的所有可行的能源转换技术类型和储能技术类型。多能系统能源类型分类与转换示意如图 2-7 所示。

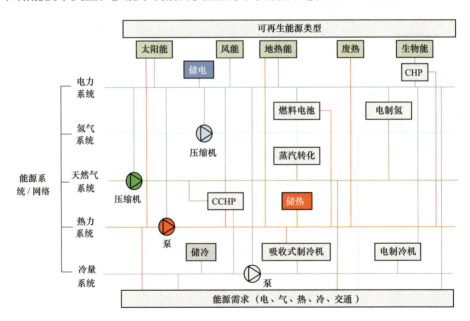

图 2-7　多能系统能源类型分类与转换示意图

2. 多能系统设计的主要步骤

在实际工程或项目应用中,多能系统设计的主要步骤如下。

(1) 列出用户需要供给的所有能源形式类型,记为售出能源集合,即

$$E = [e_1, e_2, \cdots, e_n] \tag{2-1}$$

需要关注的是，由于关注的是多能系统的供能形式，因此这里的售出能源形式并不一定是用户最终利用的能源形式，而是用户室内安装的热交换器的输入能源形式。若用户室内的取暖和制冷交换器采用水源型，则集合 E 中的能源形式应该是高温热水和冷冻水；如果室内采用蒸汽换热器，则集合 E 中的能源形式是蒸汽。另外，应评价用户侧是否具备条件同时安装电制热或者电制冷设备作为集中供冷和供暖的补充，如果是，则应将热空气或冷空气也作为售出能源形式加入集合 E。总之集合 E 中的供给能源形式应该尽可能全面，以保证后续优化结果的全面性。

（2）列出所有可能从外部购入的能源形式，记为购入能源集合，即

$$P = [p_1, p_2, \cdots, p_m] \tag{2-2}$$

同样，应尽可能地考虑所有可能获得的输入能源形式，如光能、风能、地热能、天然气等。

（3）列出以 P 中的能源类型为输入，E 中的能源类型为输出，当前技术较成熟且有业化产品的所有能量转换设备类型，记为集合 Ψ。

（4）对 E 中每种能源类型，如果存在技术较成熟且工业化产品的储能装备，将其列入储能设备集合 Φ。

（5）以行表示 $\Psi + \Phi$ 中的每一种装备，以列表示 $P + E$ 中的每一种能源类型，形成能源转换关系，其中矩阵 R 为

$$R(i,j) = \begin{cases} 1, & \text{第 } i \text{ 种装备以第 } j \text{ 种能源类型为输入能源} \\ -1, & \text{第 } i \text{ 种装备以第 } j \text{ 种能源类型为输入能源} \\ 2, & \text{装备 } i \text{ 存储能源 } j \text{ 类型,并以之为输入 / 输出} \\ 0, & \text{第 } i \text{ 种装备和第 } j \text{ 种能源类型无任何联系} \end{cases} \tag{2-3}$$

2.2.2 区域能源互联网多能系统规划

1. 概述

基于不同季节和气象条件，区域对能源形式的需求各不相同，区域能源互联网多能系统的能源供给设备及其运行工况会有很大不同。因此，可将一个自然年按照对多能的需求划分为非采暖/空调期、采暖期、空调期 3 类能源需求期。多能系统通过多种类型供能和储能设备将电能、太阳能、风能以及地热能

等转换为所需要的能源形式，满足区域内非采暖/非空调期的电负荷需求、采暖期的热负荷需求以及空调期的冷负荷需求。多能系统规划应充分考虑多能系统在全生命周期内不同能源需求情形下的运行情况。多能规划主要涉及以下几个方面内容，其中最为主要和基本的是对多能供给和存储设备的类型和数量进行优化，基于规划区域内多能整体负荷水平，在备选多能供给和存储设备中考虑，针对多种优化规划目标，考虑全寿命周期的优化运行工况，提出区域内的制冷装置、制热装置，储电、储冷和储热装置的优化组合方案。

（1）热力系统规划。主要包括热力存储容量、冷气存储容量规划。

（2）储能系统容量和种类规划。储能的种类有多种，不同储能具有不一样的技术指标、经济指标和适用范围。根据电力系统对备用响应时间和容量的需求，如小时级别备用、30min 备用、5min 备用、1min 备用和秒级别的备用，并结合储能系统的技术指标和经济性指标，对储能系统中储能的种类以及容量进行规划。

（3）天然气系统规划。主要包括存储气的类型和存储罐的容量。

（4）虚拟电厂规划。包括虚拟电厂的个数与分布规划，虚拟电厂中各分布式电源的构成种类规划，各虚拟电厂管辖的地理范围，虚拟电厂中各类分布式电源容量的最优配比。

（5）连接节点规划。包括储能系统与电力系统的连接节点规划、天然气系统与电力系统连接节点规划、虚拟电厂中各类分布式电源连接节点规划、热力系统与电力系统连接节点的规划。

（6）需求侧响应规划。根据电力系统供需状况制定相应政策。

（7）网络架构规划。包括电力网络、天然气网络以及热力网络的规划。

2. 目标函数

区域能源互联网多能系统的规划目标包括经济性、环保性和安全性，在全生命周期内，3 种优化目标的数学模型分别介绍如下。

（1）经济性。经济性以多能源系统全寿命周期内总成本为目标函数。总成本涉及多能源设备初期费用（设备购置和安装）、维护费用、运行费用以及设备残值运行费用主要是多能系统运行所购入能源费用，同时考虑可再生能源发电的补贴收益。经济性目标函数为

$$F^{\text{Eco}} = \sum_i (B_i + YF_i) + Y\sum_j \sum_p N_p OC_{p,j}^{\text{Eco}} - \sum_i RV_i \qquad (2\text{-}4)$$

式中：B_i 为第 i 种供储能源设备的初始投资费用；F_i 为第 i 种供储能设备每年的运行维护费用；Y 为整个系统的工程寿命，年；RV_i 为第 i 种供储能设备残值；N_p 为一年内第 p 类能源需求期的天数；$OC_{p,j}^{\text{Eco}}$ 为第 p 类能源需求期的第 j 种能源在经济性准则下系统典型日运行成本。

$OC_{p,j}^{\text{Eco}}$ 模型为

$$OC_{p,j}^{\text{Eco}} = \sum_{j=1}^{J} \sum_{t=1}^{T} C_{t,j} P_{t,j}^{\text{TL}} H - \sum_{n=1}^{N} \sum_{t=1}^{T} C^n P_t^n H \tag{2-5}$$

式中：T 为多能系统优化日调度总区间数，一般设 $T=24$；H 为每个调度区间的小时数，此时 $H=1$；$C_{t,j}$ 为第 j 种能源在第 t 时刻的价格；$P_{t,j}^{\text{TL}}$ 为区域内第 j 种能源在第 t 时间间隔内的平均功率；C^n 为第 n 种可再生能源发电补贴价格；P_t^n 为第 n 种可再生能源在 t 时段的发电功率。

（2）环保性。环保性是以多能系统全寿命周期内污染物排放量最低为目标函数。环保性目标函数为

$$F^{\text{Env}} = Y \sum_{j} \sum_{p} N_p OC_{p,j}^{\text{Env}} \tag{2-6}$$

式中：$OC_{p,j}^{\text{Env}}$ 为第 p 类能源需求期第 j 种能源在环保性准则下系统典型日运行环境成本。

$OC_{p,j}^{\text{Env}}$ 模型为

$$OC^{\text{Env}} = \sum_{j=1}^{J} \sum_{t=1}^{T} C_j^{\text{E}} P_{t,j}^{\text{TL}} H \tag{2-7}$$

式中：C_j^{E} 为第 j 种能源的污染物排放量。

（3）安全性。安全性是以多能系统全寿命周期内安全性最高为目标函数。安全性目标函数为

$$F^{\text{Sec}} = Y \sum_{j} \sum_{p} N_p OC_{p,j}^{\text{Sec}} \tag{2-8}$$

式中：$OC_{p,j}^{\text{Sec}}$ 为第 p 类能源需求期第 j 种能源在安全性准则下系统典型日运行环境成本。

$OC_{p,j}^{\text{Sec}}$ 模型为

$$OC^{\text{Env}} = \sum_{j=1}^{J} \sum_{t=1}^{T} C_j^{\text{S}} P_{t,j}^{\text{TL}} H \tag{2-9}$$

式中：C_j^{S} 为第 j 种能源的安全系数。

3. 规划约束条件

多能系统规划约束主要包括以下方面。

(1) 初期投资成本约束。计算公式为

$$\sum_i B_i \leqslant I_{\max} \tag{2-10}$$

式中：$I_{\max}$ 为最大初期投资成本。

(2) 环境成本约束。计算公式为

$$E \leqslant E_{\max} \tag{2-11}$$

式中：E 为环境污染治理费用；$E_{\max}$ 为最大允许环境污染治理费用。

(3) 最大负荷约束。计算公式为

$$S_D L_{\max}^D \leqslant \sum_j P_{\max}^j \tag{2-12}$$

式中：$L_{\max}^D$ 为规划区域内设计电负荷；S_D 为供电安全系数；$P_{\max}^j$ 为第 j 种供电设备的最大供电功率。

$$S_H L_{\max}^H \leqslant \sum_j Q_{\max}^j \tag{2-13}$$

式中：$L_{\max}^H$ 为规划区域内设计热负荷；S_H 为供热安全系数；$Q_{\max}^j$ 为第 j 种供热设备的最大供热功率。

$$S_C L_{\max}^C \leqslant \sum_j W_{\max}^j \tag{2-14}$$

式中：$L_{\max}^C$ 为规划区域内设计冷负荷；S_C 为供冷安全系数；$W_{\max}^j$ 为第 j 种供冷设备的最大供冷功率。

(4) 备用容量约束。备用容量负荷包括冷、热、电负荷，计算公式为

$$R_{\min} \leqslant R \tag{2-15}$$

式中：R 为系统备用容量；$R_{\min}$ 为系统最小备用容量。

(5) 可靠性约束。计算公式为

$$M_{\text{LOLP}} \leqslant W_{\text{LOLP}}^{\max} \tag{2-16}$$

式中：M_{LOLP} 为系统失负荷概率；$W_{\text{LOLP}}^{\max}$ 为系统最大失负荷概率。

(6) 多能网络规划。计算公式为

$$n_s \leqslant n_s^{\max} \tag{2-17}$$

式中：n_s 为系统网络架构稳定系数；$n_s^{\max}$ 为系统允许最大多能网络稳定系数；多能网络包括电力网络、热力网络和天然气网络。

(7) 需求侧响应规划。计算公式为

$$p_t^{\min} \leqslant p_t \leqslant p_t^{\max} \tag{2-18}$$

式中：p_t 为系统在时段 t 内的负荷；$p_t^{\min}$ 和 $p_t^{\max}$ 分别为系统在时段 t 内响应激励负荷的下限和上限值。

2.2.3 区域能源互联网多能系统规划优化求解算法

从数学模型角度，区域能源互联网多能系统规划问题属于非线性规划问题，求解此类问题的常用数学算法有混合整数随机规划、启发式算法等，以分枝定界法和粒子群优化算法最为常用。

1. 分枝定界法

分枝定界法是指以有限投资为约束，迫切度为权值，将问题的所有可行解空间恰当地进行系统搜索，以求得最优解的方法。可行解空间反复分割为越来越小的子集（分枝），并为每个子集内的解值计算下一个界（定界），直到不再分割为止，是一种逐步迭代求解的优化方法。

分枝定界法计算流程如图 2-8 所示，求解步骤如下。

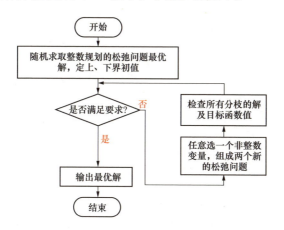

图 2-8　分枝定界法计算流程

（1）随机求取整数规划的松弛问题最优解，初定上、下界初值。

（2）若松弛问题的最优解满足整数要求，得到整数规划的最优解，否则转下一步。

（3）任意选一个非整数解的变量 x＿i，在松弛问题中加上约束 x＿i≤［x＿i］及 x＿≥［x＿i］＋1 组成两个新的松弛问题，称为分枝。新的松弛问题具有特征：当原问题是求最大值时，目标值是分枝问题的上界；当原问题是求最小值

时，目标值是分枝问题的下界。

（4）检查所有分枝的解及目标函数值，若某分枝的解是整数并且目标函数值大于（max）等于其他分枝的目标值，则将其他分枝剪去不再计算，若还存在非整数解并且目标值大于（max）整数解的目标值，需要继续分枝，再检查，直到得到最优解。

2. 粒子群优化算法

粒子群优化算法流程如图 2-9 所示。

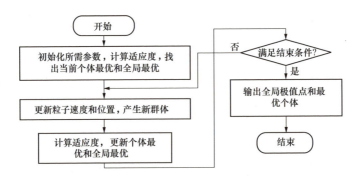

图 2-9　粒子群优化算法流程

粒子群优化算法是由 Kennedy 和 Eberhart 在 1995 年提出的一种启发式搜索算法。假设有 m 个粒子在 n 维空间中飞行，搜索最优目标，第 i 个粒子的位置和速度分别为 $X^i = (x_{i1}, x_{i2}, \cdots, x_{id})$ 和 $V^i = (v_{i1}, v_{i2}, \cdots, v_{id})$，个体极值 $P^i = (p_{i1}, p_{i2}, \cdots, p_{id})$，粒子群当前全局最优解 $P_g = (p_{g1}, p_{g2}, \cdots, p_{gd})$，可用式（2-19）和式（2-20）来更新每一个粒子的速度和位置，即

$$V^i(t+1) = \omega V^i(t) + c_1 r_1 (P^i(t) - X^i(t)) + c_2 r_2 (P_g(t) - X^i(t)) \quad (2\text{-}19)$$

$$X^i(t+1) = X^i(t) + V^i(t+1) \quad (2\text{-}20)$$

式中：t 为当前时刻迭代次数；r_1、r_2 分别为（0，1）之间的任一随机数；c_1、c_2 均为大于零的学习因子，其大小反映了粒子自身和群体寻优对粒子搜索的影响，一般取 $c_1 = c_2 = 2.0$；ω 为惯性权重。

ω 越大，全局寻优效果好，收敛速度慢；ω 越小，局部收敛能力强，易陷入局部最优，在整个算法寻优过程中，应使其逐步递减，使整个迭代过程更好的收敛，获得较好的收敛精度。动态惯性权重 ω 的变化公式为

$$\omega = \omega_{\max} - \frac{\omega_{\max} - \omega_{\min}}{t_{\max}} \times t \quad (2\text{-}21)$$

式中：ω_{min} 为最小惯性权重；ω_{max} 为最大惯性权重；t 为当前时刻迭代次数；t_{max} 为最大迭代次数。

2.3 区域能源互联网运行优化技术

区域能源互联网多能系统运行优化是以满足电负荷和冷/热负荷需求为基本目标，基于一定的优化准则，以各类负荷日前预测值为基线，采用优化算法，得到各类能源供给和存储设备的调度计划，是区域能源互联网关键建设技术之一。本节从优化调度目标函数、运行优化约束条件，以及优化运行优化模型求解算法展开介绍。

2.3.1 优化调度目标函数

区域能源互联网多能系统运行调度可以包含多种优化目标，通常考虑系统运行的经济性、环保性和安全性，分别建立多种优化目标的数学模型。

1. 经济性

经济性以多能系统的调度运行成本为目标函数，主要运行成本是运行所购入能源费用，同时考虑可再生能源发电的补贴收益。经济性目标函数为

$$F_1 = \sum_{i=1}^{I} \sum_{t=1}^{T} C_{t,i} P_{t,i}^{TL} H - \sum_{n=1}^{N} \sum_{t=1}^{T} C^{RE_n} P_t^{RE_n} H \tag{2-22}$$

式中：T 为综合能源系统优化调度总区间数；H 为每个调度区间的小时数，此处 $H=1$；$C_{t,i}$ 为第 i 种能源的价格；$p_{t,i}^{TL}$ 为第 i 种能源在第 t 时间间隔内的平均功率；C^{RE_n} 为第 n 种可再生能源补贴价格；$P_t^{RE_n}$ 为第 n 种可再生能源发电功率。

2. 环保性

环保性以调度期间多能系统污染物排放量为目标函数。环保性的目标函数为

$$F_1 = \sum_{i=1}^{I} \sum_{t=1}^{T} C_i^{E} P_{t,i}^{TL} H \tag{2-23}$$

式中：C_i^{E} 为第 i 种能源的污染物排放量。

3. 安全性

安全性以调度期间多能系统安全性指标为目标函数。安全性的目标函数为

$$F_1 = \sum_{i=1}^{I} \sum_{t=1}^{T} C_i^S P_{t,i}^{TL} H \qquad (2\text{-}24)$$

式中：C_i^S 为第 i 种能源的污染物排放量。

2.3.2 运行优化约束条件

多能系统运行调度约束主要是以下方面。

（1）负荷供需平衡约束。计算公式为

$$P_{t,i}^{TL} + \sum_{n=1}^{N} P_t^{RE_n} = L_t^E + \sum_{j=1}^{J} P_t^j \qquad (2\text{-}25)$$

式中：L_t^E 为 t 时段规划除供热/冷和储热/冷设备外电负荷需求；P_t^j 为 t 时段第 j 种制热/冷或储热/冷设备的耗电功率。

$$L_t^H = \sum_{j=1}^{J} Q_t^j \qquad (2\text{-}26)$$

式中：Q_t^j 为 t 时段第 j 种供热或储热设备的供热量；L_t^H 为第 t 时段区域内热负荷需求。

$$L_t^C = \sum_{j=1}^{J} W_t^j \qquad (2\text{-}27)$$

式中：W_t^j 为 t 时段第 j 种供冷或储冷设备的供热量；L_t^C 为第 t 时段区域内冷负荷需求。

（2）供能设备运行约束。计算公式为

$$Q_{min}^j \leqslant Q_t^j \leqslant Q_{max}^j \qquad (2\text{-}28)$$

$$-\Delta Q_{down}^j \leqslant Q_t^j - Q_{t-1}^j \leqslant \Delta Q_{up}^j \qquad (2\text{-}29)$$

式中：Q_{min}^j、Q_{max}^j 分别为第 j 种供热/冷或储热/冷设备的最大最小供热/冷量；ΔQ_{down}^j、ΔQ_{up}^j 分别为第 j 种设备的减小出力和增加出力的爬坡速度。

（3）储能设备运行约束。计算公式为

$$W_t^k = (1-\varepsilon)W_{t-1}^k + \sum_{k=1}^{K} Q_t^k \qquad (2\text{-}30)$$

$$W_{min}^k \leqslant W_t^k \leqslant W_{max}^k \qquad (2\text{-}31)$$

式中：W_t^k 为 t 时段第 k 类储电/热/冷设备的储能量；Q_t^k 为第 k 类储电/热/冷设备的储放电/热/冷量，$Q_t^k > 0$ 时为储电/热/冷量，$Q_t^k < 0$ 时为放电/热/冷

量；$W^k_{\min}$、$W^k_{\max}$ 为第 k 类储电/热/冷设备的容量上下限。

（4）分布式电源出力功率上下限约束。计算公式为

$$P^{RE_n}_{t,\min} \leqslant P^{RE_n}_t \leqslant P^{RE_n}_{t,\max} \tag{2-32}$$

式中：$P^{RE_n}_{t,\min}$、$P^{RE_n}_{t,\max}$ 分别为第 n 种分布式电源的最小和最大输出功率。

（5）分布式电源出力爬坡速率约束。计算公式为

$$P^{RE_n}_t - P^{RE_n}_{t-1} \leqslant R^U \Delta t \quad P^{RE_n}_t \geqslant P^{RE_n}_{t-1} \tag{2-33}$$

$$P^{RE_n}_t - P^{RE_n}_{t-1} \geqslant -R^D \Delta t \quad P^{RE_n}_t < P^{RE_n}_{t-1} \tag{2-34}$$

式中：R^D、R^U 分别为可调度分布式电源每小时的爬坡率下限和上限。

（6）电网有功约束。计算公式为

$$P^{TL}_{i,\min} \leqslant P^{TL}_{i,t} \leqslant P^{TL}_{i,\max} \tag{2-35}$$

式中：$P^{TL}_{i,\min}$ 和 $P^{TL}_{i,\max}$ 分别为节点 i 允许传输的最小和最大功率，当 $i=0$ 时，为多能系统与外界电网的联络线的有功上下限；$P^{TL}_{i,t}$ 为节点 i 在 t 时刻的有功功率。

（7）电网节点电压约束。计算公式为

$$U^{\max}_i \leqslant U_{i,t} \leqslant U^{\min}_i \tag{2-36}$$

式中：$U_{i,t}$ 为 t 时段节点 i 的电压值；$U^{\max}_i$、$U^{\min}_i$ 分别为节点电压的上下限值。

（8）热网流量约束。计算公式为

$$F^H_{i,\min} \leqslant F^H_{i,t} \leqslant F^H_{i,\max} \tag{2-37}$$

式中：$F^H_{i,\min}$、$F^H_{i,\max}$ 分别为热网节点 i 的最小和最大流量；$F^H_{i,t}$ 为节点 i 在 t 时刻的流量。

（9）供冷网络流量约束。计算公式为

$$F^C_{i,\min} \leqslant F^C_{i,t} \leqslant F^C_{i,\max} \tag{2-38}$$

式中：$F^C_{i,\min}$、$F^C_{i,\max}$ 分别为冷网节点 i 的最小和最大流量；$F^C_{i,t}$ 为节点 i 在 t 时刻的流量。

（10）气网流量约束。计算公式为

$$F^G_{i,\min} \leqslant F^G_{i,t} \leqslant F^G_{i,\max} \tag{2-39}$$

式中：$F^G_{i,\min}$、$F^G_{i,\max}$ 分别为气网节点 i 的最小和最大流量；$F^G_{i,t}$ 为节点 i 在 t 时刻的流量。

（11）热电耦合约束。计算公式为

$$\tau \leqslant \frac{\sum\limits_{m=1}^{M} Q_m}{\sum\limits_{n=1}^{N} P_n} \tag{2-40}$$

式中：Q_m、P_n 分别为热电耦合机组的产热和产电量；τ 为国家规定的热电联产机组的年均热电比基准值，通常取 50%。

2.3.3 运行优化求解方法

从数学模型角度，区域能源互联网多能系统运行优化问题具有约束复杂、求解维度高的特点，难以得到具体解析，求解此类问题的常用数学算法有随机规划法、启发式算法等，以动态规划法和遗传算法较为常用。

1. 动态规划法

动态规划法是一类处理多阶段决策问题的有效解决方案，其理论基础是最优性理论，即最优策略所包含的子策略一定是最优子策略。常用动态规划求解基本方程为

$$\begin{cases} f_N(x_N,u_N) = v_N(x_N,u_N) \\ f_k(x_k,u_k) = \{v_k(x_k,u_k) + f_{k+1}(x_{k+1},u_{k+1})\} \\ k = N-1,\cdots,2,1 \end{cases} \tag{2-41}$$

式中：x_k 为第 k 阶段的状态变量；u_k 为第 k 阶段的决策变量；$v_k(x_k,u_k)$ 为第 k 阶段的指标函数；N 为运行求解阶段总数。

以每小时为调度间隔为例，日前优化调度过程可以分为 24 个阶段决策过程。在进行每个阶段决策时，由于本阶段的决策将会对下面的阶段产生影响，所以不仅要考虑阶段指标，还应该考虑从本阶段直至最后一个阶段的总指标；基于动态规划法的校型求解详细流程如图 2-10 所示。

2. 遗传算法

遗传算法是一种建立在模拟生物进化过程中自然选择与遗传变异等机制上的全局概率性随机搜索算法。其主要优点有：①适应度作为搜索信息，搜索过程与优化函数是否连续无关，无须其他信息辅助；②并行搜索能力强，在求解过程中可同时对多个解空间区域进行搜索，从而减少局部最优解的产生概率；③鲁棒性较强，针对非连续、多峰值及存在噪声干扰等问题，具有很强的寻优计算能力；④可扩充性好，易于与其他智能算法相结合；⑤智能性很强，可用

于求解复杂的非结构化问题。

在利用遗传算法进行寻优求解时，首先是将优化问题的可能解集按某种规则编码，编码后的解即为个体。然后随机选取一定数量的个体组成初始种群，再根据评价函数对种群中每个个体进行适应度计算，使得性能较好的个体具有较高适应度。在进化过程中，适应度高的染色体得以保留繁殖，并通过遗传算法进行选择、交叉（基因重组）、变异，进化出环境适应度更高的个体种群。反复重复上述繁殖、进化过程，产生环境适用度更佳的个体。当进化过程完成后，将最终种群中的基因进行解码，即可得到所求目标函数的最优解。遗传算法的迭代寻优流程如图 2-11 所示。

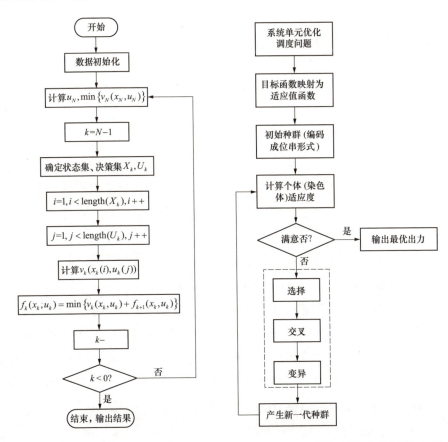

图 2-10　基于动态规划法的
　　　　　校型求解详细流程

图 2-11　遗传算法的迭代寻优流程

2.4　区域能源互联网交易技术

随着分布式发电、储能、天然气分布式能源设备在用户侧建设数量的不断增加，可再生能源在用户侧能源消费中的比重正在逐渐提高。为了进一步促进化石能源的清洁高效利用，提升用户侧能源的综合利用效率，可凭借互联网技术的优势，建设多方参与、平等开放、充分竞争的能源市场交易体系，还原能源商品属性。因而，多能交易技术是区域能源互联网关键建设技术之一。本节从市场架构设计方案、参与交易市场主体，以及撮合交易机制展开介绍。

2.4.1　市场架构设计方案

根据国家发展改革委、国家能源局、工业和信息化部在 2016 年发布的《关于推进"互联网＋"智慧能源发展的指导意见》，针对能源互联网，要分层构建能量批发交易市场和零售交易市场，基于互联网构建多个能量交易电子商务平台。在能量交易电子商务平台内部进一步实现微平衡市场交易体系，鼓励家庭、智能楼宇和分布式能源等小微用户灵活自主地参与能源市场。在能量交易市场之间，要实现交易平台之间的竞争，实现随时随地、灵活对等的能源共享交易。

区域能源互联网系统以商业、工业、居民用户为主体，围绕不同等级的能源站，通过配电线路、燃气管网与热力管网等供能网络，使区域内和区域间的能源系统相互联通。根据能源互联区域的大小与连接方式，可以将区域能源互联网系统分为区域级、园区级和用户级。在各层级内部均可进行自律控制，在层级间进行互联互通的协同运行。区域能源互联网的多能需求使得更多的市场主体参与交易，随着分布式能源设备数量的增加，传统的供需双方界限已经开始变得模糊，不同的能源特性对交易规则和模式提出了不同的要求，对综合能源市场体系的构建提出了巨大的挑战。

为了发挥市场在多能源资源配置中的作用，兼顾不同能源本身特性，结合上述关于市场交易体系建设的指导意见以及区域能源互联网系统划分类别，针对区域能源互联网，设计了区域/园区/用户分层市场架构，如图 2-12 所示。在该市场架构中，区域级市场主要为电力市场以及其他市场的供用能偏差平衡提供综合能源交易平台，负责整个城镇的能源供需平衡。园区/用户级市场依据供能范围内多能源用户主体的类型进行划分，其中用户级市场主要面向含有社区微能网以及居民用户的区域，为含分布式能源的能源产销者提供交易平台，提升用户侧分布式能源利用水平，实现社区微能网中的分布式能源就地消纳；园区级市场主要是面向含有工业园区和商业楼宇以及居民住宅的区域，实现工业能源系统的余电余热的高效利用，充分发挥商业楼宇和居民用户灵活负荷的作用。

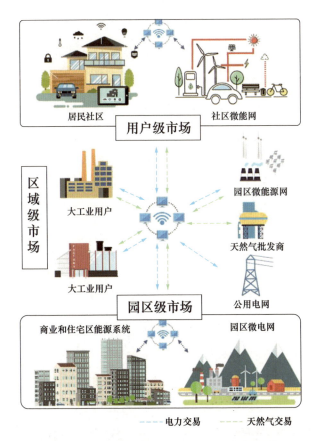

图 2-12　区域/园区/用户分层市场架构

在市场架构研究中，主要以电能和天然气交易为主，并且天然气只限于在区域级市场中进行交易，原因是在园区/用户级市场中，市场主体不生产天然气，主要依靠外界的供应来满足需求。

2.4.2 参与交易市场主体

在能源互联网背景下，为了使多类型能源可进行灵活的交易，根据供电区域内包含的市场主体以及各能源自身的特点，设计了分层市场架构。根据分层市场的设计原则，各层市场包含的主要市场主体见表 2-1。

表 2-1 各层市场包含的主要市场主体

用户级市场	园区级市场	区域级市场
居民社区分布式能源、售电公司、居民用户	园区微电网、能源用户（商业或居民）、售电公司	售电公司、大工业用户、园区微能网、天然气批发商

在用户级市场中，包含的市场主体有居民社区分布式能源、售电公司和居民用户，其中售电公司作为不同层级市场之间能量交换的纽带，负责区域级市场和用户级市场之间的电能交换；在园区级市场中，包含的市场主体有园区微电网、商业或居民用户和售电公司，该市场的售电公司负责区域级市场与园区级市场之间的电能交换；在区域级市场中，包含的市场主体有售电公司、大工业用户、园区微能网、天然气批发商。

2.4.3 基于连续匹配的日前市场集中报价撮合交易机制

在能源互联网条件下，会形成跨区、区域或多个用户、单一用户等不同层级的能量优化单元，既能促进不同层级的能量优化，同时又可以实现不同层级的有效衔接，实现资源在全网范围的优化配置。新能源、负荷、分布式资源的变化性都很强，因此有必要研究日前、日内和实时在内的交易体系，让交易主体可以根据预测结果及供需变化，灵活进行偏差调整，从而在规避现货风险的同时得以低成本平衡电量偏差。与电的系统性特征不同，冷和热更多的是用户与园区层次的局域系统，所以冷热电多能优化需要以电力价格为指导。在全局性的电力价格确定之后，用户侧才能有效地开展荷、源（分布式）与网的综合运行优化，确定分布式资源产量、主网供应电量及实际负荷用量。因此，本节区域能源互联网能源交易主要指的是电力市场相关的交易，并具体以含微网区

域内的分布式光伏电力交易机制为例,做了具体分析说明。

1. 交易流程

交易机制的目的在于提供一种可操作的流程化的行为方式,使得电力交易可以按照既定的逻辑进行。包括交易周期、流程、结算机制在内的规则,都是为了提高交易的可行性。该交易机制从用户角度出发,旨在提高交易的价格主动性和价格灵活性,实现方式为集中竞价后的差异化匹配清算模式,市场集中报价撮合交易流程如图 2-13 所示。

在该机制下,参与方为一个微网区域内的分布式光伏电力的消费者,包括了分布式光伏资源拥有者(Producer)、楼宇用户(Prosumer)和同时具备双重身份的楼宇用户。交易过程通过 P2P 平台实现,其流程细节如下。

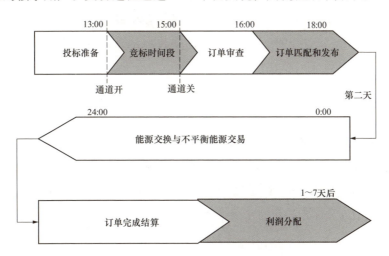

图 2-13 市场集中报价撮合交易流程

(1) 报价准备。针对日前市场,将一天按照小时划分成 24 个交易时段,在每日的窗口期集中进行次日 24 小时的交易报价,报价从 1 点开始,所以交易者需要在报价开始前根据次日电力计划和预测进行报价准备。

(2) 报价。次日交易报价将在当日的报价窗口时间(13:00—15:00)进行,报价包括交易电量和交易价格两部分,用户根据短期预测结果上报下一日的交易报价。在交易窗口时间内,所有用户可以任意编辑订单内容并重新提交,但无法得知其他用户订单的内容。

(3) 订单审查。窗口时间结束,平台审查报价订单的合理性,通过或取消订单。在交易关闭后,有且只有平台管理者有权力决定订单通过与否。

（4）订单匹配与发布。审核时间结束后，订单将根据匹配机制成交，成交信息（包括用户的成交价格和成交量）将被及时公布作为未来交易参考。集中竞价匹配中未能成交的电量将由能源供应商（如电力零售商）集中交易，按照协定的电力收购和售出价格形成低利润订单。

（5）电力交易。第二日根据既定的电力订单进行电力交易，对于承诺交易电量和实际交易电量间的差异，违约方将和上级配电网进行低利润交易以弥补缺额并根据情况收取一定的罚款，罚款规则为

$$C_{\mathrm{p}} = (e_{i,k}^{\mathrm{order}} - e_{i,k}^{\mathrm{real}})(p_{\max} - p_{i,k})k_{\mathrm{p}} \tag{2-42}$$

式中：C_{p} 为惩罚量；$e_{i,k}^{\mathrm{order}}$ 为用户 i 在 k 时段的交易电量；$e_{i,k}^{\mathrm{real}}$ 为实际交易电量；$p_{\max}$ 为低利润交易价格；$p_{i,k}$ 为订单成交价格；k_{p} 为由市场供需状况和不平衡电量决定的惩罚系数，该罚款将分配给平台参与者和服务提供商。

（6）订单结算。在当日交易完成后，平台将结算订单完成结果进行最终的资金结算，自此结束一个完整的交易循环。

2. 连续匹配和出清机制

在交易截止后的集中竞价匹配阶段，将按照"价格优先，连续出清"的原则进行撮合，连续匹配出清流程如图 2-14 所示。

用户在报价时根据自己对次日的负荷和发电量预测会得到一个净电量，该电量为发电量就地消纳后的剩余量或不足量，其值即为用户参与市场交易的电量值。假设共有 n 个用户参与到分布式光伏 P2P 交易中，则用户组可以定义为

$$N = \{1, 2, \cdots, i, \cdots, n\} \tag{2-43}$$

在特定时段 k，有报量集合为

$$E_k = \{e_{1,k}, e_{2,k}, \cdots, e_{i,k}, \cdots, e_{n,k}\} \tag{2-44}$$

式中：$e_{i,k}$ 为用户 i 在 k 时段的交易电量。

用户 i 在 k 时段的交易电量 $e_{i,k}$ 也称为用户的净负荷量，该电量取决于用户该时段的光伏发电量和用电负荷，发电量大于负荷时，用户有多余电量向市场售卖，其身份为售电者，$e_{i,k}$ 为正值；反之，用户需要向电网购买电量，其身份为购电者，$e_{i,k}$ 为负值。如此用户根据净电量值可分为购买者和销售者，购买者报买价，销售者报卖价。报价集合为

$$P^{\mathrm{d,SU}} \tag{2-45}$$

该价格并非成交价，而是指在该价格下所得收益是用户能接受的最低自我

预期收益。对于购买者来说，报价代表了所能接受的最高买价；对于销售者来说，报价代表了所能接受的最低卖价。所有用户报价在平台内进行整合，并按价格分类排序，排序后的价格序列为

$$P_k^{\text{sort,s}} = \left\{ p_{[1],k}^{\text{s}}, p_{[2],k}^{\text{s}}, \cdots, p_{[i],k}^{\text{s}}, \cdots, p_{[m1],k}^{\text{s}} \right\} \tag{2-46}$$

$$P_k^{\text{sort,b}} = \left\{ p_{[1],k}^{\text{b}}, p_{[2],k}^{\text{b}}, \cdots, p_{[i],k}^{\text{b}}, \cdots, p_{[m2],k}^{\text{b}} \right\} \tag{2-47}$$

式中：$P_k^{\text{sort,s}}$、$P_k^{\text{sort,b}}$ 分别为时段 k 中经排序后的售卖和购买报价序列，售卖序列升序排序而购买序列降序排序。

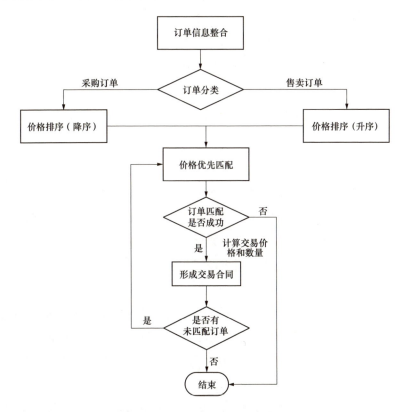

图 2-14　连续匹配出清流程

最高的买方出价和最低的卖方出价优先匹配，若该买方出价不低于卖方出价，则匹配成功，成交量为两者申报量的较小者，成交价格为双方报价的平均值，继而剩余电量继续匹配，重复上述过程直至匹配出现买方出价低于卖方出价，即双方都无法接受该价格下的收益，则匹配停止，完成全部出清。该方式可以让用户"有节制地"报价，即考虑到交易不被匹配的风险而主动控制报价

范围。

交易机制的可行性是基于用户的利益驱动性和技术可行性。一方面，现有的分布式光伏政策仍以上网补贴为主，用户的购电成本和发电收益间存在着相当的价差，当分布式发电上网电价（含补贴）大于购电价格时，用户会从上网交易过程中获得收益，因此该报价机制具有相对的利益驱动性；另一方面，光伏发电的边际成本趋近于 0，且发电量不可控，光伏拥有者更倾向于最大程度的交易光伏电量，而光伏发电和负荷预测技术的逐步成熟，使得用户对于日前市场的电量把控更为精确，相对而言交易过程面临不平衡电量惩罚的风险就会更小，加之电子信息技术的发展和安全可靠的通信技术的应用使得灵活的交易操作成为可能，用户更愿意主动参与到高收益的市场交易中。

2.5 区域能源互联网信息通信技术

泛在的信息通信网络是增强区域能源互联网信息互联、共享的基础。在以大容量骨干网为核心的信息网络建设基础上，一方面，通过在各种可能的物体中嵌入智能和通信能力，实现信息被采集、物件被控制，形成人与物、物与物的融合和协同，扩展现有通信网络的通信范畴和通信领域；另一方面，充分利用移动智能终端、移动无线通信网络开展业务、提供服务，实现人与信息的广泛互联。

构建泛在的信息、通信网络，不仅需要关注网络的通达性，更需要关注不同通信协议、通信标准间的转换与融合，支持同种、异种网络间的便捷对接，制定和实现多种即插即用的通信标准和协议，支持分布式电源、分布式储能、智能用能等能源设备设施的智能接入。

信息通信技术贯穿于能源生产、传输、消费等各环节，是区域能源互联网的关键支撑技术。建设区域能源互联网对信息通信技术提出了新的要求，需要不断拓展信息通信技术应用的广度和深度，着力突破网络互联、数据存储、信息处理、信息安全等方面的关键技术瓶颈。本节从通信技术、云计算技术、大数据技术、物联网技术等在区域能源互联网中的支撑作用展开介绍。

2.5.1　通信技术在区域能源互联网中的支撑作用

1. 无线通信技术在区域能源互联网中的应用

为了支撑区域能源互联网发展需求，需要建设覆盖广阔、接入灵活的终端通信接入网。随着超大规模分布式发电、储能设备、电动汽车、充电桩、智能家居以及其他能源终端的不断发展，数据业务和终端数量都将呈爆发式地增长，势必对终端通信接入网提出更高的要求。无线通信技术作为终端通信接入网的重要组成部分，是实现信息通信网络的延伸，解决"最后一公里"业务接入难题，满足区域能源互联网能源生产、传输、消费的信息互联要求的主要技术之一。目前采用技术体制主要有 230MHz 无线电台、全球微波互联接入（WiMax）、移动宽带无线接入系统（McWiLL）、中国第四代数字蜂窝移动通信（TD-LTE）、第五代移动通信技术（5G）等多种技术体制。

2. 数据通信网在区域能源互联网中的应用

随着区域能源互联网的发展，信息通信业务特征发生着较大的变化，特别是对通信网带宽的要求越来越高。在众多通信数据业务中，IP 协议的地位已经举足轻重，一方面，传统的生产调度业务逐步采用 IP 协议，替代本已沿用多年的专项规约，甚至还出现了以太网接口保护装置；另一方面，由于基于以太网的标准 IEC 61850 的出现，TCP/IP 已经成为智能变电站的通信标准协议，IP 在电网信息通信中的比重将进一步增加。建设一张"业务共享、网络扁平"的数据通信网，是应对区域能源互联网业务需求，解决信息通信相关问题的最优技术实践。

3. OTN 技术为核心的骨干传输网在区域能源互联网中的应用

随着中国能源发展战略格局的转变，电力供需状况和电力发展方式正在发生着深刻的变化。面对新形势和新挑战，以信息化、自动化、互动化为特征的智能电网建设，将使中国电网实现从传统电网向具有高效、经济、清洁、互动特征的现代电网演进，全面提升电网的安全运行水平和供电保障能力，为实现区域能源互联网提供强大支撑。

传输网是智能电网的基础支撑网络之一，在"发电、输电、变电、配电、用电、调度"的各个环节均发挥着重要的作用，其容量与结构均需要与相关需

求相适应，以支撑战略规划的实施。同时，随着 SG-ERP 系统应用逐步深化，企业信息化管理水平大幅提升，业务数据量激增，这都需要骨干传输网为其提供信息化保障。

光传送网（OTN）技术是继同步数字系列（SDH）、密集波分复用（WDM）等技术之后出现的新型传送网络技术，它不仅在电域方面吸收了 SDH 的技术优势，在光域方面保留了 WDM 光路灵活调度的优势，还在上述的基础上进行扩展和优化，同时采用了大带宽颗粒调度、多级串联连接监视（TCM）、光层组网等新型功能，能满足目前乃至今后很长一段时间内大宽带业务的传送需求。OTN 技术具有满足业务发展需求、业务调度灵活、网络的可持续发展能力强等特征，满足区域能源互联网发展对电力通信传输网络无缝、高速、安全的要求，可实现电力通信网络骨干网架的构建。

2.5.2　云计算技术在区域能源互联网中的支撑作用

云计算是一种新的网络应用模式，其核心思想是将爆炸式的信息数据资源统一管理和调度，把广义的计算资源（硬件设备、软件平台、应用系统、数据资源）进行物理集中或逻辑集中，采用灵活柔性的 IT 架构，形成统一的软硬件资源池，可以提供巨大的存储空间和强大的计算能力。

通过云计算平台的虚拟化、分布式、并行计算等技术手段来打造更加柔性、便捷、安全、可靠的区域能源互联网信息化支撑平台，整合现有的计算能力和存储资源，实现硬件、软件向集中服务方向逐步演进，是区域能源互联网能源与信息融合的平台基础，是区域能源互联网的"大脑"，为区域能源互联网中的能源生产者、能源传输者、能源消费者、合作伙伴提供集中统一、按需服务、弹性扩展、安全可控的云计算服务模式，提升资源应用效率、提高信息处理能力、增强集约化管理水平。

2.5.3　大数据技术在区域能源互联网中的支撑作用

区域能源互联网将产生体量大、类型多、价值高、速度快等典型大数据特征的各种数据，这些数据背后反映的是能源生产方式、能源运输方式及用户消费习惯等信息，这些数据如果能挖掘分析好，就能释放大数据真正的价值，给能源形式、生产方式、存储形式、分享机制等带来了新的变革。

区域能源互联网中产生的海量数据，传统模式下缺乏对数据进行全方位全过程的有效管理手段，信息数据的管理难度大，管理成本非常高，但管理效果并不理想，通过整合汇集区域能源互联网中的各类信息，贯通能源企业间、能源企业内部、上下游数据，最终实现各类数据共享融合，所有的数据一次录入，共享使用，全面支持区域能源互联网各项业务发展需求，是向基于数据驱动的能源互联网新模式转变的必然选择。

基于汇集的全量区域能源互联网数据，在云计算、大数据技术支持下，用以数据驱动的核心思维方式思考问题、解决问题，发掘海量能源数据的信息价值。首先是关注精度转变为关注效率，将过去不可计量、存储、分析和共享的很多东西数据化，通过大数据技术应用到快速变化的能源市场，实现快速预测、快速决策、快速创新、快速定制。其次是借助大数据技术提高决策的科学性，更能准确获悉能源生产消费过程中的异动和变化，全面掌控能源供给平衡，为经营决策提供有力支撑。另外借助大数据技术实现预测分析，从不能预测转变为可以预测，通过对运营存在的风险进行监测和预警，保证区域能源互联网中的全部资源和经营行为在控、能控，提升预控和防范风险能力。

2.5.4　物联网技术在区域能源互联网中的支撑作用

物联网是通信网和互联网的拓展应用和网络延伸，它利用感知技术与智能装置对物理世界进行感知识别，通过网络传输互联，进行计算、处理和知识挖掘，实现人与物、物与物信息交互和无缝链接，达到对物理世界实时控制、精确管理和科学决策的目的。物联网作为区域能源互联网的"神经网络"，是推动城镇能源互联网发展的重要技术手段，在区域能源互联网领域中得到了广泛的应用。涉及"物联"的技术有很多，典型的有条形码、二维码、射频识别技术（RFID）、紫蜂（Zigbee）等技术，其应用场合不同，以下是几种较为常见的物联网应用场景。

1. 新能源接入站点的智能感知

利用具有丰富传感器接口，高可靠、宽温、抗强电磁干扰、适合发电厂应用

环境的微功耗数据采集系统关键技术，实现温度、湿度、风速、风向、日照时间、日照强度等环境状态参数综合采集以及新能源接入点设备运行参数采集。

利用物联网组网技术，应对风、光等清洁能源接入点的特殊应用环境，抵抗强电磁等干扰，保障网络节点通信的安全可靠。通过大数据技术，对采集的环境、设备运行状况数据进行统计分析，为清洁能源接入电网提供策略参考依据。

2. 输、变、配电智能巡检系统

利用传感器网络技术和 RFID 射频识别技术建立输电、变电、配电设备巡检系统。通过 RFID 读写器，记录巡检的实际线路，确保巡检人员按预定线路进行现场巡视。巡视人员通过现场环境信息和监测状态的传感器，自动采集电力设备的运行环境、工作状态等信息，提高巡检工作质量。现场巡检数据经智能移动终端通过网络推送到生产管理系统，实现输电、变电、配电设备巡检的数字化、智能化管理。

3. 输电线路在线状态智能监测系统

应用输电线路和杆塔智能感知、无线自组网、三维空间地理信息以及微功耗无线通信与电力线载波通信混合组网等技术，实现对输电线路的各种状态（如覆冰、污秽、温湿度、线路舞动、微气象等）进行全方位可视化实时监控和故障预警。建立输电线路模拟环境，结合导线状态监测及环境数据，通过算法和运行策略对导线舞动和动态增容进行实时监测。对监测反馈的结果数据进行统计分析，确保输电线路安全稳定的运行，提高传输效率和动态增容。利用目标识别技术、多点融合技术和协同感知技术，对高压输电线路和线路杆塔的被侵害行为进行分类和区域定位，确保输电线路的运行安全。

4. 智能终端及接入设施的普及应用

通过区域能源互联网智能终端高级量测系统，实现电能、热力、制冷等能源消费的实时计量、信息交互和主动控制，实现水、气、热、电的远程自动集采、集抄，实现多表合一。智能终端高级量测系统的组网结构与信息接口的规范性，能更好地实现和用户之间安全、可靠、快速的双向通信。

以用户为单位，使用物联网通信协议，实现用户单元内多表的自组网，这是区域能源互联网物联网应用的典型案例，它抛弃了以往各能源企业单独收集用户数据，然后在企业端实现数据共享的传统做法，实现了用户数据自动采集、自动汇总、传输，统一管控多表物联后的安全接入。

5. 电网设备实物资产管理和智能感知

配电网设备和实物资产种类繁杂，数量众多，作为配电网各业务环节基础信息的资产信息，目前通过全手工方式进行维护，工作量大、信息出错高，难以满足日常设备巡检、抢修等配电网业务精益化管理的要求。利用 RFID 等物联网技术对配电网"哑资源"进行标识，并高度集成传感测量技术，智能感知配电网设备状态和环境信息，为配电网设备的综合评价及状态检修辅助决策提供数据支撑。

第3章

区域能源互联网的行业监管

3.1 能源监管的含义

能源监管是指国家能源监管部门根据法律法规授予的监管职权和范围，依据法定的程序和标准，对能源行业和市场的参与者（企业或个人）及利害关系人的相关能源活动进行监督和控制的行政活动。其监管领域包括石油、天然气、煤炭、电力等常规能源行业，太阳能、风能、地热能、生物质能等新能源行业，以及这些能源行业进行的市场活动。

3.2 能源监管的特殊性

能源监管相较于其他行业的政府监管，既有相同的地方，也有特殊的地方。其特殊性主要表现在以下几个方面。

1. 经济性监管和社会性监管的结合

根据政府监管的特点，可以把政府监管分为经济性监管和社会性监管两种。

（1）经济性监管。经济性监管是指在自然垄断和存在信息偏差的领域，主要为了防止发生资源配置低效率和确保利用者的公平利用，政府机关用法律权限，通过许可和认可等手段，对企业的进入和退出、价格、服务的数量和质量、投资、财务会计等有关行为加以监管。经济性监管在能源领域表现得比较突出，因为电力、石油天然气管道运输行业具有显著的自然垄断特征，需要进行价格监管、市场进入和退出的监管等。

（2）社会性监管。社会性监管是指以保障劳动者和消费者的安全、健康、卫生、环境保护、防治灾害为目的，对产品和服务的质量及伴随着提供它们而产生的各种活动制定一定标准，并禁止、限制特定行为的监管。在能源领域，

社会性监管主要表现在能源消费者权利保护、电力可靠性、石油天然气管道保护、职业安全与卫生、环境保护等方面，能源消费产生的污染和气候变化还已成为目前国际社会关注的焦点。

2. 能源监管的目标是建立统一、开放、竞争、有序的能源市场

能源监管目标的有限市场化是能源的商品属性和管网垄断属性决定的，商品属性决定能源应当市场化，以提高能源供应和配置效率；但是管网的自然垄断属性限制了能源市场化的范围和程度。

3. 能源监管的政策性突出

能源监管的政策性突出这一特征是由能源的政治属性决定的。国家的能源总体战略和政策决定了能源监管的重点和方向。能源战略也称能源发展战略，是一国（或国际性组织）为了实现总体经济和社会发展目标，对能源经济发展所规定的总方针、基本原则以及根本性的措施，是国民经济与社会发展战略的重要组成部分，是一国能源经济发展的根本规律和特殊性的总结，具有长期性、稳定性、全局性、预见性、对抗性等特点。能源战略决定了能源监管的总方向和总体目标，比如能源可持续发展战略就决定了能源监管必须以能源安全、清洁为目标。

4. 能源监管的公共性特征

能源监管的公共性特征是由能源的公共属性决定的。人类自从懂得利用火以来，对能源的依赖逐步加强，进入现代社会后，电力和燃气是人们生活的必需品，与自来水、供热、公共交通等构成了公用事业部门。能源监管的一个重要内容就是确立能源公用事业公司的普遍服务义务并监督执行。普遍服务义务是指能源公用事业公司有义务为所有提出合理要求的能源消费者以可承受的价格提供基本的能源服务。比如向农村、孤岛地区和基础设施成本高的地区提供必要的电力服务。普遍服务义务的核心问题是可承受价格和统一定价政策，即能源公用事业公司不能对不同地区和不同类型的消费者进行价格歧视，应当同等对待。

3.3　能源监管的范围

确定能源监管的范围是建立能源监管体制的基本前提。根据对能源监管的必要性和意义、能源监管的理论基础的分析，能源监管的范围可以确定为以下

几个方面。

1. 能源市场监管

能源市场监管主要包括能源行业的市场准入监管、能源价格监管、能源公用事业监管、能源基础设施的接入、互联和费率监管等。能源行业市场准入监管主要是指市场主体为了从事能源行业活动，必须符合一定的条件，向能源监管机构申请执照或者许可的情形。能源价格监管是指由能源监管机构对能源价格进行控制的制度，我国对石油、天然气和电力的价格实行比较严格的监管制度。能源公用事业监管是指能源公用事业监管机构对电力、天然气等能源公用事业企业的活动进行的监管，包括价格、普遍服务义务履行等方面的监管。能源基础设施的接入、互联和费率监管主要是确保市场参与者能够公平、以合理的价格、非歧视地接入能源管网设施的监管活动。

2. 能源安全监管

从能源生产的过程来看，能源安全监管主要包括能源生产安全监管（如煤矿生产安全监管）、能源运输安全监管（如电网可靠性监管）、能源供应安全监管（石油储备监管）等。从能源各行业来看，主要包括煤矿安全监管、电力可靠性监管、石油、天然气管道安全监管、核安全监管等。比如，依据《中华人民共和国安全生产法》《煤矿安全监察条例》，煤矿安全监察机构行使国家煤矿安全监察职能，主要职责是：对煤矿安全实施重点监察、专项监察和定期监察，对煤矿违法违规行为依法作出现场处理或实施行政处罚；对地方煤矿安全监管工作进行检查指导；负责煤矿安全生产许可证的颁发管理工作和矿长安全资格、特种作业人员的培训发证工作；负责煤矿建设工程安全设施的设计审查和竣工验收；组织煤矿事故的调查处理。

3. 节能和能源效率监管

我国《节约能源法》第三条规定，节约能源（以下简称节能），是指加强用能管理，采取技术上可行、经济上合理以及环境和社会可以承受的措施，从能源生产到消费的各个环节，降低消耗、减少损失和污染物排放、制止浪费，有效、合理地利用能源。节能和能源效率监管是指能源监管机构依据国家的能源利用政策规划、能效标准和法规，对能源节约的情况和能源利用效率进行监管的活动。能效和节能监管主要是为了排除不当的能源利用和消费方式，避免能源利用的浪费现象，实现能源利用效率的提高。

　　能源效率监管一般包括以下内容：①能效标准和用能限额监管；②能效标识和认证监管；③高能耗产品、设备淘汰监管；④用能产品的进出口和价格监管等。

　　从行业来分，能源效率监管主要包括工业节能、建筑节能、公共机构节能、交通运输节能和国家重点用能单位的节能监管等。

　　4. 能源环境监管

　　能源消费是环境污染和气候变化的主要源头。能源环境监管随着全球变暖和气候变化的形势日趋严峻而显得格外重要。从能源行业来分，在石油行业，主要是防止石油泄漏造成的环境污染，2010 年 4 月美国墨西哥湾的石油泄漏事件再次为我国敲响了警钟；在煤炭行业，主要是防止固体废弃物、煤尘污染、地面下沉和温室气体的排放；在电力行业，特别是火电行业，主要是防止温室气体排放和其他有毒物质的排放；在核能领域，主要是防止核辐射和核废料的处理问题等。即使是可再生能源行业，也会产生环境污染问题，比如水电开发带来的生态环境问题；风电开发带来的噪声污染、对景观和鸟类生存环境的破坏、对土地的占用；生产多晶硅的太阳能企业造成的废料污染；垃圾发电的尾气对环境的污染；地热开采造成的地面干扰、地面沉降、噪声、热污染和化学物质的排放等。能源环境监管的主要目的是尽量减少能源生产和消费过程中带来的环境污染，防止气候变化带来的灾难，让能源消费更清洁、更健康。

　　5. 能源结构监管

　　能源结构问题主要是清洁能源和可再生能源在能源结构中的比重问题。我国能源结构偏煤，给气候变化带来很大的压力。根据《可再生能源法》的相关规定，对可再生能源监管的主要任务是：①制定标准和技术规范；②项目许可；③强制入网；④价格和费用监管；⑤监督检查。

3.4　国内外行业监管机构设置

3.4.1　国外能源行业监管机构

　　1. 英国

　　目前英国由政府控制单一监管机构来承担电力企业的监管任务，即油气与

电力市场办公室（Ofgem），Ofgem 属于政府和被监管企业之外的第三方，目的在于通过对电力市场的监管来保障燃气及电力消费者的权益。

Ofgem 监管的法律依据来自《燃气法》《电力法》《公共事业法》。同时 Ofgem 发布《监管会计指南》，从输配电企业的监管会计制度、成本归集分摊规则、作业分析、业务管制账户等方面对电网企业的会计核算提出具体要求。

2001 年，英国研究有关垄断行业的会计监督制度，对被监管单位的财务信息披露情况做出详细说明，提出监管会计制度应当以历史成本和监管会计政策为基础。

2. 美国

美国是一个联邦制国家，联邦和州分权，美国在能源的监管权上做出了划分，实施两级监管。美国在 1977 年成立了能源监管机构——联邦能源监管委员会（Federal Energy Regulatory Commission，FERC），主要负责对整个美国电力行业进行监管，而各州的公用事业监管委员会则主要负责各州的电力监管。

FERC 下设 12 个办公室，其中有 6 个办公室直接负责对电力行业实行监管，分别是电力可靠性办公室、能源市场监管办公室、能源项目办公室、能源政策与技术创新办公室、能源基础设施安全办公室和监管执法办公室。FERC 的组织结构如图 3-1 所示。

州公用事业监管委员会的监管流程和 FERC 有些类似，一般由委员和专业工作人员组成。监管委员会的主体为专业工作人员，主要由行政人员、行政法官、律师、经济师、工程技术人员等人员构成，加州的公用事业委员会（California Public Utilities Commission，CPUC）是一个典型的州监管机构，其组织结构如图 3-2 所示。

联邦能源监管委员会和州公用事业监管委员会分别从国家和州的层面对美国的电力市场进行两级监管，对美国电力市场的稳定运行起到了重要作用。

3. 澳大利亚

澳大利亚的监管机构主要包括：①澳大利亚政务院能源委员会（COAG Energy Council），对澳大利亚能源和资源行业治理和政策发展、能源市场（电力和天然气）进行监管；②澳大利亚能源市场委员会（AEMC），制定国家电力市场的政策、规则；③澳大利亚能源市场运营公司（AEMO），监管国家电力市场运行、管道天然气市场运行、维多利亚州电网规划；④澳大利亚能源监管（AER），对电力规范的执行和监督，并对电力市场输电、配电网络以及天然气管道实行经济调控。

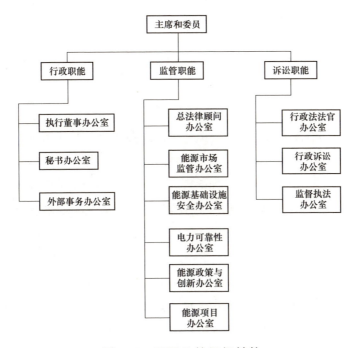

图 3-1　FERC 的组织结构

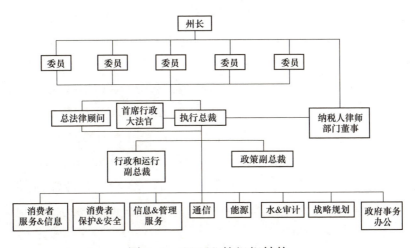

图 3-2　CPUC 的组织结构

澳大利亚对电力市场的监管法律来自《国家电力法》《国家电力法案》和《国家电力条例》。《国家电力法》对 AEMC、AEMO 和 AER 的职能、权限范

围进行划分及限制，如电力市场参与者的上诉机制、制定电力条例的流程等。《国家电力条例》在涉及具体运行机制方面制定了严格的监管框架，包括市场运行、电力安全、输电规划、网络接入、电网定价等。此外，在全国性电力监管法律法规以外，各州也结合本区域电力市场情况，制定了相应的区域性的法规制度，如新南威尔士州的区域性法规制度是《输电网设计和可靠性标准法案》。

4. 欧盟

欧盟层面的能源监管机构由欧盟能源监管委员会（the Council of European Energy Regulators，CEER）和欧盟电力和天然气监管中心（the European Regulators Group for Electricity and Gas，ERGEG）两个机构组成。

CEER 于 2000 年 3 月成立，该委员会为非营利组织，秘书处设在布鲁塞尔。它是一个运行资金和资源都独立的监管机构，其宗旨是促进欧盟电力和天然气市场共同利益的提高。CEER 现已有 29 个成员国，除挪威和冰岛，其余 27 个皆为欧盟成员国。CEER 的基本目标是在欧盟内部形成一个单一化、竞争化、有效化和可持续发展的电力和天然气市场。作为国际能源监管网的成员之一，CEER 是欧洲国家能源监管机构间进行合作、协调和交换信息的平台，也是欧盟委员会高层交流的主要平台。

为协助欧盟成立统一的电力和天然气市场，2003 年 11 月，ERGEG 正式成立，它由 27 个欧盟成员国的国家能源监管机构联合组成。ERGEG 是欧盟委员会从事能源监管的正式咨询机构，由 CEER 资助经费来维持其运行，为欧盟委员会在电气领域的创新和平稳运作提供咨询和帮助。ERGEG 的主要目标是促进 2003/54/EC 条令（电力指令）、2003/55/EC 条令（天然气指令）、欧盟监管第 1228/2003 条令（电力条例）等欧洲法律在所有成员国中的有效应用。ERGEG 最重要的目标是促进区域倡议，这是一项于 2006 年春季欧盟委员会提出并开始的活动，目的是加快对欧洲电气市场的整合。目前在欧洲范围内已经建立了 7 个区域电力市场和 3 个区域天然气市场作为示范以促进欧盟电力和天然气市场的单一化和竞争化。

CEER 和 ERGEG 实质上是欧盟真正的能源监管核心，这两个组织有着共同的目标。在实际运行中，CEER 和 ERGEG 共同拥有一个董事会，他们的成员也几乎相同，这两个组织同时由一个人担任董事会主席。

CEER 和 ERGEG 这两个机构的不同点如下。

(1) 在 ERGEG 的会议上，欧盟委员会以更高级别的身份出席会议，出席成员也略有差别。非欧盟成员不能成为 ERGEG 的成员。其他国家的能源监管机构和来自欧洲经济区的国家的能源监管机构仅仅可以作为 ERGEG 的观察员参与其召开的会议。

(2) ERGEG 仅专注于欧盟单一的能源市场，而 CEER 的工作范围更为宽泛，如对供应质量的监管标准和国际合作的关注等。

3.4.2　国内能源行业监管机构

1. 煤炭

中国是世界第一产煤大国，煤是中国最主要的一次能源，在未来相当长的时期内，以煤为主的能源格局不会改变，煤炭工业的发展关系国家能源安全和国民经济全局。

我国现行的煤炭行业监管职能主要集中在国家发展改革委、自然资源部、国家煤矿安全监察局、国资委、生态环境部、商务部、财政部、国家能源局等国家部门。

(1) 国家发展改革委主要负责全国煤炭行业的整体发展规划、体制改革和大型煤矿项目建设、矿区规划、投资的审批；负责安排煤炭行业的生产，协调煤炭行业运行，安排与煤炭行业生产运行相关的重大事项；负责制定价格政策、协调煤炭价格问题。

(2) 自然资源部主要负责煤炭资源与储量的管理，包括核准煤炭资源、审批勘探权和开采权以及土地使用权等，颁发勘探和开采许可证，审批勘探权和开采权的转让和租赁等。

(3) 国家煤矿安全监察局负责煤矿安全监察、事故处理等事务。

(4) 国资委对煤炭企业国有资产的保值增值实行监督和管理，推进国有煤炭企业的现代企业制度建设，管理产权交易等。

(5) 生态环境部审批煤矿建设和关闭项目的环境影响报告，同时对煤炭开采过程中的环境污染、生态破坏等进行监督管理。

(6) 商务部负责培育煤炭产品的商业环境，与其他部门共同开展引进外资

和制定煤炭进出口政策等，对煤炭对外贸易工作进行具体的配额管理以及许可证的发放等。

（7）财政部主要负责煤炭企业的收入分配管理；国家能源局负责研究提出煤炭行业的战略规划、产业政策和体制改革建议，并负责煤炭行业监管职能。

2. 电力

基于电力系统的自身基础性、复杂性等特性，我国对电力行业实行多部门联合监管的管理模式。具体监管职能如下。

（1）国家能源局主要负责颁发和管理电力业务许可证；对发电企业在各电力市场中所占份额的比例实施监管；对发电厂并网、电网互联以及发电厂与电网协调运行中执行有关规章、规则的情况实施监管；对电力市场向从事电力交易的主体公平、无歧视开放的情况以及输电企业公平开放电网的情况依法实施监管；对电力企业、电力调度交易机构执行电力市场运行规则的情况，以及电力调度交易机构执行电力调度规则的情况实施监管；对供电服务的情况实施监管；负责电力安全监管；对电价实施监管。

（2）财政部主要负责电力企业财务准则和财务成本标准的制定。实际工作中，能源局的部分职能与财政部的部分职能出现重叠。

（3）国资委主要负责行使国有电力企业所有者的管理职责，其职能包括任命和撤销企业高管人员，批准重大决策等。

（4）生态环境部主要负责评估电力项目的环境影响评价和监控电力企业的排污情况等职责。

（5）工业和信息化委员会是法定的电力行政主管部门，担任着履行地方工业监督和协调的角色。

3. 石油、天然气行业

1982 年中国海洋石油公司（简称中海油）成立，1998 年根据国务院机构改革方案的有关要求，中国石油天然气集团公司（简称中石油）和中国石油化工集团公司（简称中石化）成立，构成了我国石油天然气行业的基本格局。

至今，我国仍然没有设立专业的石油天然气监管机构。根据 2008 年国务院机构改革方案的规定，石油天然气行业管理职能已经归属于国家能源局。但是其他监管职能仍然分散在其他相关的国家机关。石油天然气采矿权探矿权等资源监管由国土资源部门负责；石油天然气的价格监管、行业准入和投资项目

审批由国家发展改革委负责；石油和天然气开采中的安全监管由国家安监总局负责；海上石油开采的监管由国家海洋局负责；石油批发市场运营监管、石油进出口经营监管由商务部负责；石油天然气管道的安全监管和石油储备由国家能源局负责。

4. 可再生能源

根据《可再生能源法》和 2008 年国务院机构改革方案的规定，我国可再生能源的监管体制现在基本上形成了统一监管和分部门监管、中央监管和地方分级监管相结合的基本格局。

（1）统一监管。统一监管就是指国家能源主管部门对可再生能源实行统一的行业监管，即由国家能源局统一行使可再生能源的行业管理职能。根据《可再生能源法》的规定，主要职责是：①制定全国可再生能源开发利用中长期总量目标；②编制全国可再生能源开发利用规划；③制定公布可再生能源产业发展指导目录等。

（2）分部门监管。分部门监管是指国务院有关部门依据有关法律对可再生能源的开发利用进行管理。主要包括：①科技部门负有在全国范围内组织科学技术力量对有关可再生能源开发利用进行重大科技项目立项和进行示范研究及推广的职责；②农业部门对农村沼气、生物质能等农村能源负有监督管理职责；③水利部（农村水电和电气化发展局）负责审核中央补助投资的农村水电项目，参与大中型水资源开发利用项目的核准和审批，此外水利部还负责指导地方农村水电项目审查、审批和验收工作，组织拟定并实施农村水电设备市场准入制度和农村水电及供电营业区安全文明生产监督管理办法，承担农村水电设计市场、设备市场、建设市场和电力产品市场监督管理；④国土资源部门对地热资源的开发利用负有监督管理职责；⑤建设主管部门对太阳能、浅层地热等可再生能源在建筑领域的规模化应用负责；⑥生态环境部门对水电、风电、地热等可再生能源的开发利用可能造成的环境影响负有监管职责；⑦林业部门对林业生物质能开发利用负有监管职责；⑧海洋管理部门对潮汐发电等海洋能发电以及海上风电的开发利用负有监管职责；⑨气象部门对太阳能、风能等气候资源评价负有监管职责等。事实上，除了这些部门外，国务院财政部门、税务部门、价格部门、金融部门、标准化部门、质监部门、教育部门等虽然没有对可再生能源的开发利用负责，但对有关可再生能源的财政税收优惠、

价格、贷款优惠、技术与产品标准、质量标准、课程教育等都负有相应的管理职责。

（3）中央监管。中央监管主要是指国务院和国务院能源主管部门对可再生能源的监督管理进行统一的业务指导，进行全局性、长期性和间接性的宏观监督管理。地方分级监管包括省级、市级、县级的监督管理。

4.1　区域能源互联网业务体系

4.1.1　业务体系架构

在能源体制改革和能源体系升级的背景下，区域能源互联网的业务体系架构可分为主体、机制和业务 3 个维度。以省级区域能源互联网为例，三维业务体系架构如图 4-1 所示。首先，需要对主体维度中的政府、电网企业、能源生产商、能源聚合商和典型用户这 5 个主体进行研究。其次，机制维度主要是从市场、激励、监管和创新机制等角度来进行研究；最后，业务维度主要是基于能源网架体系、信息支撑体系和价值创造体系这三大体系进行划分。

1. 主体维度

（1）政府。在主体维度下，政府部门应作为区域能源互联网的业务体系推动者和监管者，在市场、激励、监管和创新机制环境约束下，制定出区域能源互联网业务体系的政策、规章、标准和目标，并指导、帮助省级电网企业建立相应的业务体系运作机制和激励机制。

（2）电网企业。电网企业分析和预测多类型用户的需求响应潜力，制定与用户需求相对应的措施，并以区域能源互联网的信息业务和价值创造业务为支撑进行探索。

（3）能源生产商。能源生产商主要负责各种能源设备的生产，包括产能设备及终端用能设备，并提供能源设备改造升级服务等。

（4）能源聚合商。能源聚合商是联系能源生产商与小用户的纽带，他以一个统一的整体与能源生产商进行交互，建立能源生产商与小用户之间的桥梁，设计小用户的聚合规则，给予小用户参与能源市场的机会。

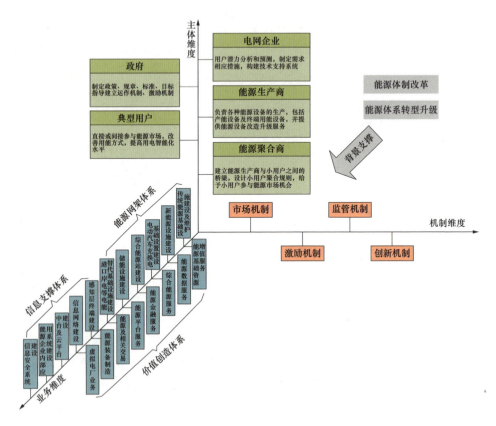

图 4-1　省级区域能源互联网的三维业务体系架构

（5）典型用户。典型用户直接或间接参与多能源市场，改善其用能方式，提高用户用电智能化水平。

2. 机制维度

在机制维度下，需要进行市场、激励、监管和创新机制设计。在不同的业务中各个主体的角色与定位不同，其模型就不同，需要针对区域能源互联网的业务场景设计主体的模型。

（1）市场机制。市场机制是通过市场竞争配置资源的方式，即资源在市场上通过自由竞争与自由交换来实现配置的机制，也是价值规律的实现形式。具体来说，它是指市场机制内的供求、价格、竞争、风险等要素之间的关系及作用机理。市场机制有一般和特殊之分。一般市场机制是指在任何市场都存在并发生作用的市场机制，主要包括供求、价格、竞争和风险机制；特殊市场机制是指各类市场上特定的并起独特作用的市场机制，例如金融市场上的利率、外

汇市场上的汇率、劳动力市场上的工资机制等。

（2）激励机制。激励机制是指通过特定的方法与管理体系，将员工对组织及工作的承诺最大化的过程。激励机制是在组织系统中，激励主体系统运用多种激励手段并使之规范化和相对固定化，而与激励客体相互作用、相互制约的结构、方式、关系及演变规律的总和。

（3）监管机制。在激烈的市场竞争中，企业执行力将决定企业的兴衰成败，科学完善的规章制度和监管体系是企业高效运行的基础，加强监督管理是保证企业执行力有效推行的重要手段。

（4）创新机制。创新机制包括对市场的应变能力、内在的发展动力、调动人的积极性的机制。其中，产品、销售、服务和决策需要随着市场的变化而变化。

3. 业务维度

在业务维度下，区域能源互联网的业务维度主要是以能源网架体系、信息支撑体系和价值创造体系为基础。

（1）能源网架体系。能源网架体系业务又可以细分为传统能源基础设施建设及维护、新能源设施建设、电动汽车充换电基础设置建设、综合能源站建设、储能设施建设和港口岸电等电能替代基础设施建设这六大类。

（2）信息支撑体系。信息支撑体系业务大体上包含了感知层终端建设、信息网络建设、中台及云平台建设、能源企业内部应用系统建设和信息安全系统建设这五大类。

（3）价值创造体系。价值创造体系业务大体上包含了能源基础资源增值服务、能源数据服务、综合能源服务、能源金融服务、能源平台服务、能源及相关交易、能源装备制造及虚拟电厂这几大类。

4.1.2　主要特征和各维度探索

基于区域能源互联网的主要特征和各维度探索，综合分析来看，区域能源互联网的业务体系为三维架构，以政府、电网企业、能源生产商、能源聚合商和典型用户等主体为代表，在不同的机制维度下综合考虑了能源网架体系、信息支撑体系和价值创造体系中的各类型业务。

能源网架体系业务中传统能源基础设施建设及维护业务以设备及系统智能

化改造和智能化工厂为典型代表业务；新能源设施建设业务以风电、光伏及氢能发电侧建设等为典型代表业务；电动汽车充换电基础设置建设业务以用户侧充电桩为典型代表业务；综合能源站建设业务以园区能源站一体化供应、多站融合及热泵建设等为典型代表业务；储能设施建设业务以储能站建设为典型代表业务；港口岸电等电能替代基础设施建设业务以港口或廊桥岸电建设等为典型代表业务。

信息支撑体系业务中感知层终端建设以传感器及各种测控设备建设等为典型代表业务；信息网络建设以对内信息平台等为典型代表业务；中台及云平台建设以多业务服务中心平台及智慧类云平台建设等为典型代表业务；能源企业内部应用系统建设以信息化系统构建等为典型代表业务；信息安全系统建设以信息安全服务等为典型代表业务。

价值创造体系业务中能源基础资源增值服务以共享杆塔、共享变电站站址资源等为典型代表业务；能源数据服务以能源大数据征信等为典型代表业务；综合能源服务以多能互补等为典型代表业务；能源金融服务以互联网/产业链金融等为典型代表业务；能源平台服务以能效管理平台、家庭/园区智慧能源服务平台、车联网和光伏云网平台等为典型代表业务；能源及相关交易以碳市场、绿色电力市场、天然气及热力市场、分布式能源市场等为典型代表业务；能源装备制造以设备及系统智能化改造、高端装备制造等为典型代表业务。

4.2　能源互联网企业业务体系

4.2.1　GE 模型

GE 模型是 20 世纪 70 年代初由美国通用电气公司创造的，将 BCG（Boston Consulting Group）模型的二因素的 2×2 矩阵发展成多因素的 3×3 矩阵，使用更多因素衡量这两个变量，纵轴采用多个指标反映业务吸引力，横轴采用多个指标反映业务竞争地位，同时增加了中间等级。GE 矩阵包含多个因素，可以通过增减某些因素或改变它们的重点所在，使 GE 矩阵适应某区域的具体业务发展意向或某业务的特殊性要求。对 GE 评价模型进行调整，基于"区域

业务发展潜力"和"区域在业务竞争力"两个维度，得到应用于业务选择的 GE 评价矩阵。

竞争类业务 GE 模型筛选如图 4-2 所示。基于"区域业务发展潜力"的高中低等级和"区域在业务竞争力"的高中低等级的两个维度的综合评价，判断一个竞争类业务是否应该引进。根据要素禀赋理论、比较优势理论来评价业务竞争力，根据梯度发展理论来评价业务发展潜力。

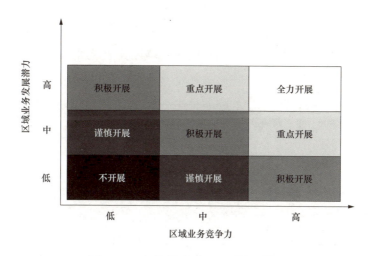

图 4-2　竞争类业务 GE 模型筛选

1. 业务竞争力分析理论

（1）要素禀赋理论。要素禀赋理论认为每个区域依据生产要素禀赋不同，开展符合自身地域优势的相关业务，规避不利于自己发展的薄弱业务，就能够获得利益。能源互联网竞争类业务作为新兴的现代服务业的一个重要领域，其发展和兴起具有一定的路径依赖性，特定区位、资源、技术、人才等方面的优势成为能源互联网竞争类业务发展的必备条件。

（2）比较优势理论。比较优势理论认为每个国家或地区都要对自己的优势或劣势进行比较分析，以便在现有自然技术与经济条件下更有效、更节约地分配劳动和利用资源，形成合理的、最有利于本地区的生产要素配置和生产力布局。在能源互联网竞争类业务的比较中，可以通过比较各部分的人力资源等因素进行分析。

2.业务发展潜力分析理论

梯度发展理论是在国家或大地区经济开发中，按照各地区经济、技术发展水平，由高到低，依次分期逐步开发的理论。该理论应用于能源互联网竞争类业务选择时，通过判断不同产业门类所处的发展梯度衡量不同产业发展潜力。

4.2.2 能源互联网竞争类业务筛选器

基于 GE 评价矩阵，结合从理论到基准再到指标的 3 层结构，按照德尔菲法和综合评价法相结合的方法，构建能源互联网竞争类业务筛选器，如图 4-3所示。

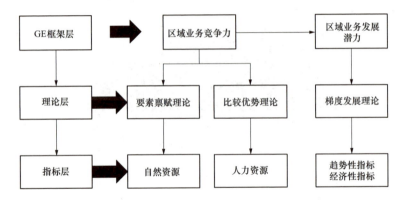

图 4-3　能源互联网竞争类业务筛选器

由能源互联网竞争类业务筛选器中可以看出，GE 框架基于区域业务竞争力及区域业务发展潜力进行选择。其中，区域业务竞争力基于要素禀赋理论和比较优势理论，区域业务发展潜力基于梯度发展理论，在指标层中，基于具体可得数据进行评价分析，最终得到不同类型业务的区域发展潜力和区域业务竞争力评估。

4.3　综合能源供应

4.3.1 技术原理

在园区内可以建成以电为中心、多种能源综合协调供应的区域能源互联网

系统，通过自主研发的运行调控平台将配电设施、常规冷水空调、地源热泵、冰蓄冷、蓄热式电锅炉、光伏、储能、风电、太阳冷热水等系统整合，实现各能源的在线监测、优化调度与全生命周期管理。通过建立多能源、多目标、多变量能源的协调优化模型，为园区能源制订经济效益最优、绿色节能最优、综合最优等运行方案，通过调控平台完成各子系统的负荷、产能预测，下发调度控制，并通过实际运行情况实时调度，实现方案目标。

4.3.2　主要性能特点

综合能源供应的难点是多种能源之间的耦合与互补，目前这仍是各机构研究的重点与难点。综合能源供应技术要体现"综合性"，表现在：①要尽可能多的涵盖目标用户的用能需求；②在实现能源全监测的情况下，实现能源互补与经济运行。

综合能源供应项目往往局限于常见的冷热电三联供（Combined Cooling, Heating and Power, CCHP）模式，可以实现以电为中心，涵盖"电、冷、热、热水"等多种能源的供应模式，并可以体现可复制、可推广的主要性能特点。

4.3.3　适用范围

综合能源供应项目可以实现以下能源指标保障。

（1）供暖质量。供暖季保证房间室内温度满足不低于20℃的条件。

（2）供冷质量。供冷季室内温度满足不高于26℃的条件。

（3）热水质量。生活用热水出口温度不低于50℃。

（4）可再生能源占比。年用电量平均占比在30%及以上。

（5）服务时间。提供365天×24h的不间断运维服务，为用户提供灵活的用能体验。

通过能源运行调控平台，对需求侧提前进行合理预测分析，根据不同的设定目标（经济最优、绿色最优、综合最优），通过优化算法形成调度指令，下发至各子系统，实现对冷、热、热水、电能等能源基础子系统的优化配比。通过"小时级"的修正调整，达到综合协调多种清洁能源之间、传统能源与清洁能源之间

的能源互补、转化供应，最终实现园区内多种能源安全、经济的供给。

4.3.4 商业模式

综合能源供应项目的商业模式可以采用能源托管模式，能源互联网公司通过投资园区能源网络建设，获得能源网络运营权，并按照单价用量法或总价包干法向用户收取冷、热、热水、电费用。因园区负荷率较高，故此种模式风险较小。如采用能源托管模式，为控制风险，保障利润，需满足以下条件。

(1) 园区（建筑）入住率较高，负荷稳定。特别注意的是新建园区采用能源托管风险较高，且投资一般较大，若入住率不能达到预期，则难以收回投资。

(2) 采用能源托管模式进行的综合能源服务项目最好在用户规划设计之初就参与其中，如此可以更好地掌握用户用能结构与特点，制定合理的能源价格。

(3) 对于已经建成的园区（建筑），需要进行专门的能源审计，与用户确定能源边界后，才能确认能源托管费用或能源单价。

(4) 对于总价包干法的能源托管项目，产生效益的主要手段有：①通过技术手段，为用户进行节能改造，降低能源消耗；②通过管理手段（人工或技术）改变用户不良用能习惯，优化设备运行策略，实现能源费用降低。

4.3.5 典型案例

1. 案例概况

国网客服中心南方园区项目一期建筑面积为 13.6 万 m^2。园区内含大量数据中心等一级重要负荷，且人员集中、密集。因此，该园区具有供能安全、可靠性需求高的特点。

能源互联网企业可以为该园区提供冷、热、热水及电能的供应，能源网软、硬件设施运维，调控策略研究，用能咨询，设备资产可靠性分析等服务，实现供暖、供冷、热水、可再生能源占比等能源指标保障，为多能用户提供柔性服务。

该项目一期规划建设光伏发电等清洁能源系统，并通过园区能源网运行调

控平台对分布式冷、热、电能进行监控管理和合理调度，实现园区内多种能源的安全、经济运行。主要项目建设内容见表 4-1。

表 4-1　　　　　　　　　　　　主要项目建设内容

项目划分	建设内容
项目本体	太阳能热水系统
	地源热泵打井、埋管
	能源中心机房控制系统集成
智能电网科技项目	光伏发电系统
	风力发电系统
	储能系统
	能源网运行调控平台
空调冷热源系统（合同能源管理）	常规制冷系统
	冰蓄冷系统
	蓄热电锅炉系统
	地源热泵系统

2. 空调部分项目内容

空调冷热源系统负担的是办公用房、换班宿舍以及公共服务楼二用房（不包括有恒温恒湿要求的机房等工艺房间）的舒适性空调，包括夏季供冷、冬季供热。一期、二期共用一个制冷站，采用区域能源站模式。冷热源方案采用冰蓄冷＋地源热泵＋电动压缩式离心机组（基载主机）＋蓄热电热水系统多能源混合方案，其中冰蓄冷＋电动压缩式离心机组＋地源热泵负担空调冷负荷，地源热泵＋蓄热电热水系统负担冬季供热负荷。

系统运行策略：空调系统运行兼顾经济性和机组运行效率。

（1）空调制冷时。夜间低谷时段（0：00—8：00）双工况机组制冰蓄冷，在负荷高峰时，地源热泵和基载主机难以满足系统要求时，双工况机组制冰的同时，向外供冷；在其他平段时间，以能效比最高的地源热泵、蓄冰装置融冰和基载主机供冷为主，双工况机组供冷用于调节尖峰负荷或当基载主机、地源热泵因故不能投运时的供冷。

（2）空调制热时。夜间低谷时段（0：00—8：00）以地源热泵供热为主，不足部分采用电热锅炉补充，在日间平峰时段，以地源热泵为主，蓄热系统放热为辅。

4.4 虚 拟 电 厂

4.4.1 技术原理

在区域能源互联网大力发展的背景下，未来更多电力用户将由单一的消费者（consumer）转变为混合型的产消者（prosumer）。在技术层面，由于分布式可再生能源、可控负荷、储能设施以及电动汽车等具有地理位置分散、随机性强、波动性大，并具有弱可观性和可控性的特点，随着接入电网总体规模的不断扩大，对电网的安全、可靠、经济运行等提出新的挑战。从经营层面，分散资源可持续利用的商业模式亟待研究，需要深入探讨一种可行路径，去激励混合型产消者与电网实现友好互动。

虚拟电厂（Virtual Power Plant，VPP）正是针对这些新现象，聚焦于电气化进程中生产侧和消费侧同步发力的重要特征，从而提出的适应未来区域能源互联网发展趋势的技术和商业模式。该技术模式能够在传统电网物理架构上，依托互联网和现代信息技术，把分布式电源、储能、负荷等分散在电网的各类资源相聚合，进行协同优化运行控制和市场交易，对电网提供辅助服务。

总体来说，虚拟电厂是将分布式发电机组、可控负荷和分布式储能设施有机结合，通过配套的调控技术、通信技术实现对各类分布式能源进行整合调控的载体，以作为一个特殊电厂参与电力市场和电网运行。

虚拟电厂的概念最早由 2005 年欧盟第六框架计划下的 FENIX 项目提出，至今国内外尚未对虚拟电厂达成一致的定义。从狭义的概念来讲，虚拟电厂是大量小型电源的集合，可以包括传统火电机组、风力发电、光伏发电等可再生能源机组以及储能设备。从广义概念来说，虚拟电厂不仅是发电单元的聚合，还可以将用电侧的可控负荷包含进来，通过与需求侧管理结合，虚拟电厂将发用电共同组成一个虚拟整体来参与电力系统运行。虚拟电厂示范项目见表 4-2。

虚拟电厂发展至今已有一些实际工程应用。FENIX 项目中将虚拟发电厂分为技术型虚拟发电厂（Technical Virtual Power Plant，TVPP）和商业型虚拟发电厂（Commercial Virtual Power Plant，CVPP）两类。技术型虚拟发电厂

将同一地理区域内的分布式电源聚合成为局部能源管理系统，强调组成的技术；商业型虚拟发电厂则是获得所有分布式电源的信息之后参与电力市场交易决策，强调商业性。

表 4-2　　　　　　　　　虚 拟 电 厂 示 范 项 目

示范工程项目名称	项目起止时间	主要参与国
VFCPP	2001—2005 年	德国
KONWERL	2002—2003 年	德国
CPP	2003—2007 年	德国
STADG VPP	2003—2007 年	德国
UNNA	2004—2006 年	德国
VIRTPLANT	2005—2007 年	德国
PM VPP	2005—2007 年	荷兰
FENIX	2005—2009 年	英国、西班牙等
GVPP	2006—2012 年	丹麦
VGPP	2007—2008 年	澳大利亚
PREMIO	2008—2011 年	法国
HARZ VPP	2008—2012 年	德国
Pro VPP	2008—2012 年	德国
EDISON	2009—2012 年	丹麦
VATTENFALL VPP	2010—2012 年	德国
FLEXPOWER	2010—2013 年	丹麦
WEB2ENERGY	2010—2015 年	德国、波兰等
VATTENFALL VPP	2010—2012 年	德国
TWENTIES	2012—2015 年	比利时、德国等

　　从某种意义上讲，虚拟电厂可以看作是一种先进的区域性电能集中管理模式，通过一套智能调控系统，让电厂发电量和用户用电量保持平衡，而这里的电厂不仅是传统电厂，也包括电网中风力发电、太阳能发电这种不稳定的发电设备。虚拟电厂概念的核心可以总结为"通信"和"聚合"。其最具吸引力的功能在于能够聚合分布式能源参与电力市场和辅助服务市场运行，为配电网和输电网提供电源和辅助服务。

总的来说，虚拟电厂主要依托协调控制技术、智能计量技术和信息通信技术这 3 类技术。协调控制技术用于实现分布式能源的协调优化，以达到对系统高要求的电能输出；智能计量技术是虚拟电厂优化和控制的重要基础；信息通信技术则是实现分布式能源聚合的关键。

4.4.2 主要性能特点

1. 虚拟电厂内部单元特性

（1）光伏发电。光伏发电（Photovoltaic，PV）利用地球上最丰富的可再生能源——太阳能进行发电，具有无污染、无噪声、无燃料损耗、安全可靠的优点，但同时光伏电源的出力容易受到光照强度、表面温度和湿度等自然因素的影响，使得其输出功率波动较大。光照强度的概率模型主要采用 Beta 分布，其参数可以通过历史统计数据的均值和方差估算法计算得到。

（2）风力发电。从可调度性上看，由于风力发电和光伏发电的出力都具有一定的随机性，一般认为它们都是不可调度电源，对间歇性电源的消纳仍需要依靠大量常规机组协助进行。但由于地区间风力发电和光伏发电表现出一定的互补特征，从广域的集合效应考虑，可以利用它们之间互补性来整体消纳。风力机组（Wind Turbines，WT）的出力主要受风速的影响。目前常见的用来描述风速的随机性模型主要有概率模型、模糊模型和区间模型 3 种。

1）概率模型。概率模型包括 Weibull 分布、Rayleigh 分布和 LogNormal 分布等，两参数的 Weibull 分布是应用最广的一种，该分布的尺度参数和形状参数可以通过极大似然估计法、均值—方差估算法、最小二乘法等方法对该地区的风速历史数据进行计算得到。

2）模糊模型。模糊模型采用梯形模糊数或三角模糊数来描述风速的随机性，主要适用于风速不易被统计的情况。

3）区间模型。区间模型采用区间数来表征风速的随机性，主要适用于风速预测不完全精确而当其满足一定条件时相对准确的情况。

（3）微型燃气轮机。相对于传统发电，微型燃气轮机（Micro Turbine，MT）的污染程度非常小。由于微型燃气轮机出力可以灵活调控，且具有能量利用率高、污染较小等优点，是目前国内外应用最广的分布式电源。除了分布

式发电以外，微型燃气轮机还可以用于热电联供、备用发电、尖峰负荷发电等，当微型燃气轮机实行热电联产时，其能量的综合利用率可达80％～90％，甚至更高。微型燃气轮机是目前供应清洁优质发电及热电联供的最佳方式，无论是中心城市还是边远地区均可适用。

（4）储能设备特性。电力储能设备有很多，常见的有机械储能和化学储能，对于机械储能可以从其动力学角度进行建模；对于化学储能则可以从它的电化学反应角度进行建模。在虚拟电厂中主要用于削峰填谷以及平抑一部分新能源的波动，通过蓄电池、抽水等方式，将电能暂时以化学能、机械能等能量的形式存储，并在需要时释放为电能。储能设备可大致分为4类，分别为：①机械储能装置，如抽水蓄能装置、飞轮储能装置等；②化学储能装置，如铅酸蓄电池、钠硫蓄电池等；③电磁储能装置，如超级电容器储能装置、超导储能装置等；④变相储能装置。

2. 虚拟电厂外特性

虚拟电厂的外特性如下，其中（1）～（7）为优势，（8）（9）则是不足之处，是有待解决的问题。

（1）虚拟电厂具有多样的构成资源。虚拟电厂的构成资源具有多样性。完整的虚拟电厂不仅可以调度各类分布式电厂进行发电（分布式电厂包括水电机组、太阳能机组、潮汐机组等可再生能源机组），又可通过需求响应，采用需求侧管理及用户储能、余压余热利用等措施来实现节能。

（2）虚拟电厂可以摆脱传统微网的地域限制。中国目前大多采用微网的概念作为分布式电源的并网形式，它能够很好地协调大电网与分布式电源的技术矛盾，并具备一定的能量管理功能，但微网以分布式电源与用户就地应用为主要控制目标，且受到地理区域的限制，对多区域、大规模分布式能源的有效利用及在电力市场中的规模化效益具有一定的局限性。虚拟电厂并未改变每个分布式电源并网的方式，而是通过先进的控制计量、通信等技术聚合分布式电源、储能系统、可控负荷、电动汽车等不同类型的分布式能源，并通过更高层面的软件构架实现多个分布式能源的协调优化运行，更有利于资源的合理优化配置及利用。

（3）虚拟电厂的解决思路可以产生规模经济效益。传统主动配电网是实现大规模分布式电源并网运行的另一种有效解决方案，它是将分布式电源的接入半径进行了一定的扩展，能够对配电网实施主动管理，但对分布式电源能够呈现给大电网及电力市场的效益考虑不足。虚拟电厂的提出则为解决这些问题提供了新的思路。虚拟电厂更多强调的是对外呈现的功能和效果，更新运营理念并产生社会经济效益，其基本的应用场景是电力市场。这种方法无需对电网进行改造而能够聚合分布式电源对公网稳定输电，并提供快速响应的辅助服务，成为分布式电源加入电力市场的有效方法，降低了其在市场中孤独运行的失衡风险，可以获得规模经济的效益。

（4）虚拟电厂的调度控制策略更加合理。相比传统电厂，虚拟电厂基本没有新增的环境污染和生态破坏，也不会占用城市用地。虚拟电厂通过人工智能以及远程控制等方式，合理协调周边商业中心，工厂以及景观等用电需求，在不影响其正常运行的前提下抽调一部分电能满足用电需求。具体来说就是利用大数据以及边缘计算技术，通过神经网络计算将周边楼宇充电桩由快充调节为慢充，在不影响楼宇安全的前提下，调整电梯运行方式，在不影响正常运行的前提下，调集储能设备等，以实现资源最大化利用，并降低电力设施投资。

（5）虚拟电厂的运行更加灵活。由于虚拟电厂内除了风、光等间歇性分布式电源，还包含可控电源、储能以及负荷，使得电源侧和负荷侧的自主性和灵活性都得以增强，虚拟发电厂具备源荷特性，可以实现能量的双向流动，虚拟发电厂除了可以满足自身的用电需求，还可以根据系统需要和自身效益灵活地选择合适的运行策略。

（6）虚拟电厂内部资源具有互补性。虚拟电厂包含了风力发电、光伏发电等多种能源形式的分布式电源，也包括了微型燃气轮机等可控的分布式电源，通过对其内部资源的协调控制和综合管理，可以实现各类型电源的优势互补。同时，虚拟发电厂先进的通信系统为其内部单元的互动和对外互动提供了条件，实现了内部资源和外部广域资源的互补。

（7）虚拟电厂具有调节迅速性。由于可再生能源发电资源的存在，虚拟电厂内部通常还配有大量的储能或者微型燃气轮机等可控设备，以保证虚拟发电厂整体出力的平稳性。虚拟发电厂中的可控设备通常规模不大，调节特性优良，能迅速响应调度要求，提供功率平衡和调频服务。

（8）虚拟电厂内部资源控制的不便性。虚拟电厂内部聚合了大量的分布式

电源、分布式储能，而分布式电源容量小、分布广，难以控制，使得虚拟电厂的内部控制变得十分复杂，传统的完全集中式控制已不再有足够的能力应对这样的情况。

（9）虚拟电厂出力的随机性。由于风力发电、光伏发电等间歇性分布式发电自身具有容量小、出力具有一定随机性的特点，它们的集合出力自然也会具有一定的不确定性，这给虚拟电厂的调度运行增加了巨大的困难。虚拟电厂中配置的可控分布式发电、常规机组以及一定容量的储能，使得虚拟电厂出力限制在了一定范围内，从而在此区间具有可调度性，但虚拟电厂的出力不确定性需要被考虑。

4.4.3　适用范围

虚拟电厂能够在传统电网物理架构上，依托互联网和现代信息通信技术，把分布式电源、储能、负荷等分散在电网的各类资源相聚合，进行协同优化运行控制和市场交易，对电网提供辅助服务。虚拟电厂在参与区域的电网运营调度、参与当地的能源电力市场、削峰填谷、调频等方面都将具有广阔的应用前景。

1. 分布式电源

（1）分布式电源运行管理与传统电力调度管理的不同之处。电力调度管理针对电网中的大型火力发电机组，可再生能源发电中的大型风电场和大型光伏电站（发电容量几百兆瓦以上）也属于电力调度管辖范畴。而分布式电源容量小、电压等级低，不属于电力调度管理的范畴，其运行管理与传统电力调度管理的不同之处体现在以下几方面。

1）电源种类的多样性。传统电力系统中的电源大都是火力发电机组，具有统一的数学模型和运行特性。分布式电源种类繁多，既有微型燃气轮机等可控电源，也包括利用风能、太阳能等自然资源进行发电的不可控电源，不同种类的分布式电源有着不同的运行特性；同时，储能设备既可作为电源，也可作为负荷。这些电能生产的多样性和灵活性，极大增加了分布式电源运行管理的难度。

2）电源出力随机性。风能、太阳能等自然资源，受到季节、天气等不确

定因素的影响，表现出随机性、波动性的特点，使得基于自然资源条件而发电的分布式电源，如小型风力发电机、光伏电池等，发电生产具有明显的不确定性。电力调度中心难以对这么小容量的发电出力做出预测和计划。

3）发电容量较小。分布式电源发电容量一般在几十千瓦到几十兆瓦。电力调度中心管辖的火力发电机组装机容量一般几百兆瓦，甚至几千兆瓦。电力调度中心难以管辖这么大量、分散的分布式电源。

4）通信链路问题。传统的电力调度中心管辖省级电网中的大型火力发电机组，通过电力专用通信网采集发电机组运行数据，并下发控制指令。但是分布式电源地理位置分散，与电力调度中心没有通信链路。

（2）虚拟电厂在分布式电源运行管理中的应用。虚拟电厂可实现一种或多种分布式电源的有效聚合，将功率特性与运行方式存在差异的风电机组、光伏设备、燃气机组等有效整合为一个"虚拟"实体协调运行，从而为分布式电源并网提供足够的容量支撑。虚拟电厂聚合的分布式电源通常情况包括可控分布式电源与不可控分布式电源两种。

1）可控分布式电源。常见的可控分布式电源包括燃气机组、热电联供机组、生物质能、抽蓄水电站等，这些可控分布式电源一般具有较好的功率调控能力，可以实现对于虚拟电厂调度指令的快速响应，从而提高虚拟电厂内部功率平衡能力，以降低不可控能源的功率波动性风险。

2）不可控分布式电源。常见的不可控分布式电源主要包括风电站、光伏电站等，这类电源的功率输出主要取决于自然环境因素的变化，包括风速、风向与光照强度等，因此该部分电源并网后功率的可控性较差，无法及时的响应电力系统调度中心的调度指令，为了有效平抑不可控分布式电源并网对于电网功率和频率稳定的影响，虚拟电厂需要灵活调用内部的可控分布式电源以增强向电网供电的可靠性和电能质量。

2. 需求响应

需求响应的概念是在美国进行电力市场化改革后提出的，其内容为：电力市场中的用户针对市场价格信号或者激励机制做出响应，并改变正常电力消费模式的市场参与行为。一方面，若能充分利用需求侧资源，在用电高峰期对需求侧资源发出调用信号并对其进行调用可以充分缓解电力供应方在负荷高峰期的供电压力；另一方面，需求侧资源可以作为电力备用来提升电力系统的可靠性。从短期上来看，实施需求响应措施调用需求侧资源可以缓解短期内的供电压力；从长期上来看，由于电厂的总装机容量是为了适应负荷峰值，所以缓解短期内的供电压力进一步可以延缓电厂建设过程，从而间接减少了电力消耗，节约了能源，从一定程度上缓解了能源危机。

但是，也正是由于电力需求响应所涉及的需求响应措施较多，所涉及的用户数量极多，在调度过程中会体现出极大的复杂性。所以，提出一种行之有效的调度方法以及调度模型势在必行。基于需求响应的虚拟电厂的概念是将需求侧各项需求响应资源看作是一个虚拟电厂，该虚拟电厂可以将需求响应资源进行聚合，具有实体电厂的部分特性，并可参与电力系统的多项电能服务，包括调峰、甚至参与电力调度等工作。虚拟电厂作为一种需求侧响应方式，利用用户的用电弹性，缓解峰荷时段电力供应紧张状况，对于降低发电上网电价、提高电力系统经济和安全运行具有积极的作用。因此，基于需求响应的虚拟电厂的建立可以在一定程度上简化对大量需求响应资源进行调控时的复杂过程。

此外，虚拟电厂管理在国外已经被作为一项重要的调峰措施，广泛应用于冶金、造纸、钢铁和化工等行业，其效益主要体现在：①延缓甚至减少扩建机组的投资，节约发电成本；②用户参与系统调峰相当于增加了系统备用，减少备用机组的启停和运行费用；③提高系统可靠性，使用户以同样的电价享受更优质的供电服务；④增加需求弹性，减少高峰负荷的需求量，避免高峰价格的剧烈波动；⑤减少拉闸限电给用户带来的经济损失。因此，虚拟电厂可以充分发挥需求响应资源在能源系统中的作用。

3. 电动汽车

进入 21 世纪以来，节能减排，一直是我国坚持走可持续发展道路的重要环节。电动汽车由于其节能、环保的优点，逐渐得到普及。随着电动汽车普及率的逐步提高，其充电的随机性给配电网带来了不同程度的冲击。同时，作为移动储能的一种，其随机性又为配电网的安全稳定运行带来了机遇。现有研究成果表明，电动汽车近年来发展快速，规模化电动汽车的随机盲目接入，其用电行为引起负荷发生一定改变，如负荷波动性、随机性增强，负荷峰谷差增大等，负荷的变化给电网运行带来一定冲击。

电动汽车的接入对配电网电能质量的主要影响包括电压下降、谐波污染和

三相不平衡。考虑到用户的充电习惯，规模化电动汽车的无序充电需求与配网需求重叠，不仅造成负荷用电高峰叠加电动汽车的充电高峰的情况，而且还会增加调峰容量及发电机组的发电容量，所以，良好的车—网互动，不仅可以满足电动汽车对于能量补给的需求，而且可以降低电动汽车充电对配电网的影响。

V2G 技术是 Vehicle to Grid 的简称，它描述了这样的一个系统：当混合电动汽车或是纯电动汽车不运行时，可以通过连接电网的方式将电池的能量输给电网，反过来，当电动汽车的电池需要充满时，电流可以从电网中提取出来给到电池。通过 V2G 技术的支持，可以将大量分散的电动汽车聚合为一个虚拟电厂，通过虚拟电厂的优化管理，合理安排区域内电动汽车的充放电计划和出行计划，从而实现与电网的良好互动。

总体而言，虚拟电厂通过 V2G 技术，将电动汽车以一个部件的形式有效融合到电力系统中，实现了更高效的控制和更优的资源配置。

4.4.4 商业模式

目前，能源结构调整、可再生能源消纳、减排压力等已成为世界范围的新问题和大课题。分布式电源形式也在从原先的热电联产为主向以风电、光伏为代表的可再生能源转变。同时，储能、可控负荷、电动汽车也以"产消者"的新角色进入了电力市场，成为不可忽视的市场主体。新形势下的新问题，给电力系统调度和交易带来了新挑战，虚拟电厂必将发挥更大的作用，因此，虚拟电厂的商业模式也逐渐成为大家关注的焦点，虚拟电厂的商业模式主要分为以下几个方面。

1. 参与电力市场获益

虚拟电厂在聚合规模效益驱动下，利用通信、控制、计算机等技术将独立的分布式能源（DER）聚合统一参与电力市场。通过其自身的聚合能力，虚拟电厂可以在一定程度上平抑分布式发电的波动性，通过调用分布式风电、光伏等零或低边际成本的发电资源参与电力市场交易，从而获取利润。

2. 参与需求响应获益

虚拟电厂通过协调、优化和控制由分布式电源、储能、智慧社区、可控

工商业负荷等柔性负荷聚合而成的分布式能源集群，使得自身有了一定的可调节能力。利用每 15min 一次，每天 96 次的电力市场价格波动，虚拟电厂可以通过调节分布式电源出力、需求响应，实现低谷用电、高峰售电，获取最大利润。

3. 参与辅助服务获益

虚拟电厂运营商与虚拟电厂内部各组成部分间是委托代理关系，虚拟电厂运营商是虚拟电厂内外双向互动的主体和媒介。虚拟电厂运营商负责虚拟电厂与外部大电网、发售电企业间的信息交换，既可以作为售电企业，替虚拟电厂中的用户进行购售电交易，又可以作为辅助服务提供商，参与辅助服务市场来获得辅助服务补偿。利用微燃机、生物质发电等启动速度快、出力灵活的特点，参与电网的辅助服务，获取收益。

4.4.5 典型案例

1. 江苏虚拟电厂

2016 年 6 月 15 日，江苏大规模源网荷友好互动系统初步建成，该系统为 2016 年迎峰度夏期间西南水电通过复奉、锦苏及宾金等三回特高压直流 2160 万 kW 满功率输送时的电网安全稳定运行提供了有力支撑。其中苏州地区已实现 1100MW 容量的快切负荷能力即"虚拟电厂"资源。

2017 年 5 月 24 日，世界首套"大规模源网荷友好互动系统"在江苏投运。当天，按照华东电网实战演练安排，±800kV 锦苏特高压直流被人工闭锁，江苏电网瞬间缺少 300 万 kW 电力供应，通过"大规模源网荷友好互动系统"统一调度控制，实时填补了负荷缺口。该系统借助"互联网＋"技术和智能电网技术的有机融合，在突发电源或电网紧急事故时，用户可化身"虚拟电厂"，参与保护大电网安全。

2017 年 12 月，江苏大规模源网荷示范工程二期扩建投入运行。系统首次形成了由控制中心站—主站—子站—控制终端组成的分层分区完整架构，控制对象除了大用户外，还接入了燃煤电厂可中断辅机、南水北调翻水站抽水泵以及大型储能电站。电源类型多元化，控制对象更加丰富，毫秒级控制总容量达到 200 万 kW。

2018 年 5 月 28 日，国内首套"大规模源网荷友好互动系统"三期扩建工程投入试运行，标志着我国拥有了世界上最大规模的"虚拟电厂"。系统改造后的现场整体联调工作及实切用户试验、实切时间测量实验等工作。目前毫秒级控制总容量达到 260 万 kW。

目前该工程可提升特高压直流送电能力 154 万 kW，在负荷控制能力方面，相当于 4 台百万 kW 火电机组，节省投资 126.4 亿元，环境效益显著。该系统在江苏电网成功应用，实现了快速负荷调控方式的根本性改变，起到了很好的示范作用。该成果已在山东、河南、上海、浙江、安徽、湖南 6 个省级电网推广应用。

2. 上海虚拟电厂

2018 年 1 月，位于黄浦区九江路上的宝龙大厦第八次参与了虚拟电厂试运行，"发电"能力达 100kW。宝龙大厦仅仅是黄浦区虚拟电厂的一个项目。迄今，虚拟电厂最大规模的一次试运行，参与楼宇超过 50 栋，释放负荷约 10MW。

黄浦区是上海商业建筑最密集的中心城区，大型商业建筑数量超过 200 幢，面积近 1000 万 m²，年耗电量约 13 亿 kWh，峰值负荷近 50 万 kW，楼宇能耗占全区总能耗的 65% 以上，方便对诸多分布式发电资源进行大范围集中控制。截至当年 2 月 28 日，黄浦区内像宝龙大厦这样对能耗实时在线监测的楼宇，总数已超过 230 栋，年监测用电量超过 10 亿 kWh，占上海市社会领域用电总量的 40%。

2018 年，台风"温比亚"于 8 月 17 日在上海登陆，全市启动预警，国家级需求侧管理示范项目——黄浦区商业建筑"虚拟电厂"（一期）建设完成后首次投运。8 月 17 日 12：00—13：00 正值电力负荷高峰时段，通过虚拟电厂运营调度平台的一条条智能数据指令，区内 104 幢签约商业建筑，作为虚拟发电节点同一时间投入运转，合理调节各自空调、照明、动力使用负荷，削减高峰电力，保障安全的电力空间，1h 实际削减电力负荷 20.12MW，其中科技京城削减负荷达到 1095.8kW。

4.4.6 虚拟电厂组建案例分析

虚拟电厂聚合了光伏发电、风力发电等间歇性分布式电源，作为一种灵活高效、环境友好的发电技术，符合全球发展低碳经济的趋势，对未来电力系统提供了有力补充和有效支撑。虚拟电厂的组建需要同时考虑外部环境的影响和自身的运行特性，灵活地调整自身的组建策略，因此，本节以虚拟电厂面向调频市场为例，介绍虚拟电厂的组建策略。

1. 面向调频市场的虚拟电厂组织结构

基于虚拟电厂分布式控制结构，其内部集成多个节点代理，各节点代理（Agent，AG）包含有多种分布式发电单元，主要包括光伏、风电等间歇性分布式资源，以及微型燃气轮机、储能装置等可控分布式资源。参与电力市场的虚拟电厂组织架构如图 4-4 所示。

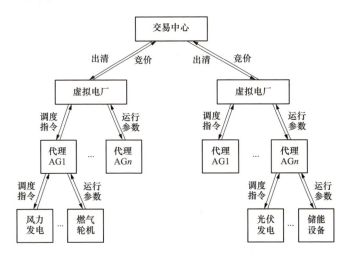

图 4-4　虚拟电厂组织架构

2. 面向调频市场准入机制的虚拟发电商组建模型

调频供应商提前一周向交易中心提交调频市场准入申请，交易中心统计其过去一个月内的历史性能指标。性能指标包括调频供应商响应时间、有功出力调节速率、调节精度、预测精度、环保系数，当平均综合性能指标低于市场设定的门槛值时，将无法获得准入资格。市场主体调频综合系数计算为

$$\mathrm{sort\_factor}(i,t) = \sum_{i=1}^{N} \frac{\dfrac{R_{\mathrm{FM}}(i,t)}{\mathrm{mean}(R_{\mathrm{FM}})} \times \dfrac{A_{\mathrm{p}}(i,t)}{\mathrm{mean}(A_{\mathrm{p}})} \times \dfrac{A_{\mathrm{e}}(i)}{\mathrm{mean}(A_{\mathrm{e}})}}{\dfrac{e(i)}{\mathrm{mean}(e)} \times \dfrac{R_{\mathrm{T}}(i)}{\mathrm{mean}(R_{\mathrm{T}})}} \tag{4-1}$$

式中：$\mathrm{sort\_factor}(i,t)$ 为调频供应商的调频综合系数；R_{FM} 为供应商的调频速率；A_{p} 为预测性能；A_{e} 为环保性能；e 为控制精度；R_{T} 为响应时间。

虚拟电厂内部集成了多个节点代理，并由虚拟电厂运营商统一管理，参与电力市场运行。虚拟电厂运营商面向调频市场准入机制，以综合调频性能参数最优为目标，在满足虚拟电厂聚合总容量需求等约束下，进行各节点代理的聚合，有

$$\max W(t) = \sum_{i=1}^{I_{AG}} \mu_i \cdot \text{sort\_AG}(i, t) \qquad (4\text{-}2)$$

式中：$W(t)$ 为综合调频性能；μ_i 为节点代理 i 的聚合情况，$\mu_i = 1$ 表示被选中的节点代理，$\mu_i = 0$ 表示未被选中的节点代理；$\text{sort\_AG}(i, t)$ 为节点代理的调频综合系数。

约束条件为

$$\sum_{i=1}^{I_{AG}} \mu_i P_e^i(t) \geqslant R(t) \qquad (4\text{-}3)$$

式中：$P_e^i(t)$ 为节点代理 i 的容量；$R(t)$ 为虚拟电厂运营商总容量需求。

面向调频市场准入机制的虚拟电厂运营商聚合流程如图 4-5 所示。

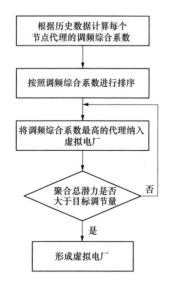

图 4-5　虚拟电厂运营商聚合流程

3. 面向调频市场准入机制的节点代理组建模型

面向调频市场准入机制的节点代理组建模型采用虚拟电厂多代理结构分布式控制结构，其内部集成多个节点代理，各节点代理包含有多种分布式发电单元，主要包括光伏、风电等间歇性分布式资源，以及燃料电池、微型燃气轮机、储能装置等可控分布式资源。节点代理组建时既可以选择风力、光伏等间歇性分布式电源，也可以选择微型燃气轮机等可控分布式电源。间歇性电源频率响应特性较优异，然而其出力具有不确定性，含有间歇性电源的节点代理总出力曲线和预期期望曲线之间会有一定偏差。定义发电单元出力匹配方差，以在调度周期内节点代理的匹配度最小为目标，进行节点代理聚合。

发电单元匹配方差定义为

$$S_t = \Big[\sum_{j=1}^{J} P_j(t) - P_e \Big]^2 \qquad (4\text{-}4)$$

式中：S_t 为 t 时刻匹配方差；J 为发电单元 j 的数目；$P_j(t)$ 为发电单元 j 在 t 时段出力；P_e 为期望达到的目标容量。

基于分布式电源匹配方差，建立基于匹配度的节点代理聚合模型。

（1）目标函数。以在调度周期内节点代理的匹配度最小为目标，进行节点代理聚合，有

$$\min S^i = \frac{1}{T} \sum_{t=1}^{T} S_t^i = \frac{1}{T} \sum_{t=1}^{T} \Big(\sum_{j=1}^{J} \mu_j^i P_j(t) - P_e^i \Big)^2 \qquad (4\text{-}5)$$

式中：S^i 为节点代理 i 的匹配度；T 为总时段数；J 为分布式电源 j 的数目；S_t^i 为节点代理 i 的 t 时刻匹配方差；μ_j^i 为分布式电源 j 是否为节点代理 i 的组建单元状态量，$\mu_j^i=1$ 表示分布式电源 j 组建为节点代理 i 的发电单元，$\mu_j^i=0$ 表示分布式电源 j 没有组建为节点代理 i 的发电单元；P_e^i 为节点代理 i 的目标容量。

（2）约束条件。

1）发电计划约束为

$$\sum_{j=1}^{J} \mu_j^i P_j(t) + P_{\mathrm{BT\_dis}}(t) \cdot \eta_{\mathrm{BT\_dis}} = P_{\mathrm{plan}}(t)$$
$$\sum_{j=1}^{J} \mu_j^i P_j(t) + P_{\mathrm{BT\_ch}}(t) \cdot \eta_{\mathrm{BT\_ch}} = P_{\mathrm{plan}}(t) \qquad (4\text{-}6)$$

式中：$P_{\mathrm{BT\_ch}}(t)$、$P_{\mathrm{BT\_dis}}(t)$ 分别为 t 时刻储能电池的充、放电功率；$\eta_{\mathrm{BT\_ch}}$、$\eta_{\mathrm{BT\_dis}}$ 分别表示储能电池的充、放电效率；$P_j(t)$ 为 t 时刻可控分布式电源 j 的出力；$P_{\mathrm{plan}}(t)$ 为节点代理 i 的发电计划。

2）可控分布式电源出力上下限约束为

$$P_j^{\min} \leqslant P_j(t) \leqslant P_j^{\max} \qquad (4\text{-}7)$$

式中：$P_j^{\min}$ 为可控分布式电源最小出力；$P_j^{\max}$ 为可控分布式电源最大出力。

3）储能约束为

$$P_{\mathrm{BT_{ch}}}^{\min} \leqslant P_{\mathrm{BT_{ch}}}(t) \leqslant P_{\mathrm{BT_{ch}}}^{\max}$$
$$P_{\mathrm{BT_{dis}}}^{\min} \leqslant P_{\mathrm{BT_{dis}}}(t) \leqslant P_{\mathrm{BT_{dis}}}^{\max}$$
$$\mathrm{SOC}_{\min} \leqslant \mathrm{SOC}(t) \leqslant \mathrm{SOC}_{\max} \qquad (4\text{-}8)$$

式中：$P_{\mathrm{BT_{ch}}}(t)$、$P_{\mathrm{BT_{dis}}}(t)$ 分别为 t 时刻充、放电功率；$P_{\mathrm{BT_{ch}}}^{\min}$、$P_{\mathrm{BT_{dis}}}^{\min}$ 分别为最

小充、放电功率；$P_{BT_{ch}}^{max}$、$P_{BT_{dis}}^{max}$ 分别为最大充、放电功率；$SOC(t)$ 为 t 时刻的存储容量；SOC_{min}、SOC_{max} 分别为存储容量的最小值、最大值。

根据市场需求，节点代理可以选择日前、月度、季度或年度作为聚合周期，如参加日前市场，则以小时为时间尺度，T 取 24h，相应的 S^i 定义为节点代理 i 的日匹配度，其他时间尺度聚合方法相同。

4. 算例分析

采用含 4 个节点代理的系统模拟虚拟电厂的组建。系统中含有 4 个分布式风电场（WT）、3 个分布式光伏发电站（PV）、5 台微型燃气轮机（MT）、5 台蓄电池储能装置（BS），以年为时间尺度进行聚合。具体分布式单元参数见表 4-3。

表 4-3 分布式单元参数

发电单元	额定功率/MW	输出功率上限/MW
WT_a	30	50
WT_b	40	55
WT_c	30	50
WT_d	30	50
PV_a	40	60
PV_b	40	60
PV_c	40	60
MT_a	0	15
MT_b	0	25
MT_c	0	20
MT_d	0	25
MT_e	0	20
BS_a	−10	10
BS_b	−15	15
BS_c	−20	15
BS_d	−10	10
BS_e	−5	10

利用 HOMER 软件进行模拟计算。分布式发电单元（风电、光伏）的月匹配方差见表 4-4，其他分布式发电单元的匹配方差结果不再列出。

基于各分布式发电单元的匹配方差，对全年的分布式发电单元匹配度进行计算，节点代理组建结果见表 4-5。

虚拟电厂容量需求为 500MW，按照调频综合系数由低到高排序，虚拟电厂组建结果见表 4-6。组建形成的虚拟电厂综合调频系数为 0.84。

表 4-4　分布式发电单元（风电、光伏）的月匹配方差

发电单元	月份	PV_a	PV_b	PV_c
WT$_a$	1	0.004696379	0.004004902	0.003055021
	2	0.039261877	0.027002214	0.016897601
	3	0.001600358	0.001289108	0.001102597
	4	0.0029757	0.00239283	0.00141007
	5	0.00289823	0.0147586	0.0103078
	6	0.00184357	0.00164411	0.00132378
	7	0.00556805	0.00426772	0.00227894
	8	0.000616194	0.0005741	0.00463716
	9	0.00236353	0.00162791	0.00144635
	10	0.00260791	0.00237827	0.00135334
	11	0.0204467	0.013113	0.00435661
	12	0.0053117	0.00469743	0.00221495
WT$_b$	1	0.00303787	0.002127221	0.000989364
	2	0.009981833	0.003481894	0.001708739
	3	0.000887839	0.000673219	0.000674109
	4	0.00132359	0.000918276	0.000717253
	5	0.00557105	0.00513763	0.00293713
	6	0.00114555	0.00088701	0.00057474
	7	0.00171274	0.00167783	0.000949773
	8	0.000503178	0.000422903	0.000298383
	9	0.00116059	0.000978324	0.000549546
	10	0.00150735	0.0009934464	0.000764913
	11	0.00441789	0.0033285	0.00135989
	12	0.00215758	0.00153008	0.00136767

发电单元	月份	PV_a	PV_b	PV_c
	1	0.000996075	0.000893975	0.000309467
	2	0.001229407	0.000891981	0.00028912
	3	0.000357462	0.000307636	0.000208143
	4	0.000563282	0.000420729	0.000132779
	5	0.000801968	0.000648554	0.000244805
WT_c	6	0.000483615	0.000362844	0.00016087
	7	0.000653216	0.000569908	0.000392804
	8	0.000306589	0.000223913	0.000147728
	9	0.000368491	0.000412387	0.000211022
	10	0.000553432	0.000369896	0.00028478
	11	0.00088318	0.000814149	0.000327797
	12	0.000547467	0.000539823	0.000250624
	1	0.000341123	0.000275242	0.000203654
	2	0.000472932	0.000385947	0.000296822
	3	0.000233225	0.000223254	0.000177491
	4	0.000291245	0.000246673	0.000170743
	5	0.000605128	0.000387239	0.000341952
WT_d	6	0.000218946	0.000183918	0.000145448
	7	0.000278328	0.000204293	0.000147968
	8	0.000143483	0.000112123	0.000100621
	9	0.000192858	0.000198775	0.00014441
	10	0.000249023	0.000217459	0.000149822
	11	0.00040427	0.000427712	0.000389071
	12	0.000204252	0.000194998	0.000187764

表 4-5　　　　　　节点代理组建结果

节点代理	发电单元				功率下限 /MW	功率上限 /MW	综合调频系数
AG1	WT_a	PV_a	MT_c	BS_a	−10	140	0.82
AG2	WT_c	PV_b	MT_b	BS_b	−15	150	0.91
AG3	WT_d	PV_c	MT_e	BS_c	−10	140	0.79
AG4	WT_b	—	MT_a	BS_e	−5	75	0.66

表 4-6　　　　　　　　　虚拟电厂组建结果

节点代理	综合调频系数	容量潜力/MW	组建状态量 μ_i
AG2	0.91	150	1
AG1	0.82	140	1
AG3	0.79	140	1
AG4	0.66	75	0

4.5　储　能　业　务

储能技术是区域能源互联网的关键支撑技术和重要组成部分，能够促进能源生产消费、实现多能协同运行，完成多种能源在时间和空间上的转移。储能通过充放能的优化调度，可以解耦能量的生产和消耗，提高可再生能源的消纳比例；储能可以减少系统的峰值负荷，降低能量传输、分配环节设备的容量投资；针对可再生能源的波动性和用户能源需求的不确定性，储能还可以为能源系统提供辅助服务，维持系统的安全可靠运行；储能可以平抑波动，弥补可再生能源发电随机性、波动性和间歇性等缺点；储能可以削峰填谷，在负荷低谷时储能、在负荷高峰时发电，降低电力系统峰谷差，提高电力系统运行效率；部分储能电站还可以提供辅助服务，支持电网安全稳定运行。本节主要介绍储能的技术原理、主要性能特点、适用范围、商业模式及典型案例。

4.5.1　技术原理

按照蓄电方式不同，储能通常分为以下 3 类：①物理储能，如抽水蓄能、压缩空气储能、飞轮储能等；②电化学储能，如锂离子电池、铅炭电池、钠硫电池、全钒液流电池等；③电磁储能，如超导电磁储能、超级电容器等。不同类型储能的特点见表 4-7。

表 4-7　　　　　　　　　不同类型储能的特点

储能类型	特点
抽水蓄能	储存容量大，占地广，对地形要求高
压缩空气储能	建造规模大小灵活，占地面积较小，安全系数高

储能类型	特点
飞轮储能	噪声小，低污染，有旋转机械运动，维护难度大
电化学储能	锂离子电池环境友好，造价较高；铅酸电池成本小，污染较大
超级电容器	功率密度高，但储能容量和保持时间受限
超导磁储能	响应时间短，功率密度高，技术还不成熟
储热蓄冷	显热储能和相变储能技术相对成熟

4.5.2　主要性能特点

储能的盈利模式主要包括峰谷价差收益（电网侧套利）、参与辅助调峰市场获得补贴（发电侧套利）、延缓电网建设投资（电网侧套利）、提升电网供电可靠性（电网侧套利）等。

1. 峰谷价差盈利

采用峰谷价差盈利模式时，主要建设模式有电网公司不依托变电站进行单独建设储能电站，用户侧自主建设，新能源配套建设。

峰谷价差盈利模式通过峰谷价差在低谷和平段储能，在高峰时间段卖出。这种方式是大多数储能电站运营盈利模式的基础。在当前锂离子电池技术经济条件下（成本 2000 元/kWh、循环次数 6000 次），按两充两放（谷段、平段各充电一次，峰段放电两次）测算，考虑资金成本、运维成本、税收等因素，盈利平衡点的平均价差 0.6 元/kWh。

2. 参与辅助调峰市场补贴盈利

采用参与辅助调峰市场补贴盈利模式时，主要建设模式有电厂侧建设、多站合一参与调峰，储能电站参与调峰或用户和电厂进行合作。

用户侧储能电站可参与现行发电侧调峰辅助市场收益。

3. 延缓电网建设投资盈利

采用延缓电网建设投资盈利模式时，主要由电网公司进行建设，依托多站合一模式，或者电网公司依据重要用户附近节点进行储能电站建设，减少备用电源投入。具体盈利模式是以此减少电网备用容量和扩建费用。

4. 提升电网供电可靠性盈利

采用提升电网供电可靠性盈利模式时，主要由电网公司建设多站合一模式，盈利点在于改善电网电能质量以及通过储能替代电力设备来为用户提供高供电可靠性服务，采用合同能源管理方式，为用户提供可靠供电及节能服务，如大型数据中心提供备用电源等。随着大量分布式电源接入系统，无功负荷以及清洁能源会给电网带来冲击，所以需要在电网中配备更多的无功电源来应对，通过控制储能系统发出和吸收无功功率，能改善电网电压质量，提升电网安全运行水平，提高供电可靠性。

4.5.3 适用范围

目前，储能技术电力系统中的典型应用按照投资主体划分，可分为发电侧、电网侧、用户侧 3 类。储能技术的典型应用见表 4-8。

表 4-8　　　　　　　　储能技术的典型应用

类别	发电侧	电网侧	用户侧
瞬时作用	电能偏差调节 减少弃电比例	改善潮流分布 提供虚拟惯量 改善阻尼特性	促进削峰填谷 促进分布式发电
长期作用	平滑功率输出	延缓电网投资 提高传输容量 提高供电可靠性	降低用电需求量
辅助服务	提高调频能力 提供调峰服务 提供备用支撑	参与紧急控制 支撑黑启动	改善电能质量 提升可靠性

4.5.4 商业模式

依据资产所有权模式、商业运营、应用领域、价值收益、市场结构以及资产成熟度的不同，现将各国分布式储能项目的商业模式归结为"以租代售"模式、共享节省电费收益模式、虚拟电厂模式、社区储能模式、能源服务套餐模

式等几类。

1. "以租代售"模式

"以租代售"模式中，储能项目开发商将储能系统租赁给用户，用于降低高峰电费和需量电费、提供备用电源。租赁期可以根据目标用户或产品应用灵活设定，用户每月支付租金，涵盖设备使用费、运维费用、软件费用、安装成本、税费等。储能项目开发利用第三方资金购买储能系统，运行租赁产生的稳定现金流作为开发商的融资基础。

针对用户每月交付的租赁费，大多是固定的数额。租赁费以项目投资成本为基础进行核算，而租赁费与用户电费账单节约量之差很大程度上又决定了用户是否有兴趣租赁储能设备。以 Stem 公司与用户签订的储能租赁合同为例，有时用户节约的电费是向 Stem 支付的租赁费用的 2 倍，有时则是 3 倍或 4 倍，这取决于用户每个月实际的负荷削减。根据 Stem 的估算，除非用户节约的电费数额达到其向 Stem 交付费用的 2 倍以上，否则很难吸引用户安装。

"以租代售"是目前分布式储能领域应用范围最广的投资运营模式。美国的 Stem 公司、Green Charge Networks 公司、德国的 Entega 公司等均利用该模式为用户提供储能服务。

2. 共享节省电费收益模式

共享节省电费收益模式指的是储能项目开发商和业主之间分享储能收益的策略。这种模式与租赁模式有类似，也有不同。比如两种模式都需要用户按照节约收益的一定比例或一定数额向储能资产所有者进行支付。通常租赁费是基于开发商的固定投资成本进行测算的，多为固定数额，而共享收益模式则通常按照收益的比例进行分成，这个数额根据每月的电费节约数额而变动。共享节省电费收益模式在家庭用户中比较少见，主要以工商业用户为主。

除此之外，从目前实际情况来看，共享收益模式单独应用时，合同期一般较长，在 10 年及以上，且共享收益模式常常和虚拟电厂模式、社区储能模式等结合使用；前述租赁模式的合同期则呈现短期化趋势，如 Younicos 公司最初提供的租赁合同期最短为 2—4 年，从 2019 年起已可以接受月租形式。用户只需支付租金以及部署和拆卸费用，没有其他额外费用或风险。

3. 虚拟电厂模式

虚拟电厂模式是指公用事业或第三方公司通过一个中央控制室将居民、商

业用户、工业用户所拥有的与智能电网相连的储能系统集合起来，通过分析、控制并优化储能系统运行，参与电网服务获取应用收益。"虚拟电厂"模式是储能追求多重应用价值的产物。经过统一调度和管理的分布式储能系统不仅可以参与电力市场，通过调频、备用容量等应用获取收益，而且对于输配电系统可以发挥电压支持、延缓输配电扩容升级、需求响应等方面的应用价值。

目前，国际市场中英国 Moixa、美国 Stem、德国 Sonnen 公司等都在利用该模式为用户开拓储能项目收益渠道，中国国内市场以国家电网（简称国网）公司和南方电网（简称南网）公司为代表，也开始通过搭建项目接入平台，布局虚拟电厂业务。

4. 社区储能模式

社区储能模式的一个典型案例是德国 Sonnen Batterrie 公司于 2015 年推出的 Sonnen Community 计划。根据该计划，其会员/用户将光伏电力存入电池储能，存储的电力被用于自消纳、社区用户间的电力交易以及提供电网服务。电力用户只需支付一个固定费用（低于从电网购电的电费）即可。这种模式的潜在热点区域是德国、美国和澳大利亚。澳大利亚自 2016 年底已经开始在 White Gum Valley 项目中开始试验这种模式。同时期，美国也开始在部分社区推广这类模式。

另外，社区储能模式中：除了将区域中的多点储能聚合起来进行交易，还有一种方式是将许多安装了光伏的电力产消者与一个独立的大型中央电池系统相连进行电力交易。2016 年，澳大利亚启动了名为 Alkimos Beach 的储能试验（ABEST），100 个屋顶光伏与 1.1MW.h 锂离子电池相连，光伏开发商 Synergy 运维该系统。2015 年 MVV Strombank 项目开始示范社区储能模式，利用一个大型电池储能系统进行社区电力交易。

5. 其他衍生模式或混合模式

事实上，储能市场中还有很多上述模式的衍生或混合模式。

（1）混合模式。比较常见的混合模式是运行租模式/共享节省电费收益模式与虚拟电厂模式的混合。如，美国 Stem 公司分别于 2017 年 6 月和 8 月将其开展租赁模式的储能项目聚合起来构建虚拟电厂，参与现货市场交易并响应调度。

（2）衍生模式。目前比较常见的衍生模式是将售电和储能相结合，为用户提供能源服务。如德国公司 SENEC 利用储能和智能管理系统，通过开发一系

列能源服务套餐，为用户提供附加值较高的能源服务，为国际上的其他储能设备供应商或能源服务商提供了示范样本。

4.5.5 典型案例

1. 国内典型案例

(1) 江苏。2018 年 5 月，江苏电力启动实施了 101MW/202MWh 电网侧储能项目，总投资 7.6 亿元，造价约为 7525 元/kW。2018 年 7 月项目整体并网投运，夏季高峰期间电站按调峰方式运行。2018 年 10 月起电站主要按调频方式运行、兼顾事故备用。

(2) 福建。福建省目前已投运的电化学储能项目有 3 项，其中公司投资建设的电网侧储能电站 2 项，分别为：①莆田湄洲岛锂电池储能电站，规模为 1MW/2MWh，用于提高海岛电网供电可靠性和电压稳定性；②泉州安溪县移动式锂电池储能电站，规模为 0.375MW/0.875MWh，用于解决制茶季节性负荷供电问题。用户侧储能电站有南平和意农业储能电站，规模 0.25MW/0.774MWh，总投资约 233 万元，由中电建福建省电力勘测设计院与省投资集团共同投资建设。南平和意农业储能电站主要承担用户侧削峰填谷作用，并兼作为用户侧应急电源，该储能电站按照每天"低谷时段充电、高峰时段放电"和"平时段充电、高峰时段放电"两个充放电周期循环运行。

(3) 甘肃。甘肃电网域大规模电化学储能项目由甘肃省政府主导引入，上海仪电集团全资建设，项目集中在酒泉地区，总投资 12 亿，储能总规模为 18.2 万 kW/72 万 kWh，包括电源侧项目 5 个 (10MW/40MWh×5)，电网侧项目 2 个 (60MW/240MWh×2)，用户侧项目 1 个 (12MW/40MWh)。预计 8～9 年回收成本。

1) 电源侧项目商业模式是租用光伏发电企业升压站空闲间隔，安装储能设备，通过对光伏弃电存储，按照市场平均弃电电价 0.07 元/kWh＋场地租赁费 0.02～0.03 元/kWh 购入，获取购售价差收益。

2) 电网侧项目是在弃光弃风严重的新能源汇集变电站和输电网断面建设储能设备，作为购电方通过直接交易购买新能源弃电电量，同时作为售电方参与市场化交易或由电网企业收购（执行新能源上网电价），利用购售差价盈利。

（4）河南。河南电力在河南洛阳、信阳等 9 个地区选取 16 座变电站，由平高集团投资建设，利用空余场地和剩余 10kV 出线间隔，配置 21 个电池储能单元模块，每个模块容量为 4.8MW/4.8MWh，总规模为 100.8MW/100.8MWh，储能系统采用磷酸铁锂电池。每组模块通过 4 台 1250kV 安双向干式变压器，经 10kV 电缆分支箱汇集后接入变电站 10kV 间隔。16 座分布式储能电站通过储能监控系统，由省调统一调度。

（5）冀北地区。冀北地区电源侧电化学储能装机容量为 32MW，全部位于国家风光储输示范电站，是世界上规模最大的多类型电化学储能电站。一期工程已建成储能系统 19MW，包括 14MW 磷酸铁锂电池、2MW 全钒液流电池、2MW 胶体铅酸电池和 1MW 钛酸锂电池，分别于 2011 年、2013 年和 2015 年并网运行。电动汽车动力电池梯次利用储能系统 3MW，虚拟同步机用磷酸铁锂电池储能装置 10MW，于 2017 年底并网。

2. 国外典型案例

（1）美国加利福尼亚州储能应用案例。

1）光伏大规模应用对加利福尼亚州电网运行调节的影响。截至 2019 年，加利福尼亚州境内装机总量 79644MW，其中光伏 9588MW、风电 5632MW、光热 1249MW、燃气 42277MW、核电 2393MW、地热 2694MW、水电 12254MW、其他 3557MW。不可调节资源（风电、光伏）的装机容量占到加利福尼亚州总装机容量的 20.6%。最大负荷 4800 万 kW，光伏最大发电约 900 万 kW，约占最大负荷的 19%。近年来，加利福尼亚州电网光伏装机容量增长迅猛，受制于光伏发电特性，电网在特定时段需要大量快速调节资源以维持频率稳定。研究人员由此开始追踪净负荷曲线（净负荷＝负荷-光伏出力-风电出力），提出"鸭型曲线"概念，即在光伏装机占比较高的系统中，随着光伏装机容量的不断增长，除去光伏、风电以外的负荷特性呈现峰谷差不断扩大的趋势，同时在转入夜间的 2～3 小时内光伏下降与负荷上升叠加后使得净负荷曲线十分陡峭，经统计，2018 年上半年每日 16：00—19：00 实际最大爬坡功率已超过 14000MW，电网运行调节较为困难，对电源侧调频能力需求日益凸显。

2）加利福尼亚州电网运行调节特性。加利福尼亚州电网内主要依靠燃气及水电机组进行调频，其余基本由外来电源成分进行调节。可再生能源发电占负荷需求比例最大时达 71%（此时存在接近 1000MW 的弃光）。转入夜间时段

电网对快速爬坡需求急剧上升，在提供快速调节容量的电力资源中，网内燃气发电、水电仅分别贡献了 25％、20％，区外联络线贡献了 55％。可见因快速爬坡需求，加利福尼亚州对外部调节资源依赖严重，随着新能源装机规模不断扩大，具备调节能力的燃气发电机组装机比例将进一步下降，系统对储能等快速调节的灵活性资源需求十分强烈。

3）加利福尼亚州电网储能应用现状。储能技术自身的快速调节能力优势给电网调频带来了有益补充，使其成为填补调频容量缺口的首选方案，加利福尼亚州政府致力于将储能用作天然气发电的无碳替代品，以满足用电高峰和电网快速调节需求，并设置了高额的储能采购框架。近几年加利福尼亚州并网储能容量快速增长，截至 2017 年底，加利福尼亚州的固定电池储能装机功率达298MW，总容量 802MWh，较 2016 年增长了一倍。

（2）澳大利亚特斯拉电池储能案例。南澳州是澳大利亚新能源占比最高的州，截至 2017 年底，南澳州电源总装机 544 万 kW，其中风电 170 万 kW，光伏 78 万 kW，合计占比 46％；燃气发电装机 267 万 kW，占 49％。另外，南澳州仅有两条线路（输电能力 82 万 kW）与维多利亚州相连，而且天然气发电规模大但气源紧张，电力供应不确定性大，且电网对外联系薄弱，难以依靠电网互联进行互济支撑，需要建设储能这样的高灵活性电源。2017 年，南澳州特斯拉电池储能项目获得政府经济资助，并通过参与电量市场和辅助服务市场获利。该项目位于南澳州 Hornsdale 风电场附近，由该风电场业主（法国可再生能源研发公司 Neoen）投资并负责运营，特斯拉公司建设，采用锂离子电池技术，总容量 100MW/129MWh，2017 年 12 月 1 日与风电场三期项目同时投运。该项目在正常情况下与风电场配合，参与电量市场，"低充高放"买卖电力，同时可在紧急情况下参与辅助服务市场，为电网提供辅助服务。

3. 多类型储能案例

（1）压缩空气储能。

1）德国汉特福压缩空气储能电站。德国汉特福（Huntorf）压缩空气储能电站是全球首座投入商业运行的压缩空气储能电站，该项目在 1978 年服役。Fritz Crotogino 等人在 2001 年美国 Florida 州举办的春季会议上分享了德国汉特福电站自 1978—2001 年的 20 余年间运行经验，同时提供了汉特福储能电站的配置参数。汉特福储能电站流程示意如图 4-6 所示，其航拍实景照片如图 4-7 所示。

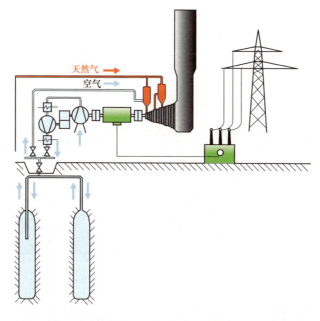

图 4-6 德国汉特福储能电站流程示意

图 4-7 德国汉特福储能电站航拍实景

汉特福储能电站包括两处地下储气洞穴，在电能储存时空气压缩机组消耗电能制备高压力的空气并注入两处地下储气洞穴中；在电能输出时，地下储气洞穴内高压力空气经过阀门稳压实现压力稳定，在燃烧器内与天然气实现混燃烧与温度提升后直接进入膨胀机做功。汉特福储能电站的两台膨胀机之前都设置了燃烧器，末级膨胀机的高温乏气直接通过烟囱排放。

2）美国阿拉巴马商业化压缩空气储能电站。全球投入商业运营的第二座压缩空气储能电站位于美国亚拉巴马州（Alabama），其航拍实景如图 4-8 所示，储能电站内景如图 4-9 所示。该储能电站在德国汉特福储能电站的基础上增加了膨胀机排气余热再利用系统，通过在膨胀机排气烟道上布置换热器将膨胀机排气携带热量传递给储气洞穴释放的压缩空气气流，节省天然气耗量。

图 4-8　美国亚拉巴马州储能电站航拍实景

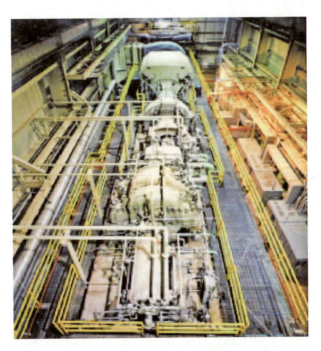

图 4-9　美国亚拉巴马州储能电站内景

亚拉巴马州储能电站于 1991 年投入商业运行，压缩机组功率为 50MW，膨胀发电机组输出功率为 110MW，地下储气洞穴总容积为 $5.6 \times 105\text{m}^3$，储气洞穴在地表以下 450m，能够连续储能 41h，连续对外输出电能 26h。

3）国网江苏同里 500kW 液态空气储能示范项目。江苏省苏州市吴江区同里镇探索 500kW 液态空气储能示范项目建设，可为园区提供 500kWh 电力，夏季供冷量约 2.9GJ/天，冬季供暖量约 4.4GJ/天。同里 500kW 液态空气储能示范项目包括压缩液化单元、蓄冷及蓄热单元、膨胀机组发电单元，项目效果如图 4-10 所示。

图 4-10　同里 500kW 液态空气储能示范项目效果
1—压缩机组；2—空气净化装置；3—液化装置及制冷膨胀机；4—储液装置；
5—低温泵；6—蒸发器；7—膨胀机电机组；8—储热装置；
9—蓄冷装置；10—溴化锂冷热双供机组

（2）飞轮储能。原美国 Beacon Power 公司建于纽约州、宾夕法尼亚州的两个 20MW 飞轮储能独立调频电站，分别于 2011 年 6 月和 2014 年 7 月全面商运；原加拿大 Temporal Power 公司建于加拿大安大略省 Minto 镇的 5MW 室内独立调频电站（如图 4-11 所示）2014 年 7 月商运，位于加勒比海阿鲁巴岛的 5MW 飞轮储能项目，与可再生能源联合使用，提供全岛的电力供应，2018 年 7 月商运。KEMA 公司曾对 Beacon Power 公司的 20MW 飞轮调频电站进行性能评估。KEMA 首先创建了一个模型，将飞轮与燃煤机组、燃气机组、抽水蓄能机组进行对比。火电机组的排放直接来自它们的运行，而飞轮和抽水蓄能机组的排放则是因为其利用电网的电能来补偿运行过程中的能量损失而间接产生的。研究发现，火电机组调频会降低 0.5%～2.5% 的整体效率。而飞轮调频的碳排放比上述 3 种传统机组都要低。

（3）抽水蓄能。抽水蓄能电站是为了解决电网高峰、低谷之间供需矛盾，保障电网安全运行、储存电能的一种方式。例如，作为国家重点建设项目的河北丰宁抽水蓄能电站装机容量360万kW，总投资192亿元，如图4-12所示。

图4-11　安大略省 Clear Creek 5MW 飞轮储能电站

图4-12　河北丰宁抽水蓄能电站

（4）电池储能。国网张北风光储输项目以锂离子电池为主。该项目位于河北省张家口市的张北县和尚义县境内，是国家"金太阳"项目重点工程，由国网公司旗下国网新源控股有限公司具体实施。该项目的投资主体是国网公司，科技部和财政部仅仅提供部分科研项目经费和金太阳工程补助。这是中国首个风光储输示范项目，同时也是目前世界上规模最大，集风电、光伏发电、储能及输电工程四位一体的可再生能源项目，是国网公司建设坚强智能电网首批重点工程中唯一的电源项目，如图4-13所示。

（5）储热。2018年12月28日，我国首个百MW级光热电站——首航节能甘肃敦煌熔岩塔式100MW光热发电示范项目正式并网发电，成为我国已建成的装机规模最大的熔岩储能塔式电站，也是全球聚光规模最大、吸热塔最高的熔盐塔式储能电站，标志着我国成为世界上少数掌握百 MW 级熔盐塔式光热电站技术的国家。甘肃敦煌熔岩塔式 100MW 光热发电示范项目如图 4-14 所示。

图 4-13　国网张北风光储输项目

图 4-14　甘肃敦煌熔岩塔式 100MW 光热发电示范项目

4.5.6　算例分析

1. 储能的成本模型

储能系统从设计施工到投入运行，最后再到报废处理，寿命周期内的各个阶段都会产生不同的费用，本节利用费用年值法，将各阶段的花费转换为寿命周期内每年的等值费用，建立储能的全寿命周期成本模型。

假设储能系统的寿命周期为 T 年，基准折现率为 i_0，储能设备在寿命周期内更新置换了 n 次，将储能系统的全寿命周期简单划分为购置阶段、运行阶段和报废阶段，对寿命周期内各阶段的成本进行分析。

（1）购置阶段。购置阶段主要包括储能系统的初期规划、投资施工等活动，成本可分为初始投资成本以及辅助设备成本。该阶段的费用为项目初期的一次性投入，属于资本时间价值中的现值，分析时应当转换为等年值成本。

1）初始投资成本。初始投资成本主要指购买储能本体和功率转换设备（PCS）的成本，购买储能本体的费用可由储能系统的容量进行计算，购买 PCS的费用可由储能系统的功率进行计算，即

$$C_{\text{inv}} = (C_{\text{einv}} E_{\text{N}} + C_{\text{pinv}} P_{\text{N}}) \frac{i_0 (1+i_0)^T}{(1+i_0)^T - 1} \qquad (4\text{-}9)$$

式中：E_{N}、P_{N} 分别为储能设备的额定容量和额定功率；C_{einv}、C_{pinv} 分别为储能的单位容量投资成本和单位功率投资成本；$\dfrac{i_0(1+i_0)^T}{(1+i_0)^T-1}$ 为将现值转换成等年值所乘的系数。

2）辅助设备成本。辅助设备成本主要指购买其他配套辅助设备的成本，包括隔离和保护设备（断路器、直流制动器、熔断器等）、检测和控制设备（电压、频率控制等）等，以及工程设计施工的成本，辅助设备成本主要取决于储能系统的容量，其计算公式为

$$C_{\text{aux}} = C_{\text{eaux}} E_{\text{N}} \frac{i_0(1+i_0)^T}{(1+i_0)^T - 1} \qquad (4\text{-}10)$$

式中：C_{eaux} 为单位容量辅助设备成本；C_{aux} 为单位功率辅助设备成本；$\dfrac{i_0(1+i_0)^T}{(1+i_0)^T-1}$ 将现值转换成等年值所乘的系数。

（2）运行阶段。运行阶段主要包括储能的正常运行维护，以及储能装置寿命结束进行的更换，这两种情况产生的成本分别称为运行维护成本和更新置换成本。

1）运行维护成本。运行维护成本主要指保障储能设备正常运行而产生的成本，由固定部分（取决于储能系统的功率）和可变部分（取决于储能系统的年充放电量）组成，该项成本每年等额产生，属于资本时间价值中的等年值，不需要再进行转换，其计算公式为

$$C_{\text{om}} = C_{\text{pom}} P_{\text{N}} + \sum_{t=1}^{8760} C_{\text{eom}} W_{\text{ch}}(t) \eta_{\text{ch}} \tag{4-11}$$

式中：C_{pom} 为单位功率运维成本；C_{eom} 为单位容量运维成本；$W_{\text{ch}}(t)\eta_{\text{ch}}$ 为储能在 t 时段充入的能量。

2）更新置换成本。更新置换成本主要指储能设备达到使用年限后更换而投入的成本，取决于储能系统的容量和功率，该项成本在系统寿命周期内不定期产生，需要转换为等年值成本，其计算公式为

$$C_{\text{rep}} = \frac{i_0(1+i_0)^T}{(1+i_0)^T - 1} \sum_{k=1}^{n} (C_{\text{erep}} E_{\text{N}} + C_{\text{prep}} P_{\text{N}})(1+i_0)^{-\frac{kT}{n+1}} \tag{4-12}$$

式中：C_{erep}、C_{prep} 分别为单位容量置换成本和单位功率置换成本。

式（4-12）假设储能设备的更新置换均匀地分布在系统寿命周期内，首先求得 n 次更新置换费用的现值和，然后再乘以 $\dfrac{i_0(1+i_0)^T}{(1+i_0)^T - 1}$ 转换为等年值成本。

（3）报废阶段。报废阶段主要包括储能系统在寿命末期的报废销毁、回收等活动，成本可分为报废处理成本以及回收残值。

1）报废处理成本。报废处理成本主要指销毁、处理寿命到期的储能设备的成本，该项成本为项目末期的投入，属于资本时间价值中的终值，分析时应当转换为等年值成本，其计算公式为

$$C_{\text{scr}} = (n+1)(C_{\text{escr}} E_{\text{N}} + C_{\text{pscr}} P_{\text{N}}) \frac{i_0}{(1+i_0)^T - 1} \tag{4-13}$$

式中：C_{escr}、C_{pscr} 分别为单位容量报废处理成本和单位功率报废处理成本；$\dfrac{i_0}{(1+i_0)^T - 1}$ 将终值转换为等年值所乘的系数。

2）回收残值。回收残值主要指储能系统寿命到期后评估得到的残余价值，其计算公式为

$$C_{\text{res}} = \sigma_{\text{res}}(C_{\text{inv}} + C_{\text{aux}} + C_{\text{rep}})(1+i_0)^{-T} \tag{4-14}$$

式中：σ_{res} 为回收残值率，一般取 $3\% \sim 5\%$。

（4）总成本。综上所述，储能系统全寿命周期的等年值总成本为

$$C_{\text{LCC}} = C_{\text{inv}} + C_{\text{aux}} + C_{\text{om}} + C_{\text{rep}} + C_{\text{scr}} - C_{\text{res}} \tag{4-15}$$

2. 储能的收益模型

储能具有多种收益来源，城市商业建筑综合能源系统中的综合储能可进行峰谷价差套利，这一收益可表示为用户配置综合储能后与能源供应商交互成本

的降低值，其计算公式为

$$B = C_{int}^{without} - C_{int}^{with} \qquad (4\text{-}16)$$

式中：$C_{int}^{without}$ 为无储能装置时用户每年从供应商购买能源的成本；C_{int}^{with} 为配置综合储能时用户每年从供应商购买能源的成本。

3. 储能的优化配置模型

（1）目标函数。假设综合储能系统的寿命周期为 T 年，基准折现率为 i_0，优化配置模型以综合储能系统寿命周期内的等年值总成本最小为目标，总成本包括储能配置成本和用户购买能源的成本，计算公式为

$$C_{min} = C_{inv} + C_{aux} + C_{om} + C_{rep} + C_{scr} - C_{res} + C_{int} \qquad (4\text{-}17)$$

$$C_{inv} = \sum_{s=1}^{N} C_{inv,s} = \sum_{s=1}^{N} (C_{einv,s}E_s + C_{pinv,s}P_s) \frac{i_0(1+i_0)^T}{(1+i_0)^T - 1} \qquad (4\text{-}18)$$

式中：$C_{inv,s}$ 为第 s 种储能装置的等年值初始投资成本；E_s、P_s 分别为第 s 种储能装置配置的容量和功率；$C_{einv,s}$、$C_{pinv,s}$ 分别为第 s 种储能装置的单位容量投资成本和单位功率投资成本。

$$C_{aux} = \sum_{s=1}^{N} C_{aux,s} = \sum_{s=1}^{N} C_{eaux,s}E_s \frac{i_0(1+i_0)^T}{(1+i_0)^T - 1} \qquad (4\text{-}19)$$

式中：$C_{aux,s}$ 为第 s 种储能装置的等年值辅助设备成本；$C_{eaux,s}$ 为第 s 种储能装置的单位容量辅助设备成本。

用户侧综合能源系统应用场景对综合储能的功率要求不高，辅助设备成本主要取决于储能的容量。

$$C_{om} = \sum_{s=1}^{N} C_{om,s} = \sum_{s=1}^{N} \left(C_{pom,s}P_s + \sum_{t=1}^{8760} C_{eom,s}W_{ch,s}(t)\eta_{ch,s} \right) \qquad (4\text{-}20)$$

式中：$C_{om,s}$ 为第 s 种储能装置的运行维护成本；$C_{pom,s}$、$C_{eom,s}$ 分别为第 s 种储能装置的单位功率和单位容量运维成本；$W_{ch,s}(t)$ 为第 s 种储能装置在 t 时段的充能量；$\eta_{ch,s}$ 为第 s 种储能装置的充能效率。

$$\begin{aligned} C_{rep} &= \sum_{s=1}^{N} C_{rep,s} \\ &= \sum_{s=1}^{N} \left(\frac{i_0(1+i_0)^T}{(1+i_0)^T - 1} \sum_{k=1}^{n_s} (C_{erep,s}E_s + C_{prep,s}P_s)(1+i_0)^{-\frac{kT}{n_s+1}} \right) \end{aligned} \qquad (4\text{-}21)$$

式中：$C_{rep,s}$ 为第 s 种储能装置的等年值置换成本；$C_{erep,s}$、$C_{prep,s}$ 分别为第 s 种储能装置的单位容量置换成本和单位功率置换成本；n_s 为第 s 种储能装置在系

统寿命周期内的置换次数。

$$C_{\text{scr}} = \sum_{s=1}^{N} C_{\text{scr},s}$$

$$= \sum_{s=1}^{N} (n_s + 1)(C_{\text{escr},s} E_s + C_{\text{pscr},s} P_s) \frac{i_0}{(1+i_0)^T - 1} \tag{4-22}$$

式中：$C_{\text{scr},s}$ 为第 s 种储能装置的等年值报废处理成本；$C_{\text{escr},s}$、$C_{\text{pscr},s}$ 分别为第 s 种储能装置的单位容量报废处理成本和单位功率报废处理成本。

$$C_{\text{res}} = \sigma_{\text{res}}(C_{\text{inv}} + C_{\text{aux}} + C_{\text{rep}})(1+i_0)^{-T} \tag{4-23}$$

式中：σ_{res} 为回收残值率。

除了储能装置的配置成本，系统寿命周期内的等年值成本还应包括一年内用户从能源供应商购买能源的花费，计算公式为

$$C_{\text{int}} = \sum_{s=1}^{N} C_{\text{int},s} = \sum_{s=1}^{N} \sum_{t=1}^{8760} (p_{\text{buy},s}(t) W_{\text{buy},s}(t) - p_{\text{sell},s}(t) W_{\text{sell},s}(t)) \tag{4-24}$$

式中：$C_{\text{int},s}$ 为一年内第 s 种能源的购买花费；$W_{\text{buy},s}(t)$、$W_{\text{sell},s}(t)$ 分别为第 s 种能源在 t 时段的购买量和销售量；$p_{\text{buy},s}(t)$、$p_{\text{sell},s}(t)$ 分别为第 s 种能源在 t 时段的购买价格和销售价格。

（2）约束条件。

1）储能装置容量、功率约束为

$$0 \leqslant E_s \leqslant E_s^{\max}$$

$$0 \leqslant P_s \leqslant P_s^{\max}$$

$$s = 1, 2, \cdots, n \tag{4-25}$$

式中：$E_s^{\max}$ 为第 s 种储能装置的最大容量限制；$P_s^{\max}$ 为第 s 种储能装置的最大功率限制。

2）能量供需平衡约束。在调度周期内，用户对各类能源的需求都应得到满足，能量的供需保持平衡，即

$$W_{\text{buy},s}(t) + W_{\text{pro},s}(t) + \sum_{i=1}^{s-1} K_{i,s}(t) W_{i,s}(t) + W_{\text{dis},s}(t)$$

$$= W_{\text{sell},s}(t) + \sum_{j=s+1}^{N} W_{s,j}(t) + W_{\text{ch},s}(t) + W_{\text{load},s}(t)$$

$$s = 1, 2, \cdots, N \tag{4-26}$$

式中：$W_{\text{dis},s}(t)$、$W_{\text{ch},s}(t)$ 分别为第 s 种储能装置在 t 时段的放能量和充能量；

$W_{\mathrm{pro},s}(t)$ 为第 s 种能源的能量生产单元在 t 时段生产的能量值（已知量）；$W_{\mathrm{load},s}(t)$ 为第 s 种能源在 t 时段的用户负荷（已知量）。

在能量的转换方面，假设能量只能从高品位向低品位转变：$W_{i,s}(t)$ 为 t 时段能量 i 转换成能量 s 消耗的能量 i 的量（$i<s$），$K_{i,s}(t)$ 为对应能量转换设备的转换效率；$W_{s,j}(t)$ 为 t 时段能量 s 转换成能量 j 消耗的能量 s 的量（$j>s$）。

3）储能单元约束。储能装置的运行应符合其物理模型，即

$$E_s(t+1) = (1-\delta_s)E_s(t) + W_{\mathrm{ch},s}(t)\eta_{\mathrm{ch},s} - \frac{W_{\mathrm{dis},s}(t)}{\eta_{\mathrm{dis},s}} \qquad (4-27)$$

式中：$E_s(t+1)$、$E_s(t)$ 分别为第 s 种储能装置在（$t+1$）时段前和 t 时段前存储的能量；δ_s 为第 s 种储能装置的自放能率；$\eta_{\mathrm{ch},s}$、$\eta_{\mathrm{dis},s}$ 分别为第 s 种储能装置的充能效率和放能效率。

储能装置存储的能量不应超过其容量限制，即

$$0 \leqslant E_s(t) \leqslant E_s \qquad (4-28)$$

储能装置在各时段的充、放能量存在充放速率限制，且充放能无法同时进行，即

$$0 \leqslant W_{\mathrm{ch},s}(t)\eta_{\mathrm{ch},s} \leqslant z_{\mathrm{ch},s}(t)P_s\Delta t$$

$$0 \leqslant \frac{W_{\mathrm{dis},s}(t)}{\eta_{\mathrm{dis},s}} \leqslant z_{\mathrm{dis},s}(t)P_s\Delta t$$

$$z_{\mathrm{ch},s}(t) + z_{\mathrm{dis},s}(t) = 1 \qquad (4-29)$$

式中：$z_{\mathrm{ch},s}(t)$、$z_{\mathrm{dis},s}(t)$ 分别为第 s 种储能装置在 t 时段充放能状态的布尔变量。

为了保证调度的连续性，应使储能在每个调度周期的起始时刻和终止时刻存储的能量相同，即

$$E_s(t_{\mathrm{start}}) = E_s(t_{\mathrm{start}} + t_{\mathrm{period}}) \qquad (4-30)$$

式中：t_{start} 为调度周期的起始时刻；t_{period} 为调度周期时长，通常选取一天为一个调度周期，此时 $t_{\mathrm{period}}=24$。

4）能量转换单元约束。能量从高品位向低品位转换时不应超过能量转换单元的转换上限，且能量转换效率应符合能量转换单元的运行特性，即

$$0 \leqslant W_{i,j}(t) \leqslant W_{i,j}^{\max}$$

$$K_{i,j}(t) = f(W_{i,j}(t))$$

$$i,j = 1,2,\cdots,N i<j \qquad (4-31)$$

式中：$W_{i,j}(t)$ 为 t 时段能量 i 转换成能量 j 消耗的能量 i 的量；$W_{i,j}^{\max}$ 为能量 i 转换成能量 j 的转换上限；$K_{i,j}(t)$ 为 t 时段能量 i 转换成能量 j 的转换效率，函数 f 与能量转换单元的运行特性有关。

5）与能源供应商交互功率约束。用户每个时段的能源购买量和销售量存在上限，且购买和销售无法同时进行，即

$$0 \leqslant W_{\text{buy},s}(t) \leqslant z_{\text{buy},s}(t) W_{\text{buy},s}^{\max}$$
$$0 \leqslant W_{\text{sell},s}(t) \leqslant z_{\text{sell},s}(t) W_{\text{sell},s}^{\max}$$
$$z_{\text{buy},s}(t) + z_{\text{sell},s}(t) = 1$$
$$s = 1, 2, \cdots, n \tag{4-32}$$

式中：$W_{\text{buy},s}^{\max}$ 和 $W_{\text{sell},s}^{\max}$ 分别为第 s 种能源的购买上限和销售上限；$z_{\text{buy},s}(t)$、$z_{\text{sell},s}(t)$ 分别为表示第 s 种能源在 t 时段购买和销售状态的布尔变量。

4. 算例分析

算例以某建筑面积为 20000m^2 的商场为研究对象，能源系统架构为第 4 章选取的商业建筑的典型架构，如图 4-15 所示，对商场建筑的电热冷综合储能进行优化配置。

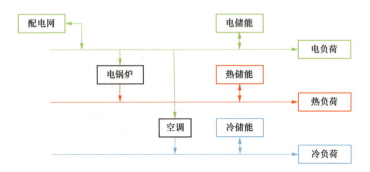

图 4-15　商业建筑的综合能源系统架构

不同储能方案的配置优化结果和评价指标见表 4-9。

表 4-9　　　不同储能方案的配置优化结果和评价指标

成本		无储能	仅电储能	热冷储能	电热冷储能
配置结果 /MWh	电储能容量	0	5.96	0	3.61
	热储能容量	0	0	10.26	10.26
	冷储能容量	0	0	15.09	14.90

续表

成本		无储能	仅电储能	热冷储能	电热冷储能
等年值成本 /万元	储能配置成本	0	110.15	43.05	109.64
	能源交互成本	490.84	319.03	405.41	293.03
	总成本	490.84	429.18	448.46	402.67

从表 4-9 中可以看到，在商场建筑中配置电热冷综合储能具有最好的经济性（等年值总成本最低，为 402.67 万元），电储能、热储能和冷储能可以转移电价高峰时段的电负荷、热负荷和冷负荷，负荷转移率达到 98.08%，由于在电价高峰时段购电减少，系统的能源交互成本有很大降低，值总成本节约率达到 17.96%。在电＋热＋冷储能的配置方案下，冷储能的配置容量比热储能高，主要原因为建筑在供冷季的冷负荷峰值要比供热季的热负荷峰值高。

如果系统仅配置电储能，则电储能不仅需要转移电价高峰时段的常规电负荷，还需要转移锅炉制热或空调制冷消耗的大量电能，该方案相比电热冷综合储能方案具有更高的电储能容量，由于电储能的负荷转移作用（负荷转移率达到 93.14%），系统的等年值总成本降低到 429.18 万元，等年值总成本节约率达到 12.56%。

如果系统配置热储能和冷储能，由于热储能仅可以转移电价高峰时段的热负荷，冷储能仅可以转移电价高峰时段的冷负荷，二者无法对电负荷进行转移，系统的负荷转移率仅为 34.20%。系统在电价高峰时段仍需购买大量电能，因此等年值总成本仅降低为 448.46 万元，等年值总成本节约率为 8.63%。

综上所述，电储能、热储能、冷储能在商场建筑能源系统中起到不同的作用，同时配置电热冷储能可以显著减少用户购买能源的费用，降低系统的等年值总成本，是经济性最优的方案。

4.6 电 动 汽 车

为了解决能源危机问题和出于对生态环境保护的需要，电动汽车得到了广泛的关注，并迅速得到了推广和普及。电动汽车的使用对促进低碳发展、发展绿色交通有明显的作用，大规模发展电动汽车将对区域能源互联网的建设产生影响。本节介绍电动汽车的技术原理、主要性能特点、适用范围、商业模式及

典型案例。

4.6.1　技术原理

新能源汽车根据能源供给方式划分可分为纯电动（BEV）、插电式混合动力（PHEV）、（氢）燃料电池电动车（FCEV）。纯电动汽车内部结构组成包括电源系统、驱动电机系统、整车控制系统及各种辅助设备。电源系统包括动力电池、车载充电机、电源管理系统等；驱动电机系统和整车控制系统包括电机、电控、减速器、逆变器等。

4.6.2　主要性能特点

动力电池的能量决定纯电动汽车的续驶里程，电池的容量越大，可实现的行驶里程越长，但相应的电池的重量、体积就越大。因此在选配电池时，应考虑设计目标、行驶工况以及道路情况等各方面。

经过 100 多年的发展，铅酸电池技术成熟，比功率高，安全性好，成本也比锂离子电池和镍氢电池低很多，被应用于大量场合。但是，它的比能量太低，续驶里程太短，且有污染，严重影响了其在车用蓄电池领域的发展。

镍镉电池是一种碱性电池，具有很好的充放电特性，循环使用寿命较长，还有良好的低温工况适应能力和较好的密封性。但是镍镉电池也存在电池记忆效应等问题，且对环境有严重污染，因此没能得到推广使用。镍氢电池与铅酸电池和镍镉电池相比具有更高的比能量，而且对环境没有污染。但其工作电压较低（1.2V），需要将大量镍氢电池串联来获得较高的电压，这样会引起电池一致性问题，且会增加电池组重量，在大容量、大功率应用场合受到一定的限制。

锂离子电池虽然是新近发展起来的，问世的时间比其他电池的时间短，但由于其容量和性能上的优点，发展态势迅猛。锂离子电池有如下特点：①工作电压高达 3.6～4.2V；②能量密度高；③循环使用寿命长，一般为 600～1200 次；④自放电率小，一般为 6%～9%；⑤无记忆效应；⑥无污染；⑦可快速充电。

近几年来，汽车用动力锂离子电池的技术有很大进步，主要是在其动力、

续驶里程和成本上有很大改进，激励了全世界的汽车制造商去开发纯电动汽车、混合动力汽车、插电式混合动力汽车等以锂电池为动力的节能环保汽车。

4.6.3 适用范围

电动汽车使用电能，能够减少有害气体的排放，绿色环保，同时，电动汽车比汽油机驱动汽车的能源利用率要高，行驶过程中噪声较小，并且可通过在用电低峰时进行汽车充电以平抑电网的峰谷差，使发电设备得到充分利用。

4.6.4 商业模式

1. 电动汽车生产商

目前，随着国家大力推进新能源电动汽车的发展，越来越多的传统车企加入电动汽车制造生产行业，如比亚迪、宝骏、奇瑞、北汽等传统汽车企业，极大地延长了电池的使用寿命，优化了汽车电力能源分布，有效延长了续航里程，但是受制于资金问题，在充电站的大规模布局上面，仍然缺乏相应的支持；得益于新能源、未来感的科技概念属性，许多互联网公司也纷纷投资于该行业，为该行业提供了大量的金融支持，互联网造车由过去的神话变成了现实，并诞生了一系列落地项目，在行业内获得了一定的认可。如蔚来汽车，由一系列顶尖互联网企业联合发起成立，并于 2017 年 12 月正式推出其第一款量产车型 ES8，截至目前，累计预约订单达到 15000 多台，已交付用户 2000 多台，尽管存在产能生产不足、汽车电子系统小范围故障等一系列问题，但这仍是中国互联网企业造车迈出的第一步。

从互联网企业与传统车企合作的路径中可以看出，电动汽车的生产、品牌策划、售后服务等一系列流程需要不同产业之间的跨界合作。比如，蔚来汽车就是互联网企业负责进行品牌设计、资本投资、营销规划；汽车设计、电力系统构造等一系列造车技术则采取技术引进、技术占股等合作模式；而汽车的生产安装、电动机的制造、电池的生产均采用企业代工合作的模式，如苹果公司与富士康的合作模式。

在充电站的布局理念中，互联网企业可以依托其强大的影响力，吸引金融

资本投资集团，在城市内自行布局充电站，为该品牌的电动汽车提供充分的能源补给保障，也可以在充电站附近建立线下体验店，消费者在试驾过程中，不仅可以体验到汽车的性能，还可以体验到充电的便利性，解决了消费者对于续航里程、能源补给不便的担忧。

2. 充电桩制造企业

充电桩是充电站运营所需的核心基础设施，而且，它还是车联网、智能电网、电动汽车用户数据的流量入口，未来的商业潜力巨大，可以发挥重要的数据采集与分析、资源优化配置的作用。

智能化的充电桩可以深度结合互联网，密切同电动汽车企业合作，车载 App 有可以实时查看附近的充电桩，记录充电的电量、充电次数、充电频率等功能；手机移动端的 App 则是在实现上述功能的前提下，进一步优化用户的使用体验，如实现提前预约、自助计费、实时记录电动汽车的电池电量使用情况、在电量过低的情况下实时提醒、为用户寻找位置最近的充电桩等。

在后台的数据集成方面，城市内无数个充电桩可以形成一张巨大的网络，实时记录城市内用户的充电用车的数据情况，形成一张电力使用热力可视化图，在使用频率较高的地方，多设置充电桩，对于充电桩使用频率较低的区域，可以为电动车企的精准营销提供一定的参考，同时在该区域发展潜在的电动汽车用户。充电桩的智能化设计制造通过互联网打通多个主体间的联系，为充电站运营、电动汽车企业的营销提供了灵活的管理工具、丰富的大数据分析，也为多主体之间的协同运作提供了便捷的支撑。

3. 电力公司

电力公司是整个商业模式闭合的基础。随着可再生能源分布式发电系统的日益成熟，多元发供电储能接口的标准化，使得风能、太阳能、潮汐能、地热能等绿色新能源并入国家电网成为可能，在控制污染物排放的同时，也降低了发电成本，给社会带来了正效益。

电力企业肩负关乎国计民生的重要任务，一般属于国家级及其附属企业，因此，在推动清洁能源的应用，以及电动汽车行业的发展方面也承担重要的责任和义务，为了新能源汽车产业的发展，电力企业可以向国家能源部门献言献策，依托自身的行业地位，促进国家对新能源充电站以及其配套设施行业的支持，并且为行业内部分主体提供金融支持，如控股或信贷等；此外，这种商业模式也是互

利共赢的，借助充电桩入口提供的数据，可以了解用电高峰期的电压、电流稳定性情况，并借此对附近配套电网基础设施进行强化、增容，增加电压负载，以解决供电高峰时段电压负载不足的问题，在源头上优化用户的充电体验。

4. 充电站运营商

充电站是整个商业模式下的核心地位，位于整个产业链的中游位置，上接消化吸收电力企业的清洁能源，投资安置智能化的充电桩设备，与电动汽车企业合作进行充电站的规划运行和维护，下连用户的充电需求；此外，其城市的区域分布、数量、配套设施健全程度均关注到用户的充电体验，关乎整个行业的繁荣发展。

智能化充电桩可以为充电站提供综合充电时间、充电流程、充电电量的均衡费用计算方法。

未来，充电站的运营要逐渐向无人化、远程操作管理的模式进行转型。借助充电桩的数据流量入口，构建后台云管理系统势在必行，在解决用户自助付费、自动充电的服务问题后，借助大数据实现下述功能：①有效了解各充电站的有效利用率、高峰时期电力负载情况、用户充电次数，并据此对高峰时段的电容、电压与充电速率进行远程调节，优化充电桩的使用状态，延长其使用寿命；②对用户使用次数、高峰利用率情况分析，考虑是否扩大充电站规模，增加充电桩的数量；③根据对每个充电桩的每日运行数据与历史运行数据对比，实时监测其异常运行状态，及时发现问题，并及时解决。

4.6.5 典型案例

1. 中国

目前我国纯电动汽车发展倾向于纯电动客车、纯电动出租车和纯电动专用车；我国混合动力汽车的研发技术水平与国外持平，但在插电式混合动力电动汽车方面还存在一些差距；燃料电池汽车研发还处于初级阶段，这将是未来电动汽车发展的最终方向。

比亚迪是我国最早迈入研发电动汽车领域的自主品牌车企之一，也是目前全球唯一一家同时掌握电动汽车电池、电动机、电控、充电配套和整车制造等核心技术以及拥有成熟市场推广经验的车企。从 2008 年开始，比亚迪成功推

出 F3DM、e6、K9、秦、唐、宋、元以及豪华电动汽车腾势（与戴姆勒合资）等电动汽车，并且率先提出"公交电动化"战略。2016 年比亚迪销量约为 10 万辆，相较于 2015 年增长了 64%，成为 2016 年全球电动汽车销量冠军。比亚迪还提出了电动汽车"7+4"全市场战略，涉足城市公交、客运、出租车、私家车、建筑物流、商品物流、环卫车、矿山、机场、港口和仓库，覆盖了生活以及工作的方方面面。

2. 美国

美国作为全球最大汽车市场之一，自 20 世纪 70 年代就开始致力于研发电动汽车。美国政府出资购买电动公务用车，并用财税抵免和资金补贴的方式鼓励用户购买电动汽车。以旧换新的政策以及地方政府的扶持政策等均极大地推动了美国电动汽车的发展。美国电动汽车市场深受日本丰田公司研发的混合动力普锐斯（Prius）的影响，美国能源部和车企已将电动汽车研发重心转移到混合动力电动技术和燃料电池，推出了新一代汽车伙伴计划（PNGV）、自由汽车计划（FreedomCAR）和高技术汽车制造激励计划（ATVMIP）3 个电动汽车方面的重大科技项目。

美国电动汽车公司通用、福特和特斯拉在电动汽车的发展中发挥重要作用，其中特斯拉是目前世界上公认的性能最优越的电动汽车，改写了电动汽车的定义。2012 年 6 月 ModelS 上市，马斯克发布了 ModelX 原型车，特斯拉 ModelX 是世界上第一款豪华电动 SUV，充满未来主义气息。通用汽车公司主攻增程式电动汽车和纯电动汽车，雪佛兰沃蓝 Volt 是首款增程式混合动力系统车型。2007 年推出燃料电池电动汽车 Chevy Equinox，其里程可达 322km。2008 年推出油电混合动力版大型 SUV 车型 Cheverolet Tahoe Hybird 和 GMCYukonHybird。2004 年福特相继与丰田和沃尔沃合作研发出 SUV 和 Escpe 混合动力汽车。

3. 日本

20 世纪 70 年代，世界石油危机的爆发给日本带来了很大压力，作为完全依赖石油进口的汽车大国不得不转变汽车发展战略，重视电动汽车的研发和推广。日本政府通过实施优惠购置、发放补贴、加大公共采购力度和大规模举办新能源推广活动推动电动汽车发展，新能源技术研发以新材料和高端电池技术为核心。

日本电动汽车公司发展以本田、丰田和日产为主导，其混合动力技术和燃油发动机技术的发展处于世界领先地位。丰田汽车公司是世界汽车界的生产巨

头，混合动力电动汽车普锐斯（Prius）在世界各地取得较大成功，丰田公司相继推出的 Prius2005、Prius 插电式混合动力车、HighlanderHybrid、Camry-Hybrid 和 RAV4EV 纯电动版车型正在成为全球环境友好型混合动力电动汽车的新标杆。未来丰田将计划与马自达展开资本合作，共同开发电动汽车，并致力于纯电动汽车核心技术的共同开发。

4. 欧洲

欧洲国家高度重视节能与减排，制定了严格的车辆能耗和排放法规，以控制运输的碳排放量，高度重视燃料电池以及氢能的研究与开发。挪威、德国、英国、法国和意大利等包括宝马、奔驰、奥迪、大众、沃尔沃、雪铁龙和雷诺等各知名汽车公司青睐于插电式混合动力的研发，如雷诺 ZOE、雷洛 twizy 纯电动汽车，宝马插电式混合动力 i8、纯电动跑车 i3，大众插电式混合高尔夫 TwinDriver 等。

4.7　绿色照明节能改造

城市照明系统的建设是市政建设工程的重要组成部分，随着城市的发展，城市照明的覆盖面积迅速扩大。目前城市道路照明多采用高压钠灯，道路照明系统能源消耗量大，且灯具寿命大约为两年，维护成本高。在满足交通安全和城市美化的前提下，开展道路照明系统的节能降耗工作，推广"绿色照明"理念，已经成为各级政府高度关注的问题。

4.7.1　技术原理

传统的灯特别是高功率灯，相当部分灯光是没有被充分反射的，被浪费的光能又聚集增加了灯具的温度，降低了灯具的使用寿命。绿色照明是指由电光源、灯具、调光控制器等组成新型照明电器产品，可提高光效、减少能源浪费、防止污染。

当前，常用的绿色照明技术有 LED（Light Emitting Diode）、纳米反光罩等。其中，纳米节能反光罩是介于灯管与灯座间新式结构的反射装置，主要是应用反射光学原理，配合纳米镀膜镜面处理，改良光学曲率，使光源的光反射

率达到 90％以上，提高光源的亮度。

采用光学反光罩，配合镀膜镜面处理，可以在不降低照度的前提下，有效提高光源亮度一倍以上，光源寿命提高 30％；采用具备异常保护、快速启动功能的高频电子镇流器也可以确保灯具安全稳定运行，进一步提高使用寿命。

4.7.2　主要性能特点

绿色照明节能的主要性能特点如下。

（1）光源发光效率高，灯具整体光效高于传统灯具。

（2）灯具寿命长、质量可靠、体积小、重量轻、安装维护方便。

（3）可以满足灯光控制、局部照明等的需求。

4.7.3　适用范围

绿色照明节能改造项目适用于纺织、电子、学校、医院、办公楼、城市综合体、园区、户外路灯等连续开灯的场所。可替代卤钨灯、荧光灯等低效照明耗电器产品。

4.7.4　商业模式

绿色照明节能改造项目采用合同能源管理、销售的方式，即 PPP（Public-Private Partnership）融资模式，通过 LED 灯具和智能控制系统的应用可以节约照明用电、提升照明舒适度，同时减少频繁更换损坏灯具的使用成本。

PPP 融资模式是指在公共服务领域，政府采取竞争性方式选择具有投资、运营管理能力的社会资本，双方按照平等协商原则订立合同，由社会资本提供公共服务，政府依据公共服务绩效评价结果向社会资本支付对价。

4.7.5　典型案例

1．概述

某单位用办公及公共区域尚未进行绿色照明节能改造，在绿色照明方面具

有进一步降低用能的空间，照明配光设计、色温选用等方面有待进一步完善，LED绿色照明节能改造措施效果显著，可以进一步提升能源使用效率，并优化办公照明环境。

2. 优点与缺点

经过实地调研和资料收集，该单位照明节能改造项目涉及办公区域和公共区域的荧光灯、吸顶灯、筒灯等。项目范围包括LED照明改造调研、方案设计、设备供货、运输、安装、调试、试运行、人员培训、提供技术资料、验收、缺陷责任期维护、提供备品备件等工作内容。

项目改造方案为替换光源或灯具整体替换。

（1）替换光源改造方案。

1）优点。不改变灯具外形，综合造价低；提高光源的发光效率及寿命，从而达到节能效果。

2）缺点。线路改造繁琐，需拆除原有整流器，新装LED照明驱动电源；涉及使用原有灯具支架及线路，稳定性欠佳。

（2）灯具整体替换改造方案。

1）优点。不改变灯具原位置及管线安装方式；提高整体灯具的发光效率及整体灯具的使用寿命，从而达到节能效果；灯具样式新颖且大气美观，为最新产品，5～7年内不用管理更换，可用性高。

2）缺点。改造费较高。

4.8 能 源 托 管

4.8.1 能源托管的定义

能源托管是基于能源市场的一种需求，从能源行业独立出来的能源消费托管服务节能新机制，节能服务公司针对任何用能企业，对能源的购进、使用及用能设备效率、用能方式、政府节能考核等全面承包管理，并提供资金进行技术和设备更新，进而可以达到节能和节约能源费用的目的，完成国家对能源企业的考核；能源托管重在管理，对用户提供能源专家型的价值服务。

能源托管包括全托管和半托管。全托管内容包括设备运营、管理和维护、

人员管理、环保达标控制管理、日常所需能源燃料及运营成本等，并最终给用户提供能源使用；半托管内容只包括日常设备运行、管理和维护。

能源托管也是合同能源管理的一种类型，指能源服务公司针对用能单位，对能源的购进、使用以及用能设备效率、用能方式的全面承包管理，并提供资金进行技术和设备更新，进而达到节能和节约能源费用的目的。在实际案例中，一般以总价包干的形式向用户收取能源托管费，同时代缴用户的水、电、气等能源费用，投资对用户的能源设备进行节能改造，培训和指导用户能源管理团队提高运行水平，从而完成既定节能目标，实现盈利。

4.8.2 能源托管的价值

1. 节能专家

能源托管重在于提供专家型的管理服务，对能耗企业的能源购进、消费、设备效率、生产方式以及能源管理和设计中存在的问题进行逐一排除，理顺能源在消费过程中的各个环节，进而提出解决办法和达到的长短期目标。

2. 人才优势

企业自行管理时，人员流动频繁，培训费用高，多数还要依托其他单位进行维修，且存在有技术风险；而能源服务公式，如安悦节能，可配置专门的能源管理和维修班组、与各大型设备厂家合作、各人员持证上岗，省去了用户培训、人员变更、寻求外协等带来的经济成本和技术风险。

3. 专业管理

能源服务公司可严格培训考核合格的维护人员负责用能企业能耗系统的日常运行及维护管理，企业无须再配备相应管理及操作人员。

4. 专业维护

能源服务公司提供一年内两次定期全面的检查维护和保养服务，免费更换所有易损消耗材料，使设备可以更可靠、高效地运行。

5. 专业诊断

能源服务公司根据长期的工程管理经验和能源托管经验，定期对用户能源中心使用情况进行诊断、分析，挖掘节能潜力，使用户的运营成本保持最低。

6. 专业维修

节能公司为签约用户提供 24×7 天/周服务时间，能在维保单位机组发现故障的第一时间赶赴现场，将损失降低到最低限度。

4.8.3 能源托管的收费方式

能源托管和其他托管项目不一样，大部分托管项目都是为用户提供服务，用户享受了服务，必须为托管付费；而能源托管是为企业产生增值服务，目的是为企业盈利，从盈利中分配收益。

能源托管的盈利考核较为简单，一般用单位产品的能耗、总能耗等数据进行修正，可以为任何能耗企业提供为期 3～5 年短期能源托管服务和 10 年以上的中长期能源托管服务，仅从节约能源费用中收取 50％作为投入资金、节能产品、技术、人才、管理、维护的费用。

4.8.4 能源托管项目的典型流程

（1）收集建筑基本情况。对所需节能的建筑进行基本情况的收集，内容包含总建筑面积、建筑内部结构、建筑墙体结构、建筑用途、空调面积，建筑顶标高度，建筑层高，楼层层数及人员数等。该信息的收集为节能改造提供硬件和软件支持，如改造设备的存放地点的选择、如何根据建筑的用途对特殊楼层进行处理等。

（2）统计设备基本情况。收集包括空调系统、配电系统、照明系统、电梯系统、排风系统、给排水系统、厨房炊事系统等设备配置情况及能耗基本情况，对于已部署能源监测系统的用户，可利用现有系统。

（3）了解运行管理基本情况与特点。通过现场调研了解建筑内目前物业管理与能源费用支付方式、用电计量系统运行状况及能源系统运行管理体制。

（4）分析能耗现况及节能潜力。在上述信息获得的基础上，指出能耗的重点环节，设计能效提升方案。

（5）对节能量和改造成本进行预算，计算项目回收期限。

（6）进行能源费用审计。确定能源费用托管基数，商定托管边界条件、费

用、支付方式等，编制项目内部可行性研究报告并协助用户进行项目内部流程
办理，能源费用审计一般由政府委托第三方机构进行。

（7）参加项目招标，签订合同。

（8）能效提升节能改造。

（9）能源服务运营管理。

第5章　省级区域能源互联网

省级区域能源互联网旨在通过能源互联网建设，提高区域能源流交换和保障供应能力，实现省际之间、省内各区域之间的能源大范围配置，助力本省的能源安全供应与可靠运行，优化能源生产与消费结构，提升单位 GDP 能耗，促进大规模清洁能源消纳。

我国幅员辽阔，地形气候条件复杂，经济社会发展阶段各异，能源禀赋、产业分布、政策约束具有明显的地方特色。面对着丰富多样的能源需求，不同省份在能源互联网建设实践中面临着复杂多样而又具体的问题。省级电网公司需要通过科学系统的决策分析方法，因地制宜形成各自的能源互联网建设内涵表述，在纷繁复杂的能源技术、商业模式、运营管理模式中创新探索多元化的发展路径，进一步诠释和丰富能源互联网内涵，明晰省级区域能源互联网发展中"变和不变""共性和个性"等关键问题，为建设具有本地特色，符合当地省情、能情、网情的能源互联网奠定基础。

5.1　省级区域能源互联网的共性架构

承接国网公司关于能源互联网前瞻性理论研究成果，丰富其能源网架体系、信息支撑体系、价值创造体系三大体系，本书提炼总结省级区域能源互联网的共性特征，挖掘电网企业建设省级区域能源互联网的必备框架，提出了省级区域能源互联网的内在三层级结构与外在三功能模块构想。

三层级结构是指：承载能源基础设施的物理基础层；汇聚智慧物联中心、企业中台的信息融合层；实现能源价值创造的应用实践层。

三功能模块是指：以资源优化配置为中心的能源供应模块；以安全效益为中心的资产管理模块；以用户为中心的现代服务模块。

　　三层级结构是省级区域能源互联网的框架形态，通过三层级结构的重构与补强，主动适应能源革命和数字革命融合发展趋势，提高电网资源配置、安全保障、智能互动和服务支撑能力，支持三功能模块的构建和运转；三功能模块是区域能源互联网的一体三面，通过"三功能模块"的磨合与推动，增强品质服务与创新发展能力，形成以电为中心的价值链，加快能源技术与信息技术的融合创新，进一步实现"三层级结构"协同配合。

　　区域能源互联网总体框架如图 5-1 所示。

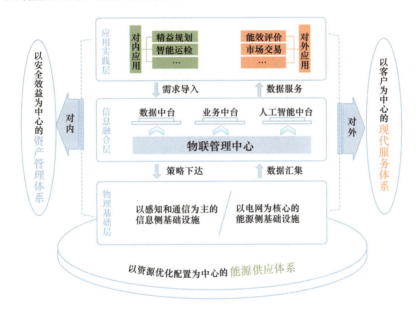

图 5-1　区域能源互联网总体框架

5.1.1　三层级结构

1. 物理基础层

物理基础层是指以信息物理融合系统为核心的新型能源基础设施。

（1）以电网为核心的能源侧基础设施。以电力网络为主体骨架，融合气、热等网络，给其他能源网络提供接口，融通转换，覆盖包含能源生产、传输、消费、存储、转换的整个环节，具备柔性、可扩展能力，支撑分布式能源、多元负荷的即插即用与双向互动。

(2) 以数据传感计量、物联代理、通信网络为核心的信息侧基础设施。包括以各类传感器、光纤及无线通信网络为主的信息采集和传输系统，主要促进能源数据的横向和纵向协调贯通，并且深度覆盖能源生产消费各环节。

2. 信息融合层

信息融合层是以"一心一台"为核心的中控系统。

(1) 物联管理中心。统筹输变电、配电网、用户侧和供应链等领域深度感知需求，实现设备管理、边缘计算、安全监测、统一物联管理和协议兼容性、标准体系等方面建设。

(2) 企业中台。以需求为导向，基于统一数据模型，实现庞大数据信息的高速存储和专业化处理，实现对内业务统一数据来源，建设以数据同源维护机制为依托的各专业共建共享的电网资源业务中心；充分挖掘数据价值，建设数字化客户服务业务中心，实现与企业、用户、供应商之间共建共享公共数据，切实形成共性服务能力，改善客户服务质量。

3. 应用实践层

应用实践层是实现共赢共享价值创造的生态圈。

(1) 对内应用。实现智能电网的精益规划、智能运检、灵活调度及跨专业信息贯通。建立统一数据模型，加强企业级主数据管理，推动业务流程在线闭环，提高业务数字化和线上化水平，增强精益化管理能力，支撑市场开拓和价值创造，提升企业经营绩效。

(2) 对外服务。有效汇聚各类资源，开展能源规划设计、运行维护、聚合交易、能效分析等业务，实现智慧能源运营，并通过线上统一门户实现业务引流；面向能源生产商、能源服务商、能源消费者等主体，设计智慧能源商业模式，凭借平台优势实现产业赋能；面向政府、行业机构等主体，推进数据共享与决策支撑服务；打造开放共享、合作共赢的能源互联网服务生态圈。

5.1.2 三功能模块

1. 以资源优化配置为中心的能源供应模块

以资源优化配置为中心的能源供应模块如图 5-2 所示。

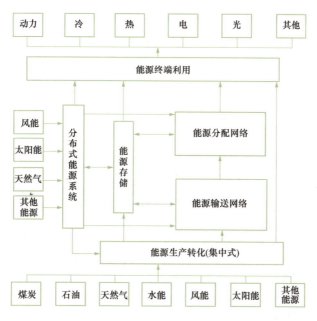

图 5-2　以资源优化配置为中心的能源供应模块

能源供应模块聚焦能源行业，贯穿能源生产、转换、储运、消费等全流程，实现能源资源的优化配置和综合能效的全面提升。一方面，充分利用各类能源间的时空分布特征差异及互补耦合特性，实现多类能源供需整体平衡，并以广泛互联的坚强智能电网为载体，与燃气、供热管网进行多能协同、互补互济，实现能源资源的大范围优化配置；另一方面，充分发挥电网在能源汇集传输和转换利用的枢纽作用，促进电与冷、热等能源间的高效转换，实现多种能源间的互联互通、综合转化与利用，降低能源生产和消费过程中的能耗，实现综合能源利用效率的大幅提升，为清洁能源、分布式能源、储能和交互式用电设施大规模并网和消纳提供坚实基础，引领清洁低碳、安全高效的能源模块建设，促进能源行业转型发展。

2. 以安全效益为中心的资产管理模块

以安全效益为中心的资产管理模块框架如图 5-3 所示。

资产管理模块针对内部网络运营，通过电网资产和数据资产的高效管理和价值挖掘，优化区域能源互联网的内在效率。建立资产管理模块，统筹电网资产和数据资产的投资、建设与运维全流程管理。针对电网资产，重点解决传统资产管理分布于计划、运检、物资、财务等部门的"分块管理"问题，构建

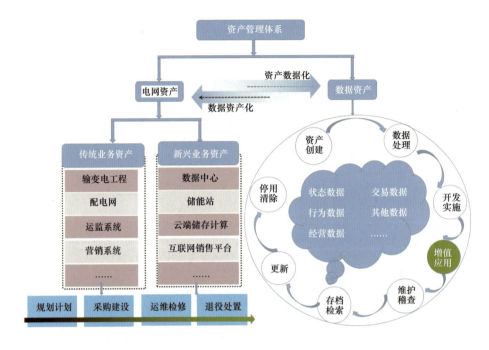

图 5-3　以安全效益为中心的资产管理模块框架

"规划计划—采购建设—运维检修—退役处置"全贯通的资产全寿命周期闭环管理模块，实现风险、效能和成本的综合最优。针对数据资产，一方面，广泛采集生产经营过程中的状态、行为、经营交易等方面的数据流，形成数据资产；另一方面，构建"资产创建—数据处理—开发实施—增值应用—维护稽查—存档检索—更新—停用清除"数据资产管理流程，结合"云大物移智"等数字技术，深挖数字产品价值，实现数据资产的增值服务。

3. 以用户为中心的现代服务模块

以用户为中心的现代服务模块框架如图 5-4 所示。

现代服务模块面向全社会，以用户为中心，以"引流＋赋能"为手段，共创共享社会价值。构建以用户为中心的现代服务模块，关键是搭建用户聚合、业务融通、数据共享的"一站式"智慧能源平台。针对不同用户需求，设计四大服务模式，即：①综合能源服务模式，为能源消费用户提供以定制化能源供应为核心的一站式用能服务；②产业赋能服务模式，为接入平台的中小微企业提供交易撮合、智能采购、供应链优化等一系列赋能服务；③引流孵化服务模式，一方面引入平台构建所需的资金、技术、政策支持等，另一方面积极挖掘

相关价值点进行孵化；④社会服务模式，提供决策支撑及价值共享服务，引导全社会共创共赢现代服务生态体系。

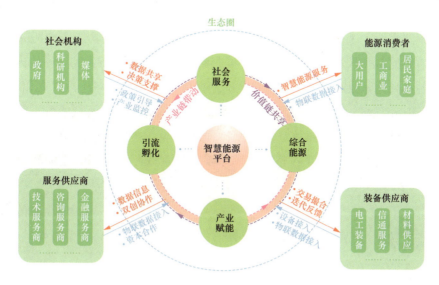

图 5-4　以用户为中心的现代服务模块框架

（1）针对能源消费者。重点提供以综合能源业务为核心的能源定制化产品和一站式服务，包括家庭能源管理、智能家居服务、电动汽车服务、分布式能源服务、能源交易平台服务、综合能效服务、电商平台等业务，形成智能良性互动。

（2）针对装备供应商。面向能源电力生产、传输、存储等环节，通过能源服务交易的综合性平台，吸引电工装备、服务、材料供应商等各类能源商家入驻，为其提供智能采购、数字物流、全景质控等一系列供应链赋能服务，并建立供需双方就产品使用体验进行反馈的机制。

（3）针对服务供应商。基于平台开放通用性的资源、数据分析等基础功能，集聚具有互补性服务功能的合作伙伴，包括产业链上下游的技术服务商、咨询服务商等，以及金融保险、广告增值等跨界配套服务商，发挥引流聚合效应，并通过双创服务及时孵化新兴技术。

（4）针对社会机构。主动对接民生政务需求，充分发挥电力数据资源优势和规划设计等能力，为各级政府决策、城市规划、科研机构提供数据咨询等服务，同时积极争取政府政策支持，鼓励社会资源共享共用，促进经济社会发展。

5.2　省级区域能源互联网的主要类型

不同省份在建设区域能源互联网时，除了上述架构与功能方面的共性特征，还面临着战略内涵阐述、技术发展判断、运营模式创新、成效评估体系构建等一系列差异性路径选择，需要准确把握区域能源互联网建设"变和不变""共性和个性"要求，实现差异化、个性化发展。关于省级区域能源互联网的分类有多种方式、多个维度，本章节按照区域能源禀赋特征以及区域定位侧重，将省级区域能源互联网分为送端区域能源互联网和受端区域能源互联网两种。

5.2.1　送端区域能源互联网

我国陆上风电资源集中分布在华北、东北、西北地区，太阳能资源集中分布在西北等地区，传统能源多分布于我国北部地区，其能源资源禀赋特征决定了西电东送、北电南送的格局。目前我国送端区域以西部地区为代表，包括新疆维吾尔自治区、青海、甘肃、宁夏回族自治区、云南、贵州、内蒙古自治区、山西等地区。以内蒙古自治区为例，能源是内蒙古自治区经济增长和社会发展的重要物质基础，目前内蒙古自治区能源工业逐步形成了以大中型企业为骨干，具有民族和地域特色的能源工业经济体系。内蒙古自治区能源丰富，几种主要的能源资源均在全国范围内具有比较优势。其中目前已查明煤炭资源量突破万亿吨大关，居全国首位；内蒙古自治区的苏里格气田目前是中国最大的气田，已探明储量 5336 亿 m^3。内蒙古自治区具有丰富的煤矿资源，具有较强的火力发电水平，国家规划的 9 个煤电外送基地中，鄂尔多斯盆地和内蒙古东部两大基地均位于内蒙古自治区。近年来，内蒙古自治区煤炭产量一直居全国第一，产能增大、用量跟不上成为内蒙古自治区煤炭产业发展的瓶颈。发电厂多为坑口电站，具有较高的经济性，而内蒙古自治区本地地广人稀，无法消纳如此规模的电量，因此采用外送的方式将电力传导出去。目前我国已建成的特高压线路有 5 条由内蒙古自治区始发，分别为锡盟—山东、蒙西—天津南、锡盟—胜利、锡盟—泰州/江苏、扎鲁特—青

州。因此，为满足新能源消纳和电力跨区大规模优化配置的需要，送端区域能源互联网需重侧重于大型能源基地与跨区跨省互联电网建设，提升电网的资源优化能力和安全承载能力。

5.2.2 受端区域能源互联网

受端区域是指以工业或第三产业为主要负荷，本地能源无法满足用能需求，需要从外部输送能源的地区。我国工业型受端区域多分布于中东部，如江苏、浙江、北京、上海等地。以北京为例，作为首都，北京是我国北方的政治金融中心。随着北京市工业的逐渐边缘化进程，大工业工厂逐步迁移出京，高耗能企业大多转移向河北等地，北京市本地能源负荷多以第三产业为主。而由于北京人口资源密集，土地资源紧张，无法大规模开展新能源产业，因此北京市能源多采用外送的方式进行补给，由内蒙古自治区、山西、河北等地区对北京提供能源支持。此类区域在发展过程中应加大能源支撑通道的建设，确保能源消费量与能源供给量基本相当，保证能源稳定供应。能源消费侧更加注重多能互补，不断提高整个能源系统的运营效率，不断地降低用能、产能等各环节对环境造成的负面影响，使能源更加绿色、更加低碳、更加高效、更加安全。

5.3 江苏区域能源互联网建设

江苏省的工业较为发达，正处于工业化后期向后工业化阶段迈进阶段，对能源消费的刚性需求仍将长期存在。而江苏省作为能源消费大省、能源资源小省，长期面临对外依存程度高、煤炭消费基数大、使用效率偏低、市场配置能力较弱等形势与挑战。此外，苏中、苏北与苏南的资源禀赋、经济实力差异较大，区域均衡发展的过程本身蕴含着巨大的经济发展空间与潜力，既拥有新能源十分丰富的沿海城市，又同时拥有工业高度密集的城市以及面临新旧动能转换的转型中城市，其差异化发展的区域特征为能源互联网建设提供了丰富的样本。本节以江苏省区域能源互联网为例，介绍了江苏区域能源互联网的发展路径。

5.3.1 江苏区域能源互联网建设的形势与挑战

1. 资源对外依存加剧，安全保供形势严峻

江苏一次能源资源禀赋少，煤炭、原油、天然气等化石能源主要依靠外部供应，油气等能源储备能力较为薄弱。以风、光为代表的新能源资源开发利用处于全国前列，但是可开发总量有限、开发成本较高；区外来电占比逐年攀升，但送电时序与规模存在较大不确定性，规划项目的通道资源极为有限；省内常规支撑性电源发展受到政策调控、燃料保障、环保价格等诸多限制，发展空间有限。

2. 能源结构不尽合理，环境约束继续凸显

在供应侧，经过数十年的努力，江苏已基本建立了煤炭、电力、石油、天然气和可再生能源全面发展的较为全面的能源供应体系，但仍存在能源主要以煤为主、煤炭的碳排放高、清洁能源比重低、环境污染严重等突出问题，绿色发展势在必行。江苏实施削减煤炭消费总量专项行动以来，全省煤炭消费总量快速下降，但考虑到重点耗煤设施大部分已永久性退出、部分煤炭削减量通过限产压产等临时性措施实现等因素，今后的减煤空间将会持续压缩；天然气供需处于紧平衡状态，天然气供应保障季节性、结构性矛盾依然存在，迎峰度冬安全保供面临气源不足、气价偏高等实际困难；可再生能源发展政策存在更多变数，江苏省作为可再生能源装备制造与应用大省，行业发展不确定因素大幅增加，市场主体反应强烈。

3. 能源使用效率偏低，能效提高势在必行

江苏省正在向后工业化阶段迈进，后续经济发展面临能耗总量以及能耗强度"双控"的刚性约束。现阶段经济增长对于化工、钢铁、纺织、装备制造等传统高载能行业的依赖性仍然较强，从要素驱动向创新驱动尚需较长过程。同时，园区、大型工业企业、楼宇、商业综合体等用能主体内部的电、热、气、冷等各类能源系统间物理互联和信息互联还较少，缺乏横向多能互补，纵向能源梯级利用及源网荷储协调互动，能源整体利用效率较低。目前，江苏产业能耗强度比全国平均水平低20%，但与发达国家相比还存在2～4倍的差距。

4. 行业壁垒依然存在，市场机制有待完善

江苏当前能源行政垄断、自然垄断、竞争性垄断和无序竞争现象并存，不

同能源主体各自独立规划、建设、运营，封闭垂直的管理体系阻碍了供能系统的集成互补，电、气、热定价机制和市场交易机制健全还需要较长的过程，市场对于资源配置的决定性作用还未完全形成，商业模式创新和产业创新还未有效激活，制约了能源供给侧结构性改革。深化改革，发挥市场配置资源的决定性作用，成为推进能源发展的必然路径。

5.3.2 江苏区域能源互联网的建设基础

近年来，江苏在清洁能源大规模开发并网、"源网荷储"友好互动、综合能源服务及能源自由交换示范等领域系统开展理论研究，率先创新工程实践，区域能源互联网雏形逐步呈现，已经初步掌握了能源互联网建设的客观规律，整体具备了推动区域能源互联网建设向纵深推进的基础和底蕴。

1. 江苏在国家区位战略中的地位凸显

江苏同时处于一带一路、长江经济带、长三角一体化国家三大战略交汇点，这一特殊的战略地位决定了江苏"高质量发展走在前列"的目标定位，对能源的安全、清洁、高效提出了更高的要求。能源互联网作为互联网与能源生产、传输、存储、消费以及能源市场深度融合的能源发展新形态、新业态，其发展模式更多依靠全要素生产效率的提高，能够很好应对江苏资源、环境日趋紧张形势下的用能需求。

江苏高质量发展的紧迫形势为区域能源互联网提供了良好的环境支撑和广阔的市场空间，加快构建以电为中心的区域能源互联网，发挥电网在能源汇集传输和转换利用中的枢纽作用，实现各类能源互通互济，提高能源综合利用效率，将为江苏高质量发展走在全国前列提供坚强、清洁、可持续的能源保障。

2. 江苏具有良好的能源互联网发展环境

《江苏省电力条例》自 2020 年起颁布实施，从立法层面加强政策指引，明确政府、社会、电网和用户职责，为支持能源转型升级、促进绿色发展提供法律依据，具有较好的法治环境；政府对能效、环保考核力度较大，居民、企业有较好的节能意识与节能需求；江苏具有众多的工业集聚区，衍生出从重资产建设运营到轻资产增值服务等广泛多元的应用需求与应用场景。

3. 江苏拥有多年世界一流电网建设的实践经验

2014 年，江苏启动了省级世界一流电网建设研究探索实践，对如何定义、如何评价、如何建设世界一流电网进行了深入研究，形成了系统的世界一流电网理论体系、评价指标体系、建设实践体系，建立了世界一流电网建设常态长效管控机制。

经过近几年的建设实践，江苏世界一流电网建设取得了显著成绩，特高压交直流混联电网格局基本形成，500kV 电网建成"六纵七横"骨干网架，220kV 电网细化为 28 个分区运行，110kV 及以下配网基本形成了灵活可靠的网络结构，各级电网和各层级系统协调发展。并且，江苏不断加强通信网络建设，建成了覆盖省、地、县各级变电站的通信传输网。

4. 江苏建设区域能源互联网具有先进的技术优势

江苏持续开展多项能源互联网前沿技术的研究探索，部分技术达到国际先进水平。基础设施方面，拥有世界上电压等级最高、输送容量最大、技术水平最先进的苏通 GIL 综合管廊工程，并网运行世界最大规模的 101MW 镇江电网侧储能项目；运行技术方面，建成世界上首个大规模源网荷储友好互动系统，毫秒级负荷控制能力达到 300 万 kW，建成南京 220kV 西环网和苏州南部500kV 电网统一潮流控制器（UPFC）示范工程，首次在世界范围内实现500kV、220kV 电力潮流的灵活、精准控制。

5. 江苏能源互联网建设试点成果丰硕

江苏拥有市、区、镇三位一体的能源互联网示范体系，是能源变革率先实践的载体。

（1）持续推动苏州典范城市建设，完成苏州能源变革典范城市年度电网建设行动计划，与苏州市人民政府、德国能源署签署三方合作谅解备忘录，深化典范城市建设国际合作。

（2）借助某市江北新区智慧城市建设的平台优势，政企合力打造江北新区智慧能源互联网示范区，综合应用电力物联网、储能等先进适用技术构建现代能源综合服务体系。

（3）建成初具能源互联网特征的苏州同里区域能源互联网示范区，在"一带一路"能源部长会议和国际能源变革论坛期间充分展示了以能源路由器为代表的 15 项世界首台（套）多能互补项目成果，获得各级领导和社会各界高度

赞誉，能源变革发展理念得到广泛传播。

5.3.3 江苏区域能源互联网的战略定位

1. 基本原则

（1）安全可靠与经济高效的相互协调。能源互联网是关键的公共基础设施，与社会经济发展、城乡人民生产生活、国防建设等息息相关，网络基础设施的安全性居于第一位。必须遵循能源互联网发展的客观规律，适度提高网内各类装备的防灾抗灾标准，增强全网态势感知和协调控制能力，使得能源互联网具备高度的安全稳定水平，拥有抵御严重故障和自然灾害的强大能力，保证大面积停电事故和局部影响较大的停电事件可防可控。坚持"量力而行、量入为出"，统筹考虑电网发展安全、成本和效益效率的约束，推动统一规划和运行的安全稳定标准，对于极端运行情况和小概率故障，充分发挥能源互联网"互联互济"的优势，合理采用多层系统协调配合的途径予以防治，力争实现能源电力输送能力的"可用尽用"。

（2）清洁主导与多能互补的相互依托。坚持生态环境保护优先，满足风电、光伏、核电大规模并网需求，支持煤电等化石能源的清洁化利用，扩大电能在终端能源消费中的比重，大幅减小二氧化碳排放强度和污染物排放水平。在电网侧，积极发展可再生能源发电精确预测技术，持续优化各级电网结构，推广应用先进的输配电方式，加快大规模储能设施的布局和建设，增强电网转化、输送、存储、消纳可再生能源的能力；在供应侧，充分利用送端能源和受端能源的组合优势，突出风电、光伏与煤电、气电、梯级水电的搭配特点，推动建立配套电力调度、市场交易和价格机制，实现供应侧多能互补集成优化，提高电力输出功率的稳定性，提升系统消纳间歇性可再生能源的综合效益。

（3）集群集中与分散分布的相互支撑。处理好能源跨区供应和就地平衡的问题。进一步扩大区外来电规模，推动存量直流送端配套电源建设，加强省际互济互供，竞购华东电力；优化区外来电结构，坚持"安全第一、清洁优先"的思路，积极争取水电，有序利用煤电，打捆引入风光。加快苏北沿海核电群、煤电群、海上风电群输电规划论证，优化电网布局，提高苏北电网汇流聚能和大规模南送能力。面向广大终端用户对电、热、冷、气等多种用能需求，

在新城镇、新产业园区、新建大型公用设施（机场、车站、医院、学校等），通过微电网等方式，因地制宜实现天然气等传统能源与风能、太阳能、生物质能等可再生能源的协同开发利用，推动能源就地清洁生产和就近便捷消纳，提高能源综合利用效率，同时为江苏受端大电网提供系统备用和运行支撑，控制受端系统过度依赖外来电力和安全稳定性下降的风险。

（4）引领示范与交流合作的相互结合。以保障电网安全为前提，优先示范先进适用、安全可靠、经济合理的能源互联网新技术、新装备、新机制、新模式，总结积累可推广的成功经验，持续保持能源变革的领跑态势。以先进国家地区能源互联网示范区为标杆参照，加强学习交流，持续丰富江苏区域能源互联网发展内涵；深化产学研合作，促进科技成果转化，推动现代互联网技术和能源系统、电力系统的深度融合。大踏步走出去，向国际能源界充分展示江苏区域能源互联网发展理念、实践成效和美好前景。

2. 战略定位

深入贯彻习近平总书记"四个革命、一个合作"能源安全新战略，以建设具有中国特色国际领先的能源互联网企业为引领，把握江苏处于长三角区域一体化、一带一路、长江经济带多重战略交汇点的机遇，结合江苏作为能源消费大省和资源小省、长期对外依存程度高的客观实际，着力解决煤炭消费基数大、使用效率偏低、市场配置能力较弱等主要矛盾，以能源供给清洁化、能源消费电气化、能源利用高效化、能源配置智慧化、能源服务多元化为战略突破方向，坚持"争先、领先、率先"，发挥现实优势、挖掘潜在优势、培育新兴优势，使江苏能源互联网成为国家电网战略落地实践的先行样板、先锋模范与先进典范，为建设"强富美高"新江苏和长三角区域一体化战略提供有力的能源保障和经济增长新动能。

5.4 江苏区域能源互联网的建设

5.4.1 物理基础层

1. 促进能源生产清洁高效

在政府的统一规划指引下，促进非化石能源优先开发与化石能源高效清洁

利用，推动清洁高效低碳优质能源逐步成为增量能源贡献主体，煤炭、石油消费比重逐步降低，可再生能源和核电消费比重大幅增加，保障能源与经济、社会、生态环境健康可持续发展。

（1）推进化石能源节约高效利用。服务好满足容量和煤量等（减）量替代要求的大型清洁高效煤电机组建设并网，因地制宜发展热电联产、有序发展天然气调峰机组。

（2）加快非化石能源优先开发。积极配合抽水蓄能开发建设，优化机组运行方式，保障可再生能源规模化发展与全额消纳；积极开展连云港千万千瓦级核电基地和连云港、盐城、南通等海上风电基地配套电网送出工程建设。

（3）积极引入区外清洁优质电力。力争实现现有输电能力"可用尽用"；提高外来清洁能源比例。

2. 提升能源传输灵活柔性水平

充分发挥电力在能源体系、电网在多能转换利用中的枢纽作用，建设以网架坚强、安全可靠、绿色低碳、运行灵活的智能电网为基础，多种能源网络互联互通、多种能源形态协同转化的现代能源传输网络，全力促进清洁能源发展、保障电力安全可靠供应、带动产业链上下游共同发展。

（1）构建区域交直流混联主干网架。加快形成以特高压交流电网为核心、500kV 电网为基础的受端电网，满足苏北及沿海大规模清洁能源和核电接入消纳需求，持续提升苏南地区电网供电能力和抵御严重故障的能力；优化 220kV 电网分层分区方式，合理控制短路电流，提高重要电源及时接入、分区间事故快速支援和用电负荷即时转供能力。

（2）打造广域智能互联优质配电网。推动装备提升与科技创新，加快形成强简有序、标准统一、智能高效的配电网，试点推广交直流混合配电网，提高故障自动检测、隔离和网络重构自愈恢复能力。

（3）推动多能互补微网建设。试点建设多种能源综合传输体系和微电网，通过风电、光伏规模化发展以及屋顶光伏、燃气等分布式发电途径，满足区域用电、供热、取暖和制冷各类用能需求；加强基础研究和关键技术攻关，进一步提高微电网自平衡和潮流柔性管控能力，在源网荷储互动、智能控制等领域突破一批引领性原创成果。

3. 推动多类型储能健康发展

充分利用不同类型储能充放电功率调节特性，提升电网瞬时、短时和时段3个平衡能力，提高江苏电网抵御事故水平、清洁能源消纳水平和电网综合能效水平。

(1) 开展储能经济性分析。研究各类储能技术特性、应用场景、技术经济临界点，加强储能支持政策、商业模式和价格疏导机制研究，促进储能获得合理稳定收益，调动各方建设投资积极性。

(2) 加强储能技术研究应用。跟踪超级电容、钠离子电池、空气压缩、全钒液流电池等新型储能技术发展，探索分布式新型储能技术在低电压等级的示范应用和可观可测、群调群控模式创新，不断健全储能标准体系和关键技术体系，推动布局一批分散式、小规模的新型储能试点项目。

(3) 支持储能快速有序发展。积极提供电源侧、用户侧储能技术咨询和并网服务，对符合国家规定的项目优先并网、充分利用。配合开展电化学储能项目安全管理，加强电化学储能消防安全研究。

(4) 引导共享式储能模式发展。推动能源主管部门出台共享式储能配置原则、管理流程、技术标准等政策文件，推动新能源同步配置一定比例的共享式电化学储能，提升风电光伏并网友好性。

(5) 研究规模化储能参与电网安全稳定控制技术。提出规模化储能电站参与电网安全稳定控制的技术方案，并实现与第三道防线的协调，提升现有电力系统调节能力。

4. 推动能源消费清洁便利

贯彻落实国家乡村振兴、长江大保护等重大部署，推进乡村电气化、清洁取暖、长江岸电、工业煤锅炉（窑炉）和自备电厂替代、清洁高效绿色校园和居民电气化六大领域深度替代。坚持以用户为中心、以市场为导向，不断拓展电能替代广度和深度，转变用户能源消费习惯，引导清洁、绿色、高效的能源消费新格局。

(1) 统筹电能替代规划。按照"成熟领域全覆盖、新兴领域大力推、创新领域抓试点"的系统布局，深入开展分地域、分领域、分行业的替代潜力调查，细化实施整体替代、局部替代和精准替代，巩固传统领域，拓展新兴领域，挖掘替代潜力，做好电能替代规划。

（2）拓展电能替代领域。以推动长江港口岸线"岸、水、港"电气化为抓手，探索长江电气化整体解决方案，加快港口岸电布局；拓展农业领域电能替代市场，推进农业生产、农产品加工、乡村旅游电气化，积极培育冬季电取暖需求，开展燃煤锅炉（窑炉）和自备电厂替代，推动高校实施电能替代。

5.4.2 信息融合层

1. 加强数据融通接入

提高数据融通接入能力，打破数据信息壁垒，实现不同能源、不同业务数据的统一接入与管理。

（1）推动建设能源感知网络。研发适用于不同电压等级、不同业务场景下的感知装备、节点设备，拓展感知能力和范围；促进水、气、热、电的远程自动集采集抄，推动多表合一，实现多种能源消费的实时计量与信息交互。

（2）构建高速能源通信网络。建设高速可靠的骨干网。以省级双平面网络架构为基础，推进地市骨干通信网目标网架建设，各级传输网光缆"*N-1*"容载，数据网实现万兆到市、千兆到县、百兆到站（所）。

（3）打造物联平台。研发公司级物联网管理平台，纳管各类业务终端，支撑智能终端（边缘物联代理）操作系统、底层固件、App商店及应用的远程维护和迭代管理，提供开放的App开发环境，支持终端注册、可信接入、远程管理。

2. 提高信息处理能力

建设企业级数据管理体系，实现数据资产多维度、全过程、全生命周期的管理，形成以企业中台为核心的支撑平台，辅助公司轻量化资产管理与系统运行，实现面向公司内外的跨领域智能分析应用水平的提升。

（1）打造数据中台。基于全业务统一数据中心分析域，开展数据中台建设；统一录入数据集市，实现有效数据的共享应用；完善采集数据种类，构建全域数据模型，实现物联数据实时采集、海量存储、智能计算的需求。

（2）建设业务中台。基于全业务统一数据中心处理域，构建企业电网资源中心、客户服务中心等业务中台，实现通用业务服务的共享使用。

（3）建设人工智能中台。基于"智能＋"思维，打造电力人工智能创新生态，构建以全息感知的数据基础、泛在连接的信息结构、开放共享的知识体系、融合创新的智慧应用为特征的能源电力人工智能架构，打造开放的人工智能算法库和计算引擎，建立神经网络、机器学习、图像识别、自然语言处理等工具性技术平台。

3. 强化信息网络安全

深化态势感知、密码基础设施和仿真验证应用，强化电力监控系统和新业务安全防护，完善运维管理体系，强化信息网络安全防御能力。

（1）建设全场景网络安全防护体系。按照数据采集与应用服务分离的原则，优化信息外网分区，加强网络和数据安全防护；研究物联网终端可信认证、安全互动的相关技术，从终端、网络、App 等多个层面构建端到端的物联网安全防护体系。构建分布式探针、集中监控的全场景网络安全监测平台，并应用人工智能技术，强化设备联动，实现异常网络行为的实时发现和自动化处置；按照"设备自身感知、监测装置就地采集、平台统一管控"的原则，完成生产控制大区网络安全监测手段全覆盖。

（2）加强数据安全防护。建立健全数据安全管理体系，加强数据安全管理，重点落实个人信息安全保护。研究制定数据分级分类规范，推动相关专业开展数据分级分类工作。研究制定数据安全防护策略，明确数据在不同安全分区内存储和跨区交互使用原则，建立数据安全技术防护体系。开展数据脱敏、动态水印、防泄漏等关键技术研究和试点应用。

5.4.3 应用实践层

1. 强化业务精益管理

以"数据一个源、电网一张图、业务一条线"为导向，打破专业壁垒，优化内部管理，促进绩效提升，从源头推动公司质量、效率、动力三个变革，实现业务协同和数据共享，提高业务数字化和线上化水平。

（1）建设智慧规划系统。推动背景、地图、位置等环境数据和电网模型、通道资源、台账数据等电网数据的深度融合，建立数字化规划流程及辅助工具，形成贯穿电网规划业务全流程的微应用群落。

（2）深化源网荷储协调。实现居民家庭及社区、商业楼宇、工业企业及园

区的典型应用场景，拓展大规模源网荷储友好互动系统用户规模。

（3）建设新一代电力调度系统。依托调度云平台完成大数据平台及典型大数据分析应用建设，通过人工智能等新技术智能化引导调控员进行电网运行管理。

2. 提升客户服务水平

以广泛链接内外部、上下游资源和需求，打造能源互联网生态圈，打造行业生态、培育新兴业态等为导向，充分发挥电网基础设施、用户、数据、品牌优势资源，大力培育和发展资源商业化运营等新兴业务，努力提升客户服务水平。

（1）建设以用户为中心的现代服务体系。广泛应用"大云物移智"技术，建设具有用户聚合、互动智能、业务融通、数据共享、架构柔性、迭代敏捷特征服务体系，培养核心竞争力。

（2）打造智慧车联网平台。完善充电网络建设工作，开展智能有序充电商业化验证，带动出行服务、桩点建设、设备研发等产业共建共赢，构建促进电动汽车、充电桩、电网协调稳步发展的运营模式和生态服务圈。

（3）建设用户侧储能云网。具备充放电量展示、经济效益计算分析、削峰填谷效果分析等功能，逐步构建用户侧储能参与电网运行的技术规范与商业模式。

3. 推动社会能效提升

重视综合能效评价体系研究，加大与政府其他来源数据的对接与互通，建立能够反映全社会生产生活能耗水平的能效评价体系。以综合能源服务平台为纽带，连接政府、用能对象、服务商等多类主体，打通能效提升价值链，降低用户能源消费总量和综合用能成本。

（1）构建综合能效评价体系。开展社会综合能效评价体系模型研究，以多维数据、标准算法和仿真平台来科学评价全社会综合能效水平，建立省级综合能效研究机构和监测机构，面向社会提供综合能效评价服务。

（2）建设综合能源服务平台。构建以大数据和开放共享为主要特征的综合能源服务平台，联合省公司、省综合能源公司和社会各界，共同为园区、工矿企业、楼宇等各类用户提供能效服务等定制化能源服务。

第6章　城市级区域能源互联网

城市级区域能源互联网重点通过打造服务于智慧城市建设的新型能源基础设施群，探索能源设施与信息通信、交通等各类其他基础设施的融合发展路径，支撑多元用能设施即插即用，提高能源综合利用效率，为用户提供灵活多样的定制化服务。

6.1　城市级区域能源互联网的特征与主要类型

6.1.1　城市能源发展的特征

城市的基本特征是聚集。从区域经济发展的角度看，城市可以被看作是一个具有一定自然资源分布、人口分布、交通状况、教育资源、技术资源、产业发展水平、消费水平、政治制度的区域。当前，城市能源发展呈现"三高"特征。

1. 能源消费高占比

目前城市能源消费量已占全国能源消费总量的 85%，体现出高占比特征，未来占比还将进一步增加。因为中国城市化率从 2000 年的 36% 快速上升至目前的 59%，并继续保持增长态势，预计 2040 年将达到 75%。

2. 能源消费高密度

单位土地面积上的能源消费量远高于农村，体现出高密度特征。城市里诸如制热、空调和个人交通工具等高密度能源消费需求还在不断增加。

3. 能源供应远方来

能源供应以远距离输送为主，本地能源开发为辅。我国 80% 以上的能源资源分布在西部、北部，而很多城市分布在中东部地区，能源基地距离东中部负荷中心 1000～4000km，因此长期以来我国形成了西、北部能源通过远距离输

送至中东部负荷中心的模式，即"西电东送、北电南送"。

以解决问题为导向，我国城市能源未来将是清洁低碳、安全可靠、高效经济、产业创新，促进城市经济、社会、环境、资源可持续发展，促进城市高质量发展。可以看出，城市能源互联网是能源互联网建设的主战场，也是能源互联网的主要形态，是实现城市能源资源与更大范围社会经济资源优化配置的基础平台。

6.1.2 城市能源互联网的主要类型

不同城市的经济发展水平和资源禀赋存在差异化特点，应选取不同的城市能源互联网建设路径。

1. 综合型城市

综合性城市如北京、上海、杭州等，立足科教智力资源与创业式创新优势，以产业为导向、以市场为牵引、以企业为主体、以商业为手段，强化科技赋能，跳出生产决定消费的工业路径依赖，打造产业创新中心及高端制造基地与数字经济创新中心。对于综合型城市能源互联网建设，应深度融合能源技术与信息通信技术，探索能源互联网新兴业务，将城市的交通优势、区位优势充分转变为能源产业的创新优势，将人流、物流、商品流、信息流、能源流、资金流转化为数据流，进而转化为价值流，跨界带动新旧动能转换。以杭州为例，提出建设城市大脑，围绕城市智慧管理、服务社会民生和产业能效新生态等方面开展多场景应用定制，以电力大数据为核心，推出独居老人、低碳入住、假日出行服务等多种智慧型业务，打造"平台＋生态"的能源互联网服务生态圈。

2. 工业型城市

工业型城市如苏州、唐山、哈尔滨、长春等，其发展模式是基于一定的自然资源或工业基础，依托当地的工业部门，通过前后向联系效应或迂回生产方式，带动上下游相关产业的发展，进而促进整个城市经济的发展，并基于此形成以工业为主的城市发展路径。对于工业型城市，应充分发挥能源互联网的资源配置作用，采用多能互补、节能改造等技术手段提升能源利用效率，处理好工业结构升级与技术更新换代，服务传统产业转型升级，增强工业型城市发展

模式的后继发展动力。

3. 产业新城

产业新城是以城乡一体、产城融合、生态宜居为一体的新型城镇化模式。这种模式主要是先形成以工业发展为主导的如工业园区、经济开发区等特定地域，通过"以产兴城、以城带产"，打造新型产业集群，进而实现"产城共融、城乡统筹、共同发展"。对于产业新城，应充分利用后发优势，将能源规划深度融入城市规划、空间规划、产业规划，从源头保护规划站址和通道路径，并将规划成果在城市控制性详细规划中固化落实，随市政道路同步建设供电、供能管网，实现能源发展与新区发展同频共振，以能源高质量发展引领新区产业高质量发展。

4. 资源型城市

资源型城市具有丰富的能源资源，城市的生产和发展与资源开发有密切关系，一般资源型城市本地消纳能力有限，需要通过各类能源通道将过剩能源资源外送。对于资源型城市，一方面，应通过生产力提升与财富转换将资源优势转换为产业优势、创新优势，加快产业链向中下游延伸、向逆向穿透，促进价值链从低端向高端攀升，增强本地资源消纳能力，打造资源型产业创新中心以及资源要素配置中心；另一方面，应加强外送通道建设，为周边城市能源发展提供支撑。

以上分析仅是从单一维度对城市的某个特征进行论述，大多数城市或同时具备上述的多个特征，其能源互联网的建设路径应结合城市的实际定位与自身特点进行详细的论证与研究，进而探索出符合实际、别具一格的特色发展道路。本章将结合具体城市能源互联网建设情况进行详细论证。

6.2 盐城城市能源互联网

6.2.1 盐城社会经济发展现状

盐城位于中国东部沿海地区中心地带和长三角北翼，土地面积170万公顷（17000km²），户籍人口830万，是江苏省面积最大、人口第二的设区市，是江苏沿海中心枢纽城市，也是淮河生态经济带的出海门户。同时，盐城也是江苏

省委、省政府确定的"重点发展沿江、大力发展沿海、发展东陇海线"的三沿战略及"海上苏东"发展战略实施的核心地区，是国家沿海发展和长三角一体化两大战略的交汇点，盐城在区域经济格局中具有独特的区域优势。

　　盐城市生产总值及增长率如图 6-1 所示。2019 年，盐城市实现地区生产总值 5702.3 亿元，按可比价计算，比上年增长 5.1%。其中，第一产业实现增加值 619.9 亿元，比上年增长 2.9%；第二产业实现增加值 2371.6 亿元，比上年增长 3.2%；第三产业实现增加值 2710.8 亿元，比上年增长 7.5%。产业结构持续优化，三次产业增加值比例调整为 10.9：41.6：47.5，第三产业比重比上年提高了 1.4 个百分点。

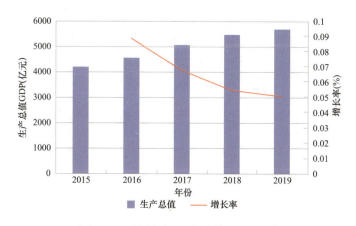

图 6-1　盐城市生产总值及增长率

6.2.2　盐城能源禀赋

1. 能源消费总量保持平稳

　　从 2015 年至 2019 年，盐城市的能源消费总量基本保持平稳，维持在约 1700 万吨标煤。"十三五"期间，盐城市以年均约 1.98% 的能源消费增长支撑了年均 6.5% 的经济增长，能源消费总量由 2015 年的 1608.7 万吨标煤增长至 2019 年的 1738.16 万吨标煤，年均增长 1.98%。

2. 能源消费结构持续优化

　　清洁能源消费量稳步提升。盐城市能源消费总量及增长率如图 6-2 所示。天然气消费量年均增长超过 14%，2019 年达到约 6.14 亿 m³。新能源发电对于

改善盐城市的能源结构起到了重要作用，2019 年风力发电量达到了 113.30 亿 kWh，太阳能发电量达到 22.53 亿 kWh，生物质发电量达到 12.54 亿 kWh，清洁能源发电量占当年总发电量的 38.64%，较 2015 年提升近 17 个百分点。提前完成盐城市"十三五"清洁能源规划中提出的"到 2020 年，新能源发电量占全市用电量比重达到 25%"这一目标，实现了新能源的阶跃式发展。其中，风力发电量增长尤为迅速，年均增速超过 75%。

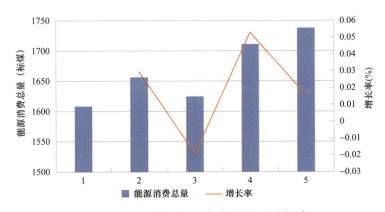

图 6-2　盐城市能源消费总量及增长率

3. 清洁能源开发利用快速增长

近年来，盐城市清洁能源开发步伐逐步加快，能源结构持续优化。截至 2019 底，盐城市清洁能源装机总容量 8505.7MW，其中风电装机 6077.6MW，光伏装机容量 2213.63MW。与 2015 年相比，盐城市的清洁能源装机总容量增长了 188%，风电和光伏分别增长了 214% 和 143%，风电、光伏装机规模均居全省首位。根据《盐城市"十三五"清洁能源发展规划》的要求，风电装机已超额完成既定目标。

4. 风电资源开发潜力巨大

盐城是江苏省海岸线最长、海域面积最广、滩涂湿地最多、海洋资源最丰富的地区，海岸线和滩涂面积分别占江苏省的 61%、67%，是风力资源"富矿"，沿海及近海 70m 高度风速超过 7m/s，达到国家认定具有重大开发价值的标准。

国家确定江苏海上风电规划容量为 1475 万 kW，其中，盐城开发容量为 822 万 kW，占全省规划容量的 56%，是江苏省打造"海上三峡"的"顶梁柱"。作为国家规划的 8 个千万千瓦级风电基地之一，2018 年，盐城海上风电

规模达 150 万 kW，居全国所有城市之首。

5. 光伏发电应用空间广阔

盐城市属于江苏省内太阳能资源丰富地区，资源和我国光伏发电标杆电价Ⅱ类地区相当，年太阳辐射总量为 1400～1600kWh/m²，年发电利用小时数 1200h左右；滩涂、鱼塘、工业厂房等适宜太阳能发电项目开发的空间资源较丰富。2017 年盐城市光伏总装机规模 146.6 万 kW，其中集中式光伏 120.3 万 kW，分布式光伏 26.3 万 kW。2017 年底建成工商业分布式光伏 410 个，装机 16.5 万 kW，个人分布式光伏装机 9.8 万 kW，分布式光伏仍有较大的开发潜力。

6.2.3　盐城能源互联网定位

通过上述分析可知，盐城具有独特的区位优势与资源优势。盐城作为国家沿海发展和长三角一体化两大战略的交汇点，在区域经济格局中具有极大的发展潜力；同时，具有丰富的风、光资源，尤其海上风电开发潜力巨大；同时，也承接了钢铁、造纸、汽车等多个产业转移高耗能项目，客观具备大规模清洁能源本地消纳条件。

综上所述，盐城契合省内能源转型方向，在盐城建设能源互联网，有助于充分发挥当地资源禀赋，将产业结构与能源结构优化升级结合在一起，有效服务"强富美高新江苏"建设。盐城能源互联网的建设，应立足盐城新能源资源丰富的自然禀赋，针对江苏产业由苏南向苏北、内陆向沿海转移的实际，抢抓发展良机，结合盐城新能源消纳的具体困难，探索在清洁能源富集地区建设清洁能源大规模开发利用的城市能源互联网建设路径。在能源生产侧，研究科学实用的技术模式与商业模式，实现风光电储多能并举互补，能源供应绿色清洁低碳安全高效，实现清洁能源高效利用；在能源消费侧，以电为中心，延伸价值链、产业链、服务链，创新用能模式，实施大规模的电能替代，实现清洁能源的高比例消纳。

6.2.4　盐城能源互联网建设路径

1. 加强储能布局建设

（1）推动电源侧储能商业化应用。推动电源侧集中式储能建设，规划集中

式风电投资商同步配置 10%～15%容量的储能。推动分布式电源侧储能建设，解决局部弃风、弃光，跟踪计划出力，平滑功率输出，实现新能源的就地消纳，缓解输电阻塞和电网调峰能力限制。

（2）加快电网侧储能建设探索采用一充两放、两充两放等运行策略，平滑用电负荷曲线，利用储能的快速调节和响应能力，增强电网灵活性调节能力。

（3）推广用户侧储能建设。利用用户侧储能、移动储能作为消纳载体，推广绿色电动物流、电动渣土车等换电技术，全面整合开展电力需求响应，积极参与辅助服务调峰调频市场。

2. 共建海上风电输电系统

推动海上风电集中送出通道建设。随着海上风电开发向深远海迈进，电力送出工程建设费用急剧增加。加强电力集中送出相关研究，统一规划海上汇流站和集中送出线路，促进集约节约用海并有效减少重复投资，降低海上风电开发建设成本，助力清洁能源低成本接入。

3. 持续做强盐城主网架结构

推动主干网建设与清洁能源发展时序、空间布局相匹配，并适度超前。主干网架建设着眼于电网薄弱环节的新增布点、关键断面输送能力的提高、网架瓶颈的建设加强，实现新能源可开发区域的变电站布点全覆盖，各输电断面能力全面提升；充分应用柔性直流输电技术，合理分布电网潮流，提升清洁能源外送能力，实现盐城地区可开发清洁能源的全部消纳。

4. 不断做优配电网结构

进一步优化完善配电网标准网架，在配网自动化全覆盖的基础上，提升配电网设备智能化水平，持续提升配电网自愈能力，提高配网对分布式电源的适应能力；进一步深化新能源云平台应用，发挥其在促进分布式新能源发展中的作用，充分应用5G通信、大数据、互联网＋等信息技术提升配网消纳清洁能源的能力；推动建设配电网大数据服务平台，服务新能源用户接入。

5. 提升省内新能源消纳能力

为提升盐城清洁能源消纳能力，一方面，需要不断提升盐城电能在终端能源的比重，聚焦滨海港工业园区、宝能智慧物流园、金融创投服务集聚区等重点示范或新建园区，针对钢铁、化工、纺织、造纸等重点行业，实施电能替代，提升全社会用电负荷，提高本地消纳能力。另一方面，对接政府能源主管

部门，加快重大工程建设，提高500kV潮流送出能力，力争尽早消除盐城电网新能源消纳瓶颈；加快调峰电源建设，深度挖掘现有调峰资源，合理优化全省常规机组调节能力，提高负荷低谷时全省新能源消纳能力以及减轻新能源大发下对"南电北送"断面负载的压力。

6. 发展综合能源和节能服务产业

在综合能源和节能服务等技术较为成熟领域鼓励创新创业，针对用户个性化要求，提供能源监测诊断咨询、建筑节能改造、分布式能源开发、高效电器研发推广、综合能源系统建设运维、能源交易等多样化服务，繁荣能源服务市场、促进用能效率、效益、服务体现的提升。着重打造滨海港工业园区综合能源示范样板，围绕将滨海港工业园区打造成国家综合能源产业基地、长三角产业升级转移基地的目标，采用合作共建方式，推动政府不断优化园区能源布局，最终形成供煤、供电、供气、供热、供冷、供水"六供一体"综合能源体系。

7. 引领绿氢产业发展

国内氢能开发利用产业正处于萌芽阶段，距离技术经济临界点还有较远距离，但是未来有可能成为解决新能源存储消纳的重要手段，具有广阔的前景和蕴涵巨大的产业空间。因此可将氢开发利用纳入本地新兴产业予以扶持，运用负荷低谷时段过剩清洁电力开展电制氢示范应用、并配套布局氢燃料汽车、氢输配体系、氢与天然气混输混用技术的研究与试点工程建设，并通过本地推广利用逐步提高规模化应用程度，聚集形成绿氢产业基地、打造新的经济增长点。

8. 建立促进新能源消纳特色的市场机制

在省和区域电力市场建设方面，通过中长期市场、现货市场、辅助服务市场、计划与市场衔接等规则优化，建立适应沿海地区大规模风电光伏资源消纳导向，运用市场价格机制，促进风光电源、支撑调节电源的布局优化和有序建设，引导高载能行业向新能源资源丰富地区聚焦发展，促进源网荷储各方主动参与市场调节。

9. 增强绿色低碳产业规模支撑

发挥比较优势，增强绿色低碳产业规模支撑，以低碳、绿色技术创新和应用为重点，紧扣全产业链打造，全力推进新能源、节能环保、新能源汽车产业快增长、扩规模、上水平。抢抓高端前沿，放大新兴先导产业带动效应，加快大数据规模发展和广泛深度应用，推进海洋新兴产业、通用航空产业加快形成新的增长点。强化融合创新，在继承发扬传统优势行业基础上，推动产业链上

下游高端延伸，提升产业附加值水平。

6.3 连云港城市能源互联网

6.3.1 连云港社会经济发展现状

连云港是中国首批沿海开放城市、新亚欧大陆经济走廊的东方起点、江苏"一带一路"支点城市、长三角区域经济一体化城市，也是中国（江苏）自由贸易试验区的组成部分。随着各大战略的接续落地，连云港市将围绕国际化海港中心城市的定位，发挥海陆协同发展优势，成为亚欧重要国际交通枢纽、集聚优质要素的开放门户、"一带一路"交流合作平台。

2016—2020 年连云港地区经济发展水平见表 6-1。连云港 GDP 平均增长率为 6.38％，2020 年全生产总值达到 3277.07 亿元，人均 GDP 突破 1 万美元。五年累计固定资产投资突破 1 万亿元。产业结构进一步优化，第三产业占地区生产总值比重于 2018 年超过第三产业，服务业现代化、战略性新兴产业规模化态势逐步呈现。

表 6-1　　　　2016—2020 年连云港地区经济发展水平

参数	2016 年	2017 年	2018 年	2019 年	2020 年	2016—2020 年平均增长率
地区生产总值 GDP/亿元	2405.16	2640.31	2771.7	3139.29	3277.07	6.38
GDP 同比增长速度（％）	10.04	9.78	4.98	13.26	4.39	—
一产 GDP 占比（％）	12.5	11.9	11.7	11.55	11.78	−1.18
二产 GDP 占比（％）	44.7	44.7	43.6	43.42	41.88	−1.30
三产 GDP 占比（％）	42.8	43.4	44.7	45.02	46.34	1.60
人均 GDP/（元/人）	53626	58577	61332	69523	71250	5.85
规模以上工业总产值（当年价）/亿元	5974.81	5484.19	2575.42	2714.75	2833.03	—

连云港市正处于工业化初期向中期过渡的时期，其特点如下。

（1）石化、装备制造等主导产业竞争优势突出。国家级石化产业基地和钢

铁基地推进建设，徐圩新区石化工业园位处国家七大石化基地之一，盛虹炼化、中化国际、卫星石化等一批临港重大项目落户园区，赣榆、灌南钢铁基地发展迅速。

（2）医药、新材料、新能源等特色产业发展迅猛。四大药企位居中国医药创新力前五强，连云港经开区打造的"中华药港"力争成为营商环境最优、创新要素密集、药企高度集聚的医药产业港。新能源层面，连云港地区拥有田湾核电、海上风电等重大项目，并在加快建设风电装备、智能制造等特色产业，加快打造国家新能源基地。

（3）信息技术、数字经济等新兴产业正加速培育。拟通过建设"一带一路"大数据产业园、城市大数据中心、省级软件和信息服务产业园，完善信息基础设施，引导传统产业数字化转型。

6.3.2　连云港能源禀赋

1. 能源生产方面

能源生产方面，连云港是省内重要能源送出与中转基地。具有核电、火电、风电、光伏、光热、生物质能等多种发电机组，其中核电机组装机549万kW、火电装机293.46万kW、风电装机73.32万kW、光伏装机91.49万kW、生物质发电装机12.7万kW。每年的发电量除了满足本地电力需求，还为江苏乃至华东地区的经济发展提供电力支撑。同时，目前在赣榆港已规划建设液化天然气（Liquefied Natural Gas，LNG）接收站，将成为重要的天然气资源中转基地。根据地区新能源摸排及"十四五"能源发展规划、可再生能源发展规划相关内容，到2025年，连云港核电装机660.8万kW，可再生能源装机力争达到1000万kW以上，可再生能源装机占比超过40%，可再生能源发电量占全社会用电量占比超过30%。

2. 能源消费方面

能源"双控"制约地方产业发展。"十三五"期间，连云港能源消费总量小幅提升，能源消费总量、煤炭消费总量控制均超额达成省定目标。2020年全市综合能源消费总量1437.71万吨标煤，非电行业规上工业企业消费煤炭158.83万吨。工业是全市最主要的能源消费部门，2020年工业领域能源消费

总量占全市比重高达 75%。"十四五"期间，连云港将聚力构建石化全产业链，石化化工行业占比将快速提升，这将导致化石能源消费爆发式增长，能源消费高碳化趋势更为凸显，制约相关产业发展。

3. 能源效率方面

能耗指标仍高于全省平均水平。2020 年，连云港单位 GDP 能源 0.47 吨标煤/万元，较全省平均水平 0.342 吨标煤/万元高出 30%，以石化化工、钢铁等高耗能行业为主导的产业结构"高碳锁定"特征鲜明。在"碳达峰、碳中和"目标引领下，"十四五"期间连云港能源结构优化面临巨大挑战。

6.3.3 连云港能源互联网定位

通过以上分析可知，尽管连云港经济发展目前在江苏处于较低水平，但依托其港口优势和产业集聚优势，地方经济将保持较快增长态势，具有极大的后发潜力，具体包括：处在多重战略的交汇点，包括"一带一路"、沿海开发战略、自由贸易试验区等；处在快速完成工业化进程中，包括承接苏南产业转移、国家级石化产业基地、轨道和公路交通系统体系初步成型等；资源禀赋良好，包括深水良港资源，农村、滩涂、农场、盐场土地资源，核电、风电、光伏、抽水蓄能资源，是全省重要的能源输出地等因素，为连云港能源互联网建设创造了资源留白多、可塑性强、利于整体规划、系统实施等有利条件，从而达到"先至"的效果。而其"后发"起点决定了社会经济发展所需的能源增长空间和结构面临较为严格的约束，不能延续苏南等地区工业化过程中倚重资源要素投入，单纯强调提高生产供给能力来被动地满足经济发展增量需求的路径。

综上所述，连云港能源互联网的构建，需紧密结合当地能源资源、经济发展、城市区块定位等"多元化"特质，借鉴互联网思维，推进传统能源系统升级转型，助力能源系统政策市场环境、规划建设、运营管理各层面的协同发展，加工、转换、传输、利用各环节的协调互动。同时以绿色低碳为方向，以协同发展、协调互动为手段，从能源供应、配置、消费、服务、技术等方面入手，实现"质量、效益、效率"全面提升，打造海港城市能源互联网发展样板，探索基于多元协同的绿色能源高质效的城市能源互联网建设之

路，为连云港承接苏南产业转移、创新特色产业发展进一步挖掘绿色能源开发利用空间。

6.3.4　连云港能源互联网建设路径

1. 构建多元协同能源供应体系

（1）推进风、光、生物质能源开发利用。协助政府编制"十四五"能源发展规划和可再生能源发展规划，有序推进风电、光伏、生物质等资源开发，统筹接入系统规划建设，保障洋桥光伏、四队风电、蒙能建风电等项目及时并网。推动风光互补、农光互补、渔光互补等技术应用。紧密衔接市、县政府，深入开展灌南县整县光伏开发试点工作研究，提前做好接入服务。

（2）推进核电资源开发利用。高质量完成田湾核电三期工程建设，提前开展田湾核电 7、8 号机组接入系统方案研究，配套加强地区 500kV 输电网架，进一步提升核电送出可靠性。

（3）推进海洋可再生能源开发利用。积极开展波浪能、潮汐能等海洋可再生能源发电技术在海岛微网等场景的应用，为连云港地区海岛利用与开发、渔民海上作业以及海上远程监控等提供重要的技术支撑与能源保障。

（4）推动电源侧储能建设应用。推动电源侧集中式储能建设，规划集中式风电投资商同步配置一定容量的储能。推动分布式电源侧储能建设，解决局部弃风、弃光问题，跟踪计划出力，平滑功率输出，实现新能源的就地消纳，缓解输电通道阻塞和电网调峰能力限制。

（5）推动制氢技术产业发展。推动政府鼓励支持绿氢产业在连云港布局发展，主动引进绿氢产业相关配套企业。运用负荷低谷时段过剩清洁电力直接开展电制氢示范应用、并配套布局氢燃料汽车、氢输配体系、氢与天然气混输混用技术的研究与试点应用，进一步拓宽清洁能源的消纳渠道。

2. 建设多元协同电网配置系统

（1）加强主干网输电能力建设。推动主干网建设与负荷发展需求、空间布局相匹配，并适度超前。"十四五"期间实现 220kV 电网南北分区优化；新增伊芦变至徐圩变的输电通道，提升南部分区支撑电源互济能力；扩建徐圩变等增容工程，保障徐圩化工园等负荷高密度地区供电可靠性。

(2) 加快建设电源外送通道。开展"十四五"摸排新能源的接网规划研究，将沿海第二通道向北延伸至连云港，促进连云港核、煤、风、光等多能源可靠输送至苏南负荷中心消纳，在全省范围实现资源优化配置。

(3) 打造高可靠性配电网。优化配电网诊断分析与辅助决策系统，融合PMS、DMS、OMS、用电信息采集等配网设备基础信息及运行信息，利用大数据挖掘、智能分析及策略自学习技术，对网架结构、装备水平、供电能力及智能化水平自动评估、智能决策，提升配网分析深度及配网规划前瞻性。推广配电物联网和智能抢修指挥技术应用，实现抢修策略路径的自动生成、推进主动抢修模式的覆盖范围提升。

(4) 推动绿色微电网建设应用。加强微网构建和规划应用关键技术研究，在实现全域海岛微电网建设的基础上，进一步探索在农村、港口仓储、自贸区等多样化场景的推广应用，推进风电、光伏、生物质等分布式能源就地高效消纳利用，助力打造连云港微网研发、建设、运维服务网产业链，为经济发展注入新动能。

3. 优化多元协同能源消费格局，提升能源综合利用水平

(1) 超前谋划电能替代发展。结合连云港港城特色、产业特色，分地域、分行业开展电能替代潜力和实施空间分析，开展电能替代专题规划，统筹布局电能替代工作。超前谋划电能替代配套电网建设改造项目，优化年度项目建设时序。

(2) 拓展电能替代应用领域。积极推动港口实施电能替代，开展港口电气化示范建设。推动社区实施电能替代，引导居民规模化使用家庭电气化产品，打造社区电气化示范项目。推动农业领域实施电能替代，推进农业生产、农产品加工、乡村旅游电气化。

(3) 构建综合能效评价体系。持续开展综合能效评价体系研究，推动政府和社会积极支持和参与省公司社会综合能效评价平台的建设。根据各社会主体不同的关注点及利益诉求，建立区域层、行业层、用户层、设备层级电网综合能效评价指标体系并上升成为政府、行业标准，助力政府能效监管实施、助力节能服务繁荣发展。

4. 推广多元协同能源优质服务

(1) 构建现代市场服务体系。整合推动电网规划、建设、生产、运行、物

资供应、产业、金融等后台服务资源全方位高效协同、全业务流程贯通，建设为现代市场服务体系提供协同保障、信息平台、技术标准的服务支撑后台。协同基于实时数据的信息物理系统（CPS），实现用户状态全面感知和需求深度挖掘，同时结合智能终端和移动 App 的深化应用，实现用户聚合和互动智能。推进业务数据同源共享，实现业务融通和数据共享，支撑资源有效整合和跨专业高效协同。依托国网云平台构建易交互、易开发、易维护的前端应用体系，实现应用架构柔性和迭代敏捷，提升市场需求快速响应能力和基层创新活力。

（2）布局交通电气化服务业务。促进电网规划与电动汽车、电动自行车、电动船舶等充电设施布局规划相衔接；采用灵活的多元化运营合作模式布局社会充电网络建设、提供增值服务、锁定优质用户资源；促进浮动价格调整机制建立和智能有序充电、储能电池放电等互动充电模式推广，提高充电设施利用率和充电量，引导车船储能资源主动参与电网调节运行，并进一步降低用户充电成本，助推交通电气化进程。

（3）推动不停电作业技术发展。依托不停电作业培训基地，实现不停电作业标准规范输出、引领智能装备研发，打造带电作业技术高地；按照"示范引领、全面覆盖、能带不停"原则，打造上下贯通、横向协同、指挥顺畅、运作高效的管理和技术体系；促进不停电作业率提升和应用场景拓展、破解高峰期间基建检修等停电计划安排困难，进一步减少用户停电范围、降低停电时间。

6.4 其他城市能源互联网

6.4.1 天津城市能源互联网

依托智能电网建设基础，打造城市能源互联网示范样板。天津市政府高度重视城市能源互联网建设，将其纳入了政府工作报告。目前天津城市能源互联网建设基本思路是以打造城市能源互联网试点区域为带动，以中新天津生态和北辰产城融合区 2 个智慧能源小镇为典型示范。天津电力公司依托智能电网建设经验，是城市能源互联网综合示范部署的主力军，其他能源电力央企通过增量配电、微电网、综合能源服务等方式加快进入城市能源互联网建设生态圈。

天津城市能源互联网案例如图 6-3 所示。

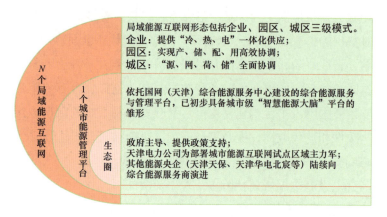

图 6-3　天津城市能源互联网案例

天津市城市能源互联网重点政策《天津市推进智慧城市建设行动计划
(2015—2017 年)》中提出，搭建城市能源互联网，实现分布式电源、电动汽车
的即插即用和城市能源的综合优化利用，提高电网与用户互动水平；《天津市
2017 年政府工作报告》提到，建设城市能源互联网示范工程；武清区人民政府
与国网天津电力签署《共建京津产业新城能源互联网示范基地战略合作协议》；
国网天津电力公司与北辰区人民政府签订《城市能源互联网建设合作协议》；
天津市政府与国家电网有限公司签署《加快美丽天津建设战略合作框架协议》，
提出打造城市能源互联网试点区域。

6.4.2　嘉兴城市能源互联网

嘉兴以智能电网驱动智慧城市，打造城市能源互联网综合试点示范的"海
宁模式"。2017 年 6 月，浙江省公司和海宁市政府联合申报的"浙江嘉兴城市
能源互联网综合试点示范项目"入选国家能源局"互联网＋"智慧能源（能源
互联网）示范项目试点，项目的示范目标是实现多资源协同的低碳节能、信息
共享、供需互动、模式开放的新型能源供需平衡体系，形成可推广、可复制的
"海宁模式"，实现电网、政府和社会企业多方参与合作的能源互联网生态圈。
嘉兴城市能源互联网示范项目架构如图 6-4 所示。

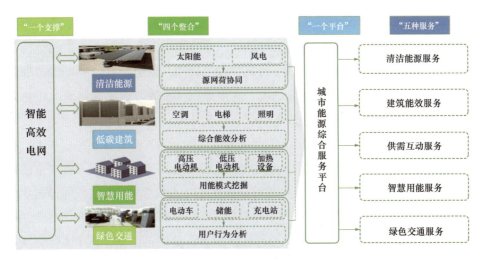

图 6-4 嘉兴城市能源互联网示范项目架构

6.4.3 沈阳城市能源互联网

1. 建设思路

沈阳供电公司结合沈阳地区特点、电网特色,紧扣建设能源互联网企业的建设主线,聚焦重点任务,鼓励基层创新,对内夯实基础能力,对外拓展新兴业务。按照"一个集成应用、三类区域建设、两个特色示范"的建设思路,分别选取具备条件的试点单位探索开展城市能源互联网综合示范建设,率先突破,通过综合示范建设形成典型标杆,发挥大型供电企业示范引领作用。

通过优化供电服务指挥中心系统建设,提高用户停电抢修效率,提升供电服务水平;配网生产抢修指挥平台集故障接单、预判分析、队伍调动、资源调配功能为一体,通过 App 实现指挥中心对抢修现场管理的延伸,提高故障抢修效率;建立国际一流高压电缆智慧化线路;以"国网芯"为技术基础,将全部物资在库与在途的状态透明可视化,解决以往长期存在的电力物资状态数据缺失问题;创新打造农村综合服务电商平台,利用丰富的人力资源优势,成立电商平台综合服务指挥中心,负责平台的发展方向和系统运维监测以及对各个指挥站、服务所的运营管理。

2019 年示范区域开展智能设备改造、配网自动化、智慧化高压电缆线路等基础设施建设，初步建成主要业务典型应用；通过智能终端设备的改造和深化应用，采集配电、营销智能终端实时数据，建立主动感知与服务配合的抢修体系；升级完善全域感知物联数据平台，实时上传用户停电信息，精确定位故障点，实现分钟级恢复非故障区域供电，实现单相接地故障段隔离，进一步达到缩小停电范围、提高供电可靠性。

（1）一个集成应用。利用供电服务指挥系统对所有客户服务相关应用进行集成，实现数据采集、存储、计算、应用的统一管理与服务，提高用户停电抢修效率，提升供电服务水平。目前已完成移动作业终端 App 部署，完成故障停电主动抢修、设备异常主动预警、业扩在线办理督办等多个模块部署。

（2）三类区域建设。以和平为老城区试点，建设电网末端感知综合应用，在低压台区更换宽带物联网 HPLC 模块，选取部分台区为试点，安装边缘物联处理单元实现台区感知层边缘计算与分析，在物联网管理平台上部署线损智能分析研判典型应用场景，对营配业务工单进行联合自动转派。

1）以浑南为新城区试点，开展配网资产国际对标管理成果推广，通过数字孪生，构建配电网全域数据资产体系，演进出量化的精准投资模型等 4 个规划类功能、小电流接地选线体系等 5 个设备类功能和居民需求侧响应等 2 个营销类功能的应用。

2）以辽中为县区试点，开展农村综合服务电商平台建设，研究运营新模式。选取养士堡供电所为线下试点，进行综合服务厅改造。

（3）两个特色示范。

1）由物资专业开展基于国网芯的物资智慧供应链建设，将全部物资在库与在途的状态透明可视化，解决以往长期存在的电力物资状态数据缺失问题。完成基于"国网芯"的支撑产品研发及试点应用工作，累计监测运行里程超过 10000km。

2）由电缆专业开展高压电缆智慧化示范线路建设，整合原有在线监测系统，实现 220kV 和重要 66kV 高压电缆线路智慧化管控覆盖，实现设备状态及隧道内外环境的全息感知、风险预警、故障研判和全景展示。

2. 取得的成就

沈阳供电公司建设市级公司能源互联网企业创新实践取得了显著的成就。

（1）在老城区建成电网末端感知综合应用，线损率合格台区数量提升

25％，采集成功率达到 99.7％，安装边缘物联处理单元实现台区感知层边缘计算与分析，在物联网管理平台上成功部署线损智能分析研判典型应用场景，对营配业务工单进行联合自动转派，实现用户异常用电研判、实时线损分析、用户侧停电事件主动上报。

（2）通过全域数据资产体系构建，引入数字化线路概念，将投诉、停电、线损分析颗粒化至线路、小区、变压器，指导差异化服务策略制定；将高精度小电流接地选线、自愈式配电网等功能与配网主动抢修相结合，实现用户停电时长平均减少 48min；建成省内首个用户自有产权报修平台"沈小电"，上线首月处理自维故障 5 起，为用户节省资金 10540 元，平均抢修时长缩短 4.5h；实现了 66kV 站内选线装置、10kV 线路保护装置、线路选线装置的时限级差配合，达到单相接地故障段快速隔离、选线正确率高达 95％。

（3）在辽中区建立线上与线下相结合的省内首个农村综合服务电商平台，完成交易 2 单，迈出公司探索新型产业协同发展新机制的第一步。

（4）在国网物资抽检过程中，率先使用自主研发的国网芯产品，确保被抽检产品未被移动、调包、无破损，首次将抽检过程数据透明化、数字化。

（5）打造东北地区首条国际一流的智慧化高压电缆示范线路——京沈客专香湖开关站隧道，并编制形成建设标准，相关成果被 2019 年电力信息通信新技术大会收录。

6.4.4　大连城市能源互联网

国网大连公司建设能源互联网企业综合创新应用工程示范区域包括开发区、东港商务区及金州二十里堡等，供电人口约 42.6 万人。示范区包括 A＋、B、C 类供电区域。

1. 企业运营

在企业运营方面，目前已有 61 个业务应用覆盖公司各专业、各级单位、各业务环节，实现了信息化与公司发展全要素、全流程、全业务的深度融合，以人财物核心资源、生产运营关键流程为重点，实现了公司企业运营高效、集中、集约管理。依托实物 ID 建设内容，支持资产全寿命周期管理。基本实现了对公司运营资源的全面管理和对公司各业务流程的整体管控。

2. 电网运行

在电网运行方面，以营配贯通为基础，依托全业务数据中心做支撑，已实现供电服务指挥业务智能化。通过推动数据集成、开展数字流程微应用和量化考核，构建了量化分析的精益管理体系。各专业工作成效由过去的看不清、说不透转变为直观可视，形成了数字化管理模式；通过构建在线监测平台，实现66kV及以上电缆及通道的全天候实时监控，有效防范监控覆盖区段电缆的各种非法进入、外力破坏、设备异常、火灾事故、故障扩大等情况，实时、准确掌握电缆及通道运行状况，提升电缆运维管理水平；充分利用机器人、电力设备非接触检测、多传感器融合、模式识别、导航定位以及物联网技术等实现了变电站户外一次设备的温度、油位、SF_6气体密度、避雷器泄漏电流、分合状态指示等各类表计读数以及全部一次设备本体和接头的红外测温等数据采集功能，能够完成自动报警并生成记录，最终自动生成历史比对曲线数据，切实提升运检设备智能管理水平；通过 PMS、D5200、作业管控平台和用电采集系统，实现停电类信息管理、停电信息发布及跟踪、频繁停电管控、配网设备监测流程监控、配网停运状态管控、配网规模监控等功能，配网智能运维建设初见成效。

3. 客户服务

在用户服务方面，深化"互联网＋"营销服务，推行供电服务积分制，线上办电率由 70.25％提升到 95.98％，现场服务预约率达到 90％以上；营销服务综合管控水平大幅提升，通过营销业务系统和一体化缴费平台数据实现了业扩全流程监控、线上办理情况及高压新装增容监控分析、变更用电及业务异常监控分析、用户满意度及报装趋势分析、电子渠道的综合统计分析、自助缴费终端监视。

4. 新兴业务

在新兴业务方面，积极开展以用户为导向的服务体系建设，拓展营销服务渠道，推行电费即时结算；结合大连特点，积极推动新能源发展，拓展众多能源类型，推动多能运行。在优化石油、天然气等化石能源结构，开展包括核能、光伏、常规风电、海上风电、储能等多种新能源开发建设。近年，区域核能发电量218.6 亿 kWh，风能 10.1 亿 kWh，海上风能约 7.1 亿 kWh，光能 0.1 亿 kWh，新能源累计发电量达 235.9 亿 kWh。新能源装机量、发电量增速快。

5. 感知层面

在感知层面，终端设备已经覆盖到运行、检修、营销等各个方向，内网共接入终端 10 余种，其中作业类终端 7 种，采集类终端 3 种。

6. 网络层面

在网络层面，已初步建成能有效支撑各项业务的坚强稳定、运行高效的高可靠、大带宽信息通信网，实现信息资源集中管理、按需分配；骨干通信网已全部覆盖 66kV 及以上变电站、供电所、营业厅；接入网方面开展电力无线专网、中压宽带载波、光纤专网的混合组网建设，形成可推广的典型示范。

7. 平台层面

在平台层面，在全面应用统推业务系统基础上，依托配电网大数据平台，初步实现数据自动采集与整理，营配数据贯通率 85%，初步实现对营配贯通业务的支撑。

8. 安全防护

在安全防护方面，在核心机房及下属汇聚节点共部署 14 台泛终端接入控制器，构建了大连公司电力泛终端一体化管控平台，实现了对信息管理大区泛终端的实时接入控制及安全检测。

7.1　园区级区域能源互联网的内涵与发展重点

7.1.1　园区级区域能源互联网的内涵

园区级区域能源互联网的分布范围相对较小，主要是由智能配电网络、中低压天然气网络、就近供热/冷网络等网络系统组成，承担着多类型能源的近距离传输、分配和能量枢纽转换的作用，主要表现在集成电力、天然气、冷/热能等多类型能量需求的各类型可再生能源、多类型储能系统、地源热泵系统、电动汽车及充放电交通设施的产业园区。

园区级区域能源互联网具有以下基本内涵。

（1）可容纳电、气、冷、热等多种类型的分布式能源，且多类型能源系统之间存在较强的耦合性。

（2）可充分挖掘冷/热等低品位能源对高品位电能的替代作用，实现能源梯级利用以提高能源的利用效率。

（3）可通过系统内电、气、冷、热环节的多能流协同优化运行，有效平抑高渗透率可再生能源引起的波动，从而提高可再生能源渗透率和用户的用能品质，降低多能用户的综合用能成本等。

（4）可提高综合能源的利用效率、减少环境污染、加强能源安全、优化能源结构，为短期大幅减少化石能源的消耗提供有效的技术手段。

（5）以现代能源技术和信息技术为工具，通过业务组合、技术创新、模式变革、系统集成等方式，为园区内多类型能源用户提供多元化、个性化需求的综合能源服务。

7.1.2 园区级区域能源互联网的综合能源服务

1. 多能互补形态

对于大多数产业园区来说，负荷存在用电、用气、用热、用冷等多种用能需求，且用能数量大，节能空间广。因此园区级区域能源互联网具有利用多能互补、源网荷储协同技术为产业园区提供综合能源服务的需求，以满足园区多样化的能源需求，提高供能质量，为多能用户节约综合用能成本。

（1）产业园区典型的多能源互联系统形态。多能源互联系统形态将电、气、热、冷、氢等多类型能源环节与信息、交通等其他社会支持系统进行有机集成，通过对多类型能源的集成优化和合理调度，实现多类型能源的梯级利用，提高能源利用效率，提升供能可靠性。同时，多能源系统的有机协调，对延缓输配电系统的建设、消除输配电系统的瓶颈、提高各设备的利用效率具有重要的作用。在紧急情况下，当电力或天然气系统受到天气或意外灾害的干扰而中断时，多能互补综合能源系统可以利用就地能源为重要用户提供不间断的能源供应，并为故障后能源供应系统的快速恢复提供动力支持。

（2）综合能源配用电系统。综合能源配用电系统结构相对复杂，既包括冷热电联供分布式能源站、分布式光伏等电源设备，也包括电池储能、蓄冷/热储能等，还需要依靠电网和冷/热管网进行能量输送，在实际应用过程中，需要根据具体的环境和需求进行综合考虑。

（3）园区综合能源系统。园区综合能源系统涵盖各种形式和特点的多能源环节，既包括可控性较强的能源环节，又包括控制难度较大的强间歇性能源环节；既包括容易存储和转换的环节，又包括难以大规模存储的环节；既包括底层设备的动态，又包括能源系统单元级别的动态，还包括多能耦合作用下的系统级别动态。本质上而言，园区多能互补综合能源系统从时间、空间和行为 3 个角度呈现多能流、多时标、高维数、大量非线性、多主体等极为复杂形态特征。

2. 综合能源系统

园区级区域能源互联网的发展和建设需要商业模式的创新，使企业从传统

的、单一的能源购销差价的盈利模式转向多种能源及服务应用组合的新型经营盈利模式。创新商业模式还能够更好地发挥日趋完善的智能电网的功能，实现智能电网技术创新的最大价值，推动可再生分布式能源的开发利用。

园区区域能源互联网内综合能源服务的运营和服务商需要统筹园区内和园区外的需求和供应关系，对园区外的购能要稳定可靠，需构建园区内和园区外的能源输送管道网络（电、热、气等），同时主动参与园区内能源网络的建设，不断引导和优化能源网络的布局，为本区域内的能源生产和转换设施（如燃气电厂、沼气或生物发电、太阳能、燃气三联供、地源热泵、水源或污水源热泵、工业余热回收等）提供可靠的市场环境和受端网络，为分布式能源的并网运行提供服务。

园区内市场主体众多，不同的用户利益诉求不同，其参与互动的目标也有所差异，因此建立能够吸引用户参加的健全的市场互动机制和商业模式，在一定程度上满足各个主体不同的利益目标。平等、开放、充分竞争、多方参与的能源服务体系是园区综合能源系统的一大特征性组成部分，主要包括综合能源交易与综合能源服务两大方面。

园区区域能源互联网内开展的综合能源服务形态特征随着能源系统形态转变、能源技术创新、能源体制变革而不断演化升级。园区内开展的综合能源服务主要是以用户为中心，以现代能源技术和信息技术为工具，通过业务组合、技术创新、模式变革、系统集成等方式满足用户多元化、个性化需求的能源服务。其中，为用户提供不同类型的业务组合和市场主体的技术创新能力是发展园区级综合能源服务的重点，集成化的供电、供气、供热、绿色交通等能源系统和相应的模式变革是辅助其发展的重要手段。园区级区域能源互联网的业务内涵可分为节能改造服务、分布式能源服务以及综合能源服务3类。

（1）节能改造服务主要通过云平台和大数据实施能效管理和用能监控，采集实时数据，在运用大数据分析其用户的用能情况的基础上，实施新能源市场规划、预测项目的投资收益，为用户提供定制化的节能方案。

（2）分布式供能服务主要分为天然气分布式能源服务和可再生分布式能源服务。天然气分布式能源服务主要包括热电联产、冷热电三联供和建筑冷热电联供等。可再生分布式能源服务主要包括风力、太阳能光伏和生物质发

电等。两种分布式能源服务的建设方案涉及规划咨询服务、分布式园区方案设计、工程承建、运行维护、终端售能等，即从项目规划到项目运行的一揽子服务。

（3）综合能源服务包括面向政府的需求侧管理、面向园区的智能配电监控、面向服务商的智慧能源服务和面向用户的能源管理控制，主要依托互联网科技企业自身强大的互联网技术构建综合能源运营平台，将综合能源项目的评估、设计、运维、管理等透明化、数字化、信息化，为园区多能用户和综合能源服务商提供不同的解决方案。

3. 综合能源服务市场

巨大的市场潜力推动综合能源服务市场主体多元化发展，形成竞争激烈的市场格局。虽然综合能源服务市场整体处于起步阶段，但由于综合能源服务尚无明确定义，缺乏行业标准，准入门槛较低，大量企业涌入市场，目前全国竞争企业数量达到 479 家，主要类别包括发电（燃气）企业、设备制造企业、节能（环保）公司及互联网企业。

市场主体的综合能源服务业务多为其主营业务的延伸，公司开展综合能源业务也应与主营业务紧密结合，充分发挥品牌、市场、技术等多方面优势，打造客户延伸服务价值链条。

（1）设备制造企业。设备制造单位主营业务主要包括电力设备制造、光伏面板与配套设备制造 2 个行业。由于设备制造单位掌握设备生产技术，其优势集中在售后设备运维管理、设备节能技术升级方面，如协鑫集团。

（2）节能（环保）企业。节能（环保）企业主营业务主要包括能耗监控、设备节能改造、储能、分布式光伏设计安装、环保设备技术推广等 5 个方面业务。该类企业优势在实际操作经验具有较多积累，对新技术能力与应用有着较高转化能力，如中国节能环保集团。

（3）发电（燃气）企业。发电（燃气）企业主营业务主要包括电力、燃气供应。该类用户主要从事余气余热销售，一方面增加销售收入，另一方面减轻其生产中冷凝环节成本。受制于技术条件限制，其供应范围距离较短，但交易规模体量较大，如华润、新奥、五大发电集团。

（4）互联网企业。由于在软件系统开发集成、大数据的分析与应用等方面有较强的优势，互联网企业从事的业务主要集中在用能系统监控与开发等。

7.1.3　园区级区域能源互联网的主要功能

园区级区域能源互联网是通过容纳多类型的分布式能源，可实现电、气、冷、热等多类型能源之间协调优化运行的综合能源系统，其主要功能如下。

（1）通过电、气、冷、热等多异质能源之间的优势互补，多类型能源生产、转换、传输、存储、利用环节的互动，提高再生能源的消纳能力和综合能源的利用效率。

（2）通过多品位能量梯级利用，同时满足电、气、冷、热等多类型能源用户的需求，将综合能源的利用率提升至80％以上。

（3）基于多类型能源之间的互补、替代潜力，通过资源管理和协调控制降低设备容量需求，提高综合能源的利用效率，降低系统的建设成本。

（4）通过信息物理技术的应用促进不同类型能源系统之间的深度融合，提升各利益主体参与的积极性，提出运营模式和综合能源服务的最优解决方案。

7.1.4　园区级区域能源互联网的发展重点

1. 梳理区域内各利益相关方的合作竞争策略

（1）对于政府部门，要积极沟通。区域内的综合能源服务商与政府利益诉求在多数情况下是相近或一致的，但是很多时候，政府和企业之间的博弈往往会使园区的运营远远达不到理想状态，因此要积极引导政府要发挥好监督管理作用，建立健康长效的激励机制与良好的市场环境。

（2）对于区域内供暖（气）公司、发电企业、售电公司（负荷集成商）、节能服务公司等业务具有重合的利益主体，公司可采取审慎合作、互补合作和竞争为主的策略，积累相关技术和运营经验。

（3）对于区域内各设备公司、互联网公司、金融服务商等业务重合性不大的利益主体开展有限合作。如在防范数据流出的前提下，合作开发能源信息平台，创新商业模式，成为平台业务主导者。与金融服务商共同投资诸如包含储能等投入大、财务风险大的综合能源园区，分担财务风险。

（4）对于区域内的多能用户，公司应当优选用电量大、对用电服务品质要求高的重点用户，将提高供能质量、节能降耗作为切入点，形成专业技术优势，形成特定专业领域的园区区域能源互联网范式，并加以推广。

2. 以拓展能源互联网为入口，积极布局园区综合能源服务

综合能源市场发展的初期是市场混沌期，公司优势明显，应以"高速大力拓展市场"为目标，依托公司主业优势争取用户，形成优势互补的联合体。初期"谋市场"，以全资、控股、参股等方式，积极争取产业园区优质用户，提高市场份额，充分发挥公司资源优势。

在园区规划阶段提前介入，为园区提供能源规划设计服务，实现园区多种能源协调优化配置。在业务拓展中以电为依托，通过推行四表合一、覆盖泛在电力物联网。开拓非电业务，拓展增值服务，如积极发展智慧供热技术，通过网络平台实时监控和调度供暖区内交换站运行，依据用户状态信息、室内外温度乃至气候等因素自动完成室内温度调控，实现供暖智能化。一方面，公司开展综合能源业务也应与主营业务紧密结合，充分发挥品牌、市场、技术等多方面优势，打造客户延伸服务价值链条；另一方面，也需要借国企改革的契机发展混合所有制，实现公司改革新突破，凝聚社会资源，实现多方共赢，打造产业链联盟，确保公司市场优势，高效整合相关资源，快速拓展业务领域和建立市场地位。

工业园区这一类优质用户将成为开展综合能源服务的主战场。目前全国国家级高新技术产业园区、经济开发区数量超300家，各类省级产业园区超1200家，较大规模的市产业园区1000多家，县以下的各类产业园区更是数以万计。而我国70%的工业用能集中在工业园区。工业园区电力消耗量大，有大量的电力需求，是拉动各地经济的增长点。工业园区的用户用能方式多元化，具备形成综合用能增值服务的条件。

从进入市场的方式而言，前期想要短期内快速进入市场的最简单的方式就是合作或并购模式。由于不同专业领域的企业具有各自专业领域的资源、用户、技术、市场等优势，采取合作或并购，可以快速实现优势互补，更容易迅速进入市场。

3. 以商业模式转变及创新，拓展园区综合能源服务业务

在园区级区域能源互联网项目具体实施过程中，根据园区内用户需求、用

户类型及竞争程度制定差异化的商业模式。在新形势下，能源用户用能模式发生了深刻变化，用户想要的真正价值不仅仅是低的电价成本，而是降低综合能源成本，包括：①降低能源设备的过程成本，比如把设备投资变成租赁，把设备运维外包给电力服务公司，把节能改造变成合同能源管理等；②降低能源购入成本，比如降低电费、参与需求侧管理、热电联供，未来在现货市场价格基础上甚至可以开展商业化的储能项目，把能源需求和供给的波动性风险降低到最低；③降低能源在用户企业内部的输、配、转换的成本，比如电能质量的管理、节能降耗、余热利用等。根据用户需求的深入剖析以形成多种商业模式，比如用电咨询、合同能源管理节能改造、设备租赁、能源托管等，并且把它与售电业务融合起来。对于资产端的业务，还能叠加金融服务的属性，比如投融资、保险等，最终形成丰富多样的能源服务产品。

目前已经出现节能效益分享型与节能量保证型相结合、节能效益分享型与能源费用托管型相结合、节能效益分享型与公共私营合作制（Public Private Partnership，PPP）相结合等多种复合型商业模式。如售电公司可以构建智慧购售电一体化平台，可提供购售电竞价、成本计算、售电营销、客户服务、购电管理、配电管理、竞价决策、负荷预测、能效服务、微网管理等全方位信息化解决方案，帮助发配售电公司快速开展业务，及时响应市场需求。此外，售电公司增值业务除电能替代、电蓄热、锅炉托管、节能产品、合同能源管理、电力设施维修外，还可包括电力大数据、电力顾问、电力管家、微电网、碳交易等。商业模式的开发策略为分项实施、逐步推进。初期可利用电力公司专业品牌，开展能效监测和电力运维等业务，为用户提供专业优质服务并节约运维成本，同时可通过平台接入用户内部用能数据，实现多用户电力运维统一管理，积累用户用能信息；中期可通过对用户用能数据的分析，为用户提供合理用能建议，提供节能或电能替代改造方案；后期在获得用户充分信任的基础上可开展竞争性售电乃至能源托管服务，为园区用户提供能源供应整体解决方案。

4. 以用户能效提升为开端，打造园区综合能源服务典型模式

园区内部不同类型用户能效提升的方式并不相同，应抓住各类用户能效提升关键点，打造不同类型用户的园区综合能源服务典型模式。针对园区大用户，开发策略为提前谋划、整体布局。初期以咨询服务的方式配合园区政府开

展区域能源规划，在园区开发建设之初即充分考虑能源配置设计、能源站选址等因素，为区域能源供应打好基础；发挥公司在电能管理方面的技术优势，为用户提供"设备全寿命周期管理＋能效提升"服务，提高设备管理水平，降低能耗。建设数字化能力，将自身业务流程数字化，从内部着手提高运营效率，进而在外部业务领域充分应用移动互联网等数字化智能设施。如借助大数据技术实现能源设备的主动维护、智能分析和智能运营等。

5. 以综合能源信息化平台为核心，打造互惠共赢的园区综合能源服务生态圈

园区级区域能源互联系统将演变成为以电为中心的连接各种能源供应与需求的系统平台。但是区域内综合能源服务是一个包罗万象的市场，开展综合能源服务并不能追求"大而全"，它尽管是"综合"服务，但也只是众多服务中的一种形式，每个企业可能只能从事这个超长产业链中的一种或几种。

应加快建设园区级区域综合能源服务"互联网＋"平台，围绕园区综合能源服务业务上下游，开放接口，构建资源整合生态矩阵，弱化竞争关系，强调利益协同，实现资本、技术、渠道、人力等多维度资源整合，建立多方共赢生态体系。开放园区平台满足各类型用户体验，成为多边关系价值网络的统领者，提供开放式接口，以方便用户在需要时与互联网公司、电信公司、插电式电动汽车网络、屋顶光伏网络等系统无缝链接，集聚内部资源，打造园区综合能源服务品牌，如"能源管家""万能管家"等；依托电网业务平台构建基于大数据的公司综合能源服务平台，为设备运行以及平台、设备、用户间的深度融合与紧密互动提供有效保障。通过园区综合能源服务，逐步汇集气、冷、热等其他能源数据，并向用户侧内部用能数据延伸。

同时，深化能源互联网企业内部资源整合与业务集成，进一步整合技术、平台、产业、集体企业等内部资源，探索将增量配电业务、市场化售电业务与园区综合能源服务业务进行集成，打造集用户用能、节能、储能、售能等需求于一体的园区级综合服务平台，提升客户服务体验和业务运营效率。在公司内部，进一步强化公司数据资产的开发应用，将"互联网＋"营销、多表合一采集的数据进行集成，开展用户画像，识别用户行为特点，挖掘园区综合能源服务业务潜力；深度融合电网、车联网、电子商务以及各类移动终端等不同渠道的数据，促进园区综合能源服务业务与公司传统主业实现资源、用户、信息共

享，构建数据生态与网络平台；聚焦电、气、冷、热等多维度数据的收集，建立健全基于用户需求的大数据分析与应用机制，对用户需求进行全方位精准分析，完善对园区综合能源服务用户的细分并建立用户数据库；形成综合用能解决方案，为用户提供从购售电、节能方案设计到设备安装、运维及融资租赁的全业务链条一站式服务，推动长链条、多环节的商业模式持续创新，提升用户需求响应能力与业务整体盈利能力；结合用户降低用能成本、减少投资、运维托管等需求，以用电业务代办、设备托管、能效诊断、电能替代等业务为切入点，创新增值服务与商业模式，为用户综合能源需求提供定制化整体解决方案和差异化的组合套餐。

7.2　园区级区域能源互联网各利益相关方及实施策略

7.2.1　园区级区域能源互联网内各主要利益方分析

园区级区域能源互联网具有传统能源生产消费的技术和运营属性，融合了新的商业模式和业态，相比于传统能源生产消费更具有战略和商业属性。主要体现在源网荷储等多个环节还未深度融合，各个环节之间的交易存在摩擦；多元、多样化带来信息传输及处理能力不足；决策分散化和信息透明化易引发主体自律性困境和信任感危机；随着子系统增加，交易平台的程序化处理机制导致交易响应速度滞后于市场需求；管理市场化导致子系统能源圈各行业价值量单位不同，各自为政，多能源互动受阻等方面。工业、商业和居民园区内相关利益方众多，不同的用户利益诉求不同，其参与互动的目标也有所差异。根据园区级区域能源互联网的电、气、热和冷耦合构成的能量流，梳理园区区域能源互联网的主要利益方，分析各利益方的利益诉求及参与方式，研究园区区域能源互联网的各利益方的耦合关系。园区级区域能源互联网的能量流如图 7-1 所示。

园区区域能源互联网存在不同的利益方，各利益方综合能源服务业务多为其主营业务的延伸。政府（园区管委会）希望通过园区区域能源互联网解决经济社会发展、税收、就业等问题，保障园区所需的充足、可靠的能源供应保

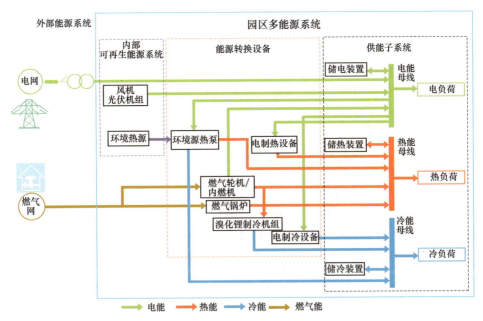

图 7-1　园区级区域能源互联网的能量流

障，保障居民用能，营造良好的招商引资环境，其中高新园区或经济开发区管委会凭借政府背景和用户资源，参与园区区域能源互联网项目。电网企业利用电网资源优势积极拓展配售电、电力运维等业务。发电企业（分布式发电）利用发电技术和资源优势开展分布式发电、售电等业务。供暖（气）公司利用燃气资源优势发展分布式天然气三联供等业务。热力公司拥有大量热用户资源以及热网优势，通过拓展自身业务范围，向综合能源服务转型。用户希望得到安全可靠的电力和冷热供应，降低用能成本。售电公司（负荷集成商）希望参与售电市场，提供负荷集成服务，逐步开拓业务范围，为大型电力用户提供内部配电网络的更新、改造以及日常维护等业务。设备公司通过设备销售拓展专业运维等业务。节能服务公司借助相关政策开展节能服务业务。互联网企业凭借信息技术和用户资源优势，从能源数据切入区域能源互联网领域。金融服务商希望通过投资、出售金融产品获取收益。

1. 政府（园区管委会）

政府为工业园区的发展提供优质的政务服务，并通过优惠政策促进工业园区的发展。工业园区的开发建设机构根据与经济发展局等经济部门共同研究、科学预测工业用地的需求状况、将工业用地划分为轻工业园区、普通工业园

区、重工业园区和工业商业园区，充分体现了环境保护、合理用地和满足特殊项目用地需要的规划目标。在基础设施配套建设上，工业园区标准高、配套设施完备，并根据各类项目和投资商的需求以租赁土地、租赁标准厂房、技需方的设计建设厂房并出租、转让土地等多种形式，非常灵活地满足投资者的各种需要，成为外来投资的有效载体。

政府希望最大化地解决 GDP、税收、就业等问题，保障园区所需的充足、可靠的能源供应保障，以营造良好的招商引资环境、保障经济社会发展。

2. 电网企业

电网企业包括传统电网公司和开展园区局域电网建设和运营的企业，为园区打造智能电网，根据分布式电源及负荷消纳地域分布特点，结合电网发展方向，适应园区分布式能源发电的接入和送出，能够实现能源资源的大范围、高效率配置。如国家电网公司、南方电网公司、地方电力公司及增量配售电公司等。园区内电网企业主要的利益诉求是通过在售电竞争环境下，加强其服务的延续性，提高销售电量，使得用户黏性更为强大。

电网公司长期深耕电力领域，具有品牌、用户、资金、营销网络、电力技术等优势，电网企业在综合能源服务市场的主要优势在于：①品牌信誉度高，已经获得政府、社会的广泛信任；②用户资源丰富，用户黏性好、忠诚度高；③资金实力雄厚，具有较充足的资金，且融资能力较强；④营销渠道完善，营销网络庞大，与电网传统业务协同效益突出；⑤电网主业实力强，掌握电网资源和电力关键技术。

3. 发电企业（分布式发电）

园区分布式电源主要包括风电、光伏、冷热电燃气三联供等企业，主要需求为接入电网方式灵活，区域电网尽可能消纳所发电力，分布式燃气希望获得低价气源，同时新能源希望获得政府财政补贴，最终企业实现高额利润。

如华能、华电、华润电力、浙能电力。2019 年 6 月 28 日，中国华电集团有限公司在京召开的综合能源服务生态圈启动会上发布了《中国华电集团有限公司综合能源服务业务行动计划》。

4. 供暖（气）公司

供暖（气）公司希望将热水、燃气通过园区健全的管廊安全输送至用户侧，希望用户用能稳定，同时希望参与到园区的能源管理。

该类用户主要从事余气余热销售，一方面增加销售收入，另一方面减轻其生产中冷凝环节成本。受制于技术条件限制，其供应范围距离较短，但交易规模体量较大，如华润、新奥、五大发电集团。

5. 热力公司

热力公司以供暖服务、供热设施的维护和管理为主营业务，通过供热厂、供热管网等向居民用户、工商业用户供热，拥有大量热用户资源以及热网优势，通过拓展自身业务范围，向综合能源服务转型。

如北京热力集团有限责任公司与国网节能服务公司成立了清洁能源供热合资公司，加快实施北京科利源清洁供暖示范项目。

6. 用户（业主）

园区的主要用能用户希望根据自己的用电量、用热量、负荷特性等，获得安全可靠的电力和冷热供应，减少备用容量费，降低用能价格及企业生产用能成本，提高其产品市场竞争力。

(1) 从长期看，园区和用户存在能源服务需求，包括对清洁低碳、高效经济、安全可靠、智慧互动能源供应与消费的服务需求，这是国家能源革命落地，实现城市经济、社会、环境可持续发展的必然要求。受经济增速放缓、电力现货市场建设、辅助服务市场建设、可再生能源比重增加等外部环境影响，用户越来越需要在能源服务企业帮助下降低能源费用，并提升能源系统的智慧性、可靠性和可恢复性等。

(2) 从当前看，用户希望降低用能成本、提高能源供应可靠性，希望满足政府出台的节能、减煤、环保等政策要求。

7. 售电公司（负荷集成商）

售电公司作为电力用户的直接供电服务机构，可以逐步开拓业务范围，为大型电力用户提供内部配电网络的更新、改造以及日常维护等业务，进而探索新的盈利途径。负荷集成商希望将园区内具备需求响应能力的电力用户集中在一起，进行购电策略优化并作为整体参与需求响应，获得一定的服务费用。负荷集成商通过需求响应潜力挖掘，保障负荷有效调整，促进了需求响应工作的高效、可靠开展。

8. 设备公司

设备公司希望园区内相关综合能源利益方购买自己的设备，通过提供运行

维护相关服务，最大化自己的利润。如北京大兴国际机场区域能源互联网系统中，美的中央空调为其提供绿色节能的定制化暖通空调解决方案，充分利用浅层地热、烟气余热以及污水废热等可再生能源，实现冬季供暖和夏季制冷；大兴国际机场分布式光伏发电项目全部采用协鑫集成铸锭单晶高效光伏组件，这也是铸锭单晶组件首次应用在机场项目之中。

设备制造单位主营业务主要包括电力设备制造、光伏面板与配套设备制造两个行业。由于设备制造单位掌握设备生产技术，其优势集中在售后设备运维管理、设备节能技术升级方面，如协鑫集团。

9. 节能服务公司

节能服务公司通过为园区用户提供用能状况诊断、节能项目设计、融资、改造（施工、设备安装、调试）、运行管理等服务，获取利润。节能服务公司可通过与愿意进行节能改造的用户签订节能服务合同，为用户的节能项目提供包括节能诊断、融资、节能项目设计、原材料和设备采购、施工、调试、监测、培训、运行管理等的特色性服务，通过节能项目实施后产生的节能效益来赢利和滚动发展，主要涉及的行业几乎涵盖全部工业、事业、机关及其他机构。

节能（环保）企业主营业务主要包括能耗监控、设备节能改造、储能、分布式光伏设计安装、环保设备技术推广等5个方面业务。该类企业优势在实际操作经验具有较多积累，对新技术能力与应用有着较高转化能力，如中国节能环保集团。

10. 互联网企业

互联网企业通过为园区综合能源服务商及用户提供互联网技术服务，建立、保持与用户之间长期的互动关系，获取利润。互联网企业由于在软件系统开发集成、大数据的分析与应用等方面有较强的优势，其从事业务主要集中在用能系统监控与开发，如阿里巴巴。

区域能源互联网具有强烈的"互联网＋"特征。"互联网＋"综合能源服务平台已经成为能源互联网企业的常规工具，通过将用户数据接入互联网平台，线上线下结合起来为用户提供服务。互联网平台有三大优点：①用户信息流通、开发新应用、提供个性服务的边际成本大幅降低，市场调研、设计开发、销售推广、运维的交易成本降低；②有利于提高用户黏性，吸引用户的高

频次访问，建立、保持与用户之间长期的互动关系，赢得用户对企业的强烈认同甚至偏爱；③当积累一定数量的数据后，数据资源可以促进开发出新的产品服务和新的商业价值。

由于用户信息流通、服务开发、服务推送、服务交流带来的边际成本降低，"互联网＋"为区域能源互联网带来更有效的规模化发展能力。互联网平台以及"云大物移智"技术与综合能源服务融合，有利于加速区域能源互联网的规模化、智能化、精准化、实时化，为用户实时在线提供更多更满意的服务，加强与用户的连接互动，提升用户黏性。

11. 金融服务商

金融服务商希望通过投资、出售金融产品获取收益，为园区内其他利益方提供金融解决方案。此外，设备供应商、房地产开发商、节能服务公司、工程建设公司、用户等都可以采取独立投资或合作投资的方式，其各自的权责也因融资方式不同而有别，而均依靠分享分布式能源的节能收益回收投资。

综上，通过优劣势对比，电网公司具有"电""网"双资源，燃气公司和发电公司掌握气源或电源，互联网公司具有网络资源，将成为区域能源互联网市场中最有力的竞争者。主要竞争者对比分析见表7-1。

7.2.2 园区级区域能源互联网内各利益方的利益诉求分析

总体而言，各类能源企业希望开拓园区区域能源互联网服务市场，通过区域能源互联网的方式与终端用户和园区建立长期的服务关系。通过发展区域能源互联网服务增强用户黏性，一方面可以拓展新的营收来源，另一方面可以助力主业发展，如提升集团品牌影响力，促进消纳所生产的能源，增加装备的定价能力等。

表 7-1　　　　　　　　主要竞争者对比分析

类型	特殊资源/能力	优势业务	市场地位	竞争对手
供暖（气）公司	天然气资源、天然气管道/冷热电三联供技术实力强	当前：天然气三联供； 未来：园区/建筑能源一体化供应	当前：主导者； 未来：重要参与者	当前：发电公司为主； 未来：发电公司、电网企业

类型	特殊资源/能力	优势业务	市场地位	竞争对手
发电企业	发电供热资产/发电供热技术实力强	当前：分布式发电、增量配售电、天然气三联供； 未来：园区/建筑能源一体化供应	当前：重要参与者； 未来：重要参与者	当前：电网企业、供暖（气）公司； 未来：供暖（气）公司、电网企业
电网企业	电网资产和用户资源/电力相关技术	当前：配网节能、电力运维、售电等电力相关业务； 未来：园区/建筑能源一体化供应、平台型业务	当前：主导者； 未来：重要参与者或主导者	当前：发电企业； 未来：供暖（气）公司、发电企业、地方能投、互联网企业
互联网企业	网络资源和用户资源/信息技术	当前：无； 未来：平台型业务	当前：无； 未来：或主导者，或普通参与者	当前：无； 未来：电网企业

在工商业和居民场景下园区区域能源互联网服务中，在外部电网和燃气网的支撑下，围绕着电、气、热、冷等能源形式进行能源系统规划和设计。电能、热能和天然气各自具备不同的特性和优缺点。电能的优点是品质高、标准化，缺点是柔性不够（供需平衡要求高）、难以存储。热能的优点是灵活性好，适合存储、具有较好的惯性，具有实现多能实时互补、互济的先天优势，与电配合时，可以提升电的灵活性；缺点是品质差别很大，高品质的可以发电，中上品质的可以提供工业蒸汽，中下品质的可以制冷/热，最差的提供生活热水。天然气可通过冷热电三联供（Combined Cooling, Heating and Power, CCHP）、可再生能源发电技术（P2G）等与冷、热、电、氢等能源灵活转换，相比热能，又具有远距离传输的优势。

针对园区区域能源互联网系统内各利益方的利益诉求，将以阐述利益相关方间服务流（能量流、信息流）、资金流交换关系的维度展开分析。对于服务流，将综合能源系统内的各参与方分为能源及相关服务供应者和使用者，阐述供需双方的服务内容并分析不同运营模式下各参与方之间的服务流向。对于资金流，区域能源互联网系统发生的交易在用户、综合能源系统运营商及外部能

源市场之间开展，以此为基础针对资金流向进行分析。

本节分别以工商业和居民场景，对应不同的用户需求和用能环境，分析园区级区域能源互联网中各利益方的利益诉求分析及参与方式。

1. 工商业场景下各利益方的利益诉求分析及参与方式

工商业园区场景是区域能源互联网的研究重点领域。工业园区的特点是电量大，是各参与主体关注争夺的重点，工业园区区域能源互联网服务侧重于节能，能源服务一般有自己的部门或团队，与金融服务联系较为密切，是政府招商引资的重要关注点。相比于工业园区，商业园区能源价格最高，主要诉求为降低用能成本，冷热电耦合强，对增值服务要求高，能源服务一般外包（如设备租赁等）。

目前国内推行的产业园区大多强调同类产业的集群效应。国内典型产业园区重点发展产业包括装备制造业、石化精炼、制浆造纸、电力产业、有色产业、烟酒产业、钢铁冶金产业、建材产业、煤炭产业、医药、食品加工、旅游商品特色产业、污水处理以及电子信息、新材料、生物技术、节能环保、新能源等新兴产业。根据产业园区产业规划布局，园区中产业大致可归类为离散制造业、过程工业和新兴研发产业 3 种类型。

与居民用热相比，工业供热集中度较低，以较为分散的供热形式为主。一般分布在工业园区内部或周边，经营模式包括用热企业独立经营、园区统一运营以及第三方供热等。因地制宜开展工业集中供暖是未来主要发展方向。长三角、珠三角当地政府亦出台措施，鼓励工业园区内采取集中供暖等方式来满足工业热力需求。

商业园区场景中，用户能源价格较高、能源需求巨大、用能形式丰富，能够取得较好的经济、环境、社会效益。此外，商业园区为建筑能源消耗的高密度领域，空调、给排水、照明的能耗要占到建筑运行能耗的 70%，节能空间巨大。

总体来看，各类园区和公共建筑是我国未来一段时期适合开展区域能源互联网服务的重点对象。这类用户能源价格较高、能源需求巨大、用能形式丰富，能够取得较好的经济、环境、社会效益。

值得关注的是，随着移动互联网、云计算和大数据业务的迅猛发展，全球数据中心的建设步伐正在加快。与此同时，数据中心的节能降耗问题也进一步凸显。目前数据中心的后期运营，能耗是最大成本，占比超过 50%。在国家政

策的引导下，当下建设超大型数据中心成为发展趋势。据统计，我国数据中心数量规划建设总体增长率为 26.6%，其中超大型数据中心增长率达到 250%，约占总增长数量的 9%。超大型数据中心机架数占比 2018 年从 11% 增至 25%，增速高达 352%。因此，未来数据中心的节能降耗将是重点，也是未来区域能源互联网服务的重要服务对象。

在综合考虑政策环境、经济水平、能源禀赋、用能负荷、用能结构、用能稳定性等因素的基础上，针对各类用能行业和不同用户，以能源互联网、智慧能源和多能互补为发展方向，以"大云物移智"、互动服务为支撑手段，构建以电为中心、智慧应用的新型能源消费市场，为用户提供多元化的区域能源互联网服务。综合能源服务涉及的业务非常广泛。各企业要根据自身优势和特点，有选择地布局相关业务。区域能源互联网的市场潜力及发展趋势是重点拓展新能源发电、能源综合利用、节能服务、储能、电动汽车及充电桩、"能源互联网＋"服务、能源金融服务等七大业务方向。

工商业场景下园区区域能源互联网服务的服务流和资金流如图 7-2 所示。

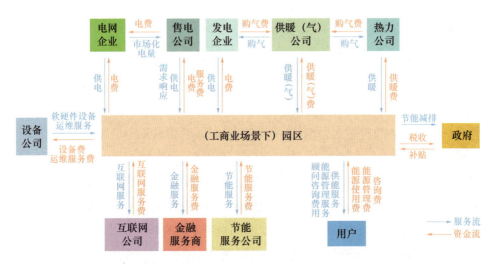

图 7-2　工商业场景下园区区域能源互联网服务的服务流和资金流

（1）政府（园区管委会）。

1）诉求分析。政府希望依托工商业园区，促进消费，解决税收、就业等问题，提高 GDP，并获得环保节能的社会效益与降低能源成本的经济效益。保障园区所需的充足、可靠的能源供应保障，以营造良好的招商引资环境、保障

经济社会发展。

2）参与方式。政府为工商业园区的发展提供优质的政务服务，并通过优惠政策促进工业园区的发展。

a. 对于工业园区，工业园区的开发建设机构与经济发展局等经济部门共同研究，科学预测工业用地的需求状况，将工业用地划分为轻工业园区、普通工业园区、重工业园区和工业商业园区，充分体现了环境保护、合理用地和满足特殊项目用地需要的规划目标。在基础设施配套建设上，工业园区标准高、配套设施完备，以租赁土地、租赁标准厂房、按需方厂房的设计建设并出租、转让土地等多种形式，非常灵活地满足投资者的各种需要，成为外来投资的有效载体。

b. 对于商业园区，一方面，政府通过保障园区所需的充足、可靠的能源供应，以营造良好的招商引资环境，满足投资者的各种需要，成为外来投资的有效载体；另一方面，政府希望通过借鉴传统绿色生态发展模式，结合土地利用、交通衔接、生态环境等多方面条件，形成了一套具有自身特色的商业示范工程。

（2）电网企业。电网企业包括传统电网公司和开展园区局域电网建设和运营的企业。为园区打造智能电网，根据分布式电源及负荷消纳地域分布特点，结合电网发展方向，适应园区分布式能源发电的接入和送出，能够实现能源资源的大范围、高效率配置。

1）诉求分析。园区内电网企业主要的利益诉求是通过电能替代增供扩销，参与竞争性售电市场，获得用户资源，加强其服务的延续性，提高销售电量，使得用户黏性更为强大。

2）参与方式。电网企业主要从事电网运营业务，负责电网系统安全，无歧视地向售电主体及其用户提供报装、计量、抄表、维修等各类供电服务，按约定履行保底供应商义务，确保无议价能力用户也有电可用。电网企业可提供电能替代服务以增供扩销，提高输配电价部分的电费收益。电网企业旗下的综合能源服务公司和节能服务公司等可通过参与竞争性售电市场，从竞争性售电市场中赚取收益。电网企业旗下的电动汽车公司可提供电动汽车充电桩充放电服务。

（3）发电企业（分布式发电）。

1）诉求分析。园区分布式电源主要包括风电、光伏、冷热电三联供等企业，主要需求为接入电网方式灵活，区域电网尽可能消纳所发电力。发电企业希望抢占分布式发电市场份额获取收益和政府财政补贴；分布式燃气希望获得低价气源；新能源希望获得政府财政补贴，最终企业实现高额利润。通过旗下售电公司代理用户参与电力市场，收取售电服务费用，降低偏差考核费用。

2）参与方式。发电企业通过园区内风电、光伏、冷热电燃气三联供等分布式电源为园区提供电力，也可成立售电公司代理商业用户。

（4）供暖（气）公司。

1）诉求分析。供暖公司希望抢占供暖用户，希望用户用能稳定，提高供暖和售气收益，同时希望参与到园区的能源管理。

2）参与方式。供暖（气）公司通过园区健全的管廊，安全输送至用户侧，并向发电企业和热力公司售气。

（5）热力公司。

1）诉求分析。通过拓展自身业务范围，向综合能源服务转型，获取利润。

2）参与方式。热力公司以供暖服务、供热设施的维护和管理为主营业务，通过供热厂、供热管网等向居民用户、工商业用户供热，拥有大量热用户资源以及热网优势。如北京热力集团有限责任公司与国网节能服务公司成立了清洁能源供热合资公司，加快实施北京科利源清洁供暖示范项目。

（6）用户（业主）。

1）诉求分析。园区的主要用能用户希望根据自己的用电量、用热量、负荷特性等，安全可靠的电力和冷热供应，减少备用容量费，得到低的用能价格，降低企业生产用电、用气、供冷、供热成本，提高其产品市场竞争力。

a. 从长期看，园区和用户存在能源服务需求，包括对清洁低碳、高效经济、安全可靠、智慧互动能源供应与消费的服务需求，这是国家能源革命落地，实现城市经济、社会、环境可持续发展的必然要求。受经济增速放缓、电力现货市场建设、辅助服务市场建设、可再生能源比重增加等外部环境影响，用户越来越需要在能源服务企业帮助下降低能源费用，并提升能源系统的智慧性、可靠性和可恢复性等。

b. 从当前看，用户希望降低用能成本、提高能源供应可靠性，希望满足政

府出台的节能、减煤、环保等政策要求。

2）参与方式。通过选择接受节能服务公司、负荷聚合商等节能优化服务，降低能源费用，并提升能源系统的智慧性、可靠性和可恢复性等。

（7）售电公司（负荷集成商）。

1）诉求分析。售电市场开放后，售电公司作为电力用户的直接供电服务机构，可以逐步开拓业务范围，为大型电力用户提供内部配电网络的更新、改造以及日常维护等业务，进而探索新的盈利途径。负荷集成商希望将园区内具备需求响应能力的工业电力用户集中在一起，对外以独立整体的形式参与多个能源市场（如进行购电策略优化并作为整体参与需求响应），获得一定的服务费用；对内以独立公平的运营者角色管理和分配这些聚合资源。负荷集成商通过促进了需求响应潜力挖掘，保障负荷有效调整，促进需求响应工作的高效、可靠开展。

2）参与方式。

a. 参与电力市场交易，进行竞价上网（作为售电公司参与电力市场）。

b. 售电公司在电力市场中购电，在售电市场中为商业用户提供供电套餐及售热、多能联供、能源交易等服务。

c. 作为虚拟电厂运营商考虑区域内不同电力用户的负荷特性，设置不同的销售组合，以便在市场竞价中获取盈利。

d. 为用户提供定制化的能效管理，用户因此产生的节能效益可与运营商共享。

e. 整合各类 DER 作为售电主体参与辅助服务市场、实时市场等电力交易，在参与市场交易获得收益后，可根据各类主体对调峰能力、需求响应的贡献度来公平分配利润。

f. 通过树立品牌形象、挖掘数据资产、增强用户黏性等手段获取企业无形价值。

g. 售电市场开放后，售电机构作为电力用户的直接供电服务机构，可以逐步开拓业务范围，为大型电力用户提供内部配电网络的更新、改造以及日常维护等业务，进而探索新的盈利途径。

（8）设备公司。

1）诉求分析。设备公司希望园区内相关综合能源利益方购买自己的设备，

通过提供运行维护相关服务，最大化自己的利润。

2）参与方式。如北京大兴国际机场区域能源互联网的综合服务系统中，美的中央空调为其提供绿色节能的定制化暖通空调解决方案，充分利用浅层地热、烟气余热以及污水废热等可再生能源，实现冬季供暖和夏季制冷；大兴国际机场分布式光伏发电项目全部采用协鑫集成铸锭单晶高效光伏组件，这也是铸锭单晶组件首次应用在机场项目之中。

（9）综合能源服务公司。

1）诉求分析。节能服务公司通过为园区用户提供用能状况诊断、节能项目设计、融资、改造（施工、设备安装、调试）、运行管理等服务，获取利润。

2）参与方式。节能服务公司可通过与愿意进行节能改造的用户签订节能服务合同，为用户的节能项目提供包括节能诊断、融资、节能项目设计、原材料和设备采购、施工、调试、监测、培训、运行管理等的特色性服务，通过节能项目实施后产生的节能效益来赢利和滚动发展，主要涉及的行业几乎涵盖全部工业、事业、机关及其他机构。

（10）互联网企业。

1）诉求分析。互联网企业通过为园区综合能源服务商及工业用户提供互联网技术服务，建立、保持与用户之间长期的互动关系，获取利润。

2）参与方式。

a. 发电功率预测业务，采用大数据技术为风电场、光伏电站预测精确的发电输出，并提前预知台风暴雨等气象灾害，帮助运营商更完善地了解与掌握光伏、风电系统的发电效率，实现对各可再生能源系统的有序管理。

b. 负荷预测业务，用户用能习惯具有差异性，因此对区域内各类用电负荷的准确预测是提供个性化服务的关键因素。另外，对用户负荷准确预测直接影响虚拟电厂参与市场交易的报价和电量。

c. 数据管理与电力交易业务，利用计算机硬件和软件技术对用户基本信息、各节点用能状态、市场交易信息等数据进行有效的收集、存储、处理和应用，可为企业梳理业务脉络、展现业务全景、获得用户行为画像。

d. 互联网售电业务，如建立售电市场的比价网站（Price Comparison Websites），供用户选择套餐及更换售电商服务。比价网站向用户提供的所有服务都是免费的，盈利主要来自有商业合作的售电公司/商家所支付的佣金，目

标用户群为互联网用户。比价网站与售电公司/商家的合作模式为：用户通过比价网更换售电公司/商家，若该售电公司/商家是与网站有合作关系的，则按照协议支付一定佣金。比价网站的业务范围可包括电力、天然气、热、水甚至固话、宽带、保险、贷款等，独立于任何售电企业。

（11）金融服务商。

1）诉求分析。金融服务商希望通过投资、出售金融产品获取收益，为园区内其他利益方提供金融解决方案。

2）参与方式。通过投资、出售金融产品获取收益，为园区内其他利益方提供金融解决方案。

2. 居民场景下各利益方的利益诉求分析及参与方式

相比于工商业园区，居民园区电价低，政府的诉求是对居民有保障，电网公司的诉求是希望居民用户曲线好，减少输电资源（如变压器容量）。居民用户希望区域能源互联网服务主体能够提供个性化用能服务和智能解决方案（如根据是否在家的情况进行供暖，降低供暖费用）。

在居民供电方面，居民用户为保障性购电用户，执行政府设置的目录电价，不参与电力市场和售电市场。随着阶梯电价和峰谷电价的推行，居民用户将获得更多的激励，使其改变用电行为，对用电成本将更加敏感；用户希望获得更加及时准确的用电信息，也对电网公司的服务水平提出了更高要求；提高能效和环保将逐渐成为需求侧用电行为的重要考虑因素。对于居民用户，应更加注重智慧家庭能效管理，提供用户的智能用电、用能体验，并通过自动需求侧响应实现削峰填谷。

在居民供热方面，居民供热主要是供暖，居民集中供暖需求刚性，且相对规律、稳定，清洁供暖市场潜力巨大。我国冬季供暖需求较迫切的居民主要集中在北方地区，大部分采取在工业生产区域、城市居民集聚区域内建设集中热源的集中供暖方式。2018 年我国北方地区清洁取暖比例约 46%，根据《北方地区冬季清洁取暖规划（2017—2021）》要求，到 2020 年，"2+26"重点城市的城市城区全部实现清洁供暖，县城和城乡接合部清洁取暖率达到 80%以上，市场空间巨大。

居民场景下园区级区域能源互联网服务的服务流和资金流如图 7-3 所示。

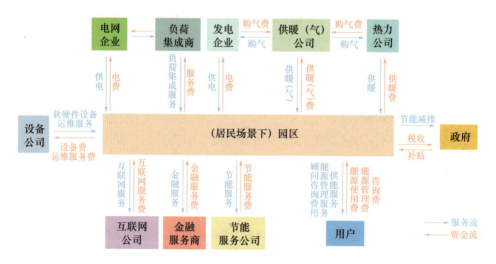

图 7-3　居民场景下园区级区域能源互联网服务的服务流和资金流

（1）政府（园区管委会）。

1）诉求分析。政府希望依托居民园区，促进消费，提升居住质量，打造节能小区，并获得环保节能的社会效益与降低能源成本的经济效益。

2）参与方式。政府为居民园区的发展提供优质的政务服务，通过完善相关配套设施完备，灵活地满足居民用户的各种需要，成为外来投资的有效载体。

（2）电网企业。

1）诉求分析。电网企业主要的利益诉求是希望通过电能替代增供扩销，提高销售电量，提高居民用户用电服务满意度。

2）参与方式。电网企业可提供电能替代服务以增供扩销，提高电费收益。电网企业旗下的电动汽车公司可提供电动汽车充电桩充放电服务，获取服务费用。

（3）发电企业。

1）诉求分析。发电企业希望抢占分布式发电市场份额获取收益和政府财政补贴；分布式燃气希望获得低价气源，同时新能源希望获得政府财政补贴，最终企业实现高额利润。

2）参与方式。发电企业通过园区内风电、光伏、冷热电燃气三联供等分布式电源为园区提供电力，也可成立负荷聚合商聚合居民用电，降低居民用户

由阶梯电价和分时电价带来的购电成本。

（4）供暖（气）公司。

1）诉求分析。供暖公司希望抢占供暖用户，希望用户用能稳定，提高供暖和售气收益，同时希望参与到园区的能源管理。

2）参与方式。供暖（气）公司通过园区健全的管廊，安全输送至用户侧，并向发电企业和热力公司售气。

（5）热力公司。

1）诉求分析。通过拓展自身业务范围，向区域综合能源服务转型，获取利润。

2）参与方式。热力公司以供暖服务、供热设施的维护和管理为主营业务，通过供热厂、供热管网等向居民用户供热。

（6）用户（业主）。

1）诉求分析。居民用户希望能够通过节能优化降低用能成本，提升家庭用能体验。

2）参与方式。通过选择接受节能服务公司、负荷聚合商等节能优化服务，降低能源费用，并提升能源系统的智慧性、可靠性和可恢复性等。

（7）负荷集成商。在居民场景中，由于居民用电为优先购电，由电网公司进行保障。故居民场景中负荷集成商诉求和参与方式与工业、商业场景有所不同。

1）诉求分析。希望将园区内具备需求响应能力的居民电力用户集中在一起，作为整体参与需求响应，获得一定的服务费用。

2）参与方式。根据不同地区分时电价和阶梯电价政策，为居民用户提供需求响应服务。

（8）设备公司。

1）诉求分析。设备公司希望园区内居民用户或其他综合能源服务商购买自己的设备，通过提供运行维护相关服务，最大化自己的利润。

2）参与方式。向园区内居民用户或其他综合能源服务商出售设备，提供运行维护相关服务。

（9）节能服务公司。

1）诉求分析。节能服务公司通过为园区用户提供用能状况诊断、节能项

目设计、融资、改造（施工、设备安装、调试）、运行管理等服务，获取利润。

2）参与方式。节能服务公司可通过与愿意进行节能改造的用户签订节能服务合同，为用户的节能项目提供包括节能诊断、融资、节能项目设计、原材料和设备采购、施工、调试、监测、培训、运行管理等的特色性服务，通过节能项目实施后产生的节能效益来赢利和滚动发展，主要涉及的行业几乎涵盖全部工业、事业、机关及其他机构。

（10）互联网企业。

1）诉求分析。互联网企业通过为园区居民用户提供互联网技术服务，建立、保持与用户之间长期的互动关系，获取利润。

2）参与方式。为居民用户提供基于大数据的智慧用能服务，提升家庭用能体验。

（11）金融服务商。

1）诉求分析。金融服务商希望通过投资、出售金融产品获取收益，为园区内其他利益方提供金融解决方案。

2）参与方式。通过投资、出售金融产品获取收益，为园区内其他利益方提供金融解决方案。如在政府补贴的基础上，金融服务商参与居民用户的分布式光伏建设，获取相应收益。

7.2.3 园区级区域能源互联网内各利益方的耦合关系研究

1. 工商业场景下各利益方的耦合关系

（1）工商业场景下售电竞争耦合关系。电网企业、售电公司和发电企业之间相互竞争，争夺用户。在用电需求方面，工业园区内的大用户可选择从电网企业、售电公司和发电企业购电。依照发用电计划放开程度选择不同的购电方式，对于发用电计划未放开的工业用户，从电网企业中以标杆电价进行购电；对于发用电计划放开且选择参与市场的工业用户，可直接参与电力市场中长期及现货交易，或参与售电市场从售电公司买电；对于发用电计划放开但暂未选择参与市场的工业用户，从电网企业中以标杆电价进行购电。此外，用户也可选择与园区内发电企业旗下的风电、光伏、燃气机组等分布式发电进行直接交易。

1）不参与市场、市场化购电和分布式发电等供电方式间的竞争。

a. 对于电网企业而言，可从未参与市场的工业用户中直接获得购售价差收益，也可在竞争性市场领域获得输配价差收益。相对而言，输配价差收益与输配价差核定及过网电量有关，在园区区域能源互联网的用电负荷在一定情况下的调整空间不大。在购售价差收益方面，主要由优先购售电种类有关，一般而言，当优先购电对应的标杆电价较高（如工业、商业用户），且与之匹配的优先发电标杆电价较低（与具体省份风电、光伏和火电机组标杆电价有关）时，购售价差收益较大。在园区综合能源服务中，由于优先购电已经在输电网中确定，故电网公司需要在与售电公司和发电企业的业务竞争中，通过专业的服务优势，代理暂不选择参与市场的用户，并为部分用户提供保底供电服务。

b. 对于园区分布式发电企业而言，可利用分布式发电相关政策，与园区内大用户签订直供协议，直接锁定部分大用户。

c. 对于售电公司而言，可直接参与竞争性售电业务，通过提供比目录电价低的用电套餐，从工业用户获取收益。负荷集成商希望将园区内具备需求响应能力的工业电力用户集中在一起，对外以独立整体的形式参与多个能源市场（如进行购电策略优化并作为整体参与需求响应），获得一定的服务费用。

2）不同售电主体参与竞争性售电业务间的竞争。依照《江苏省有序放开发用电计划工作方案》（苏经信电力〔2017〕916 号）有关要求，放开除保障性用电用户以外的 10kV 及以上电压等级所有工、商业用户的用电计划。发用电计划放开后，市场化电量激增，电网企业、发电企业和售电公司均会参与竞争性售电业务。电网公司也可以通过旗下综合能源公司参与售电市场业务，与发电企业旗下售电公司、民营售电公司进行竞争。从售电公司运营现有经验来看，发电企业旗下的售电公司竞争力相对较强，电网公司旗下的售电公司竞争力较弱。

（2）工商业场景下供热竞争耦合关系。产业园区和公共建筑，是我国未来一段时期适合开展区域能源互联网服务的重点对象。这类用户能源价格较高、能源需求巨大、用能形式丰富，能够取得较好的经济、环境、社会效益。据统计，国内工业热力需求约占热力总需求的 70%，大约 5 亿吨燃煤。具体主要与应用的工业领域有关，没有明显的季节或地域性差异。

1）供热竞争参与主体。相比于工商业园区内的售电竞争，供热竞争由于参与主体种类更多，供热竞争耦合关系更加复杂。传统热力公司通过供热厂、

供热管网等向工商业园区内的用户供热，拥有大量热用户资源以及热网优势；供暖（气）公司通过园区内的燃煤锅炉、燃气锅炉向工商业园区内的用户供热；电网企业、发电企业甚至售电公司、节能服务公司均可通过电采暖、分布式冷热电联产系统等提供供热服务；"煤改电""煤改气"等相关政策为电力企业和燃气企业进军园区供热服务提供了新的机遇。目前，区域能源互联网服务的经济性还较差，主要为示范项目，真正商业化的项目尚未出现，而区域能源互联网服务从项目孵化到商业化至少要经历5～10年的培育期。因此，短期内热力公司、供暖（气）公司等传统供热企业仍然是存量园区供热市场的主导者。但长期来看，尤其是对于新建园区的供热市场，由于区域能源互联网服务涉及的业务种类繁多，囊括增量配电网项目、微电网项目、生物质热电联产项目、工业余热、能源互联网项目、多能互补项目、综合能源服务等项目，而这些项目基本都覆盖供热领域，待市场相对成熟时将对工业供热领域产生较大冲击。电网企业、发电企业、售电公司、节能服务公司等进军区域能源互联网服务的企业必然将挤占传统供暖（气）公司、热力公司等的供热市场空间，并且将成为传统供热企业非常强劲的对手。

2）工业热力供应现状。我国工业热力供应存在生产工艺相对落后、产业结构不合理等现象，主要工业产品单位能耗平均比国际先进水平高出30％。鉴于工业热力市场占比较大，工业锅炉"量大、容量小、燃煤为主"的特点，淘汰工业小锅炉、开展工业集中供热将是热力行业未来的主要发展方向之一。与此同时，随着国家产业升级政策推进，各地工业园区化的趋势愈加明显，长三角、珠三角当地政府亦出台措施，鼓励工业园区内采取集中供暖等方式来满足工业热力需求。相比于居民用热，工业用户用热量大，价格敏感性高，是相关企业进军综合能源服务企业的最佳选择，但由于工业用热要求精度高，诸如对热蒸汽的温度、压力、流量、干度要求很高，作为初步转型区域能源互联网服务的企业而言，盲目介入亏损的概率较大，需要在热领域有一定的沉淀和积累，再择机进入。

3）用户资源。从用户的角度分析，电网企业、燃气企业、供水企业都拥有无比庞大的用户资源。尤其是电网企业的触角遍布全国各省、各区县、各乡镇、各村落，任何一个企业或居民都是电网企业的用户，具备其他竞争对手难以企及的天然用户黏性，仅江苏就4100多万用户、浙江省2400万用户。供暖（气）公

司同样具有相对较大的用户资源，而且具备天然气热电联产、天然气分布式等运营经验，本身已经占据一定的供热市场，开展综合能源服务将进一步拓展其供热市场的开发空间。基于此，电力及供暖（气）等企业进军区域能源互联网服务必将对供热市场产生一定的冲击，特别是增量供热市场。在清洁供暖的方式上，将从单一能源向多种能源以及多种方式互补的方面转变。短期来看，对清洁供暖市场产生直接冲击；长期来看，将对工业供热领域产生较大冲击，尤其是新建产业园区的供热市场。

4）传统热力公司的转型。传统热力公司希望利用自身拥有大量热用户资源以及热网优势，积极拓展自身业务范围，主动向区域能源互联网服务转型。传统热力公司通过布局地热、生物质、工业余热等进入清洁能源供暖市场，抢占供暖增量市场。传统热力公司企业可在供热系统的建设上，积极发展智慧供热技术。通过网络平台实时监控和调度供暖区内交换站运行，依据用户状态信息、室内外温度乃至气候等因素自动完成室内温度调控，实现供暖智能化，从而保持原有供热市场地位。传统热力公司可主动寻求与供电、供气企业合作，共同探索综合能源服务市场。

2. 居民场景下各利益方的耦合关系

（1）居民场景下供电竞争耦合关系。相比于工商业场景，居民场景下供电竞争耦合关系较为简单，按照《国家发展改革委关于全面放开经营性电力用户发用电计划的通知》（发改运行〔2019〕1105号）相关要求，不同于大工业和一般工商业等经营性电力用户，居民用电属于保障性优先购电，由电网公司按照居民目录电价进行供电并提供供电服务。除电网公司外，负荷集成商和节能服务公司可在电网公司统购统销的基础上为居民用户提供的用电优化服务、个性化用能服务和智能解决方案等。居民场景下园区的供电竞争主要存在于电网公司、负荷集成商和节能服务公司之间的用电服务竞争。

（2）居民场景下供热竞争耦合关系。民用热能包括取暖需求和生活热水需求，主要是取暖需求。2016年，我国北方地区城乡建筑取暖总面积约206亿 m^2。城镇建筑取暖面积141亿 m^2，农村建筑取暖面积65亿 m^2。"2+26"城市·城乡建筑取暖面积约50亿 m^2。

1）清洁供暖。尽管综合能源服务的主战场是工业领域，但由于当前综合能源服务的经济性尚未显现，而清洁供暖在政策驱动下，加上中央及地方财政

支持，供热领域的盈利模式稳健，因此民用供热的清洁取暖领域将是进军综合能源服务企业率先攻占的目标市场。同时，"煤改气"和"煤改电"政策的推行对传统供热企业带来了强烈冲击。截至目前，进军综合能源服务的电力及燃气等企业对供热企业的冲击已经开始显现。然而，清洁供暖成本普遍高于普通燃煤供暖成本，尤其是"煤改电""煤改气"在取消补贴的情况下，具有不可持续性，很难同时保证清洁供暖企业盈利且用户可承受。根据中国煤控课题项目组调研数据，"煤改气"成本约为散煤的 3 倍，"煤改电"成本约为散煤的 4 倍。生物质能虽然较其他清洁供暖市场潜力大，但没有大型企业主导，短期内难以爆发。因此，进军区域能源互联网服务的企业在短期内会迅速抢占电供暖和天然气供暖市场，补贴期过后，可能对清洁供暖市场的热情将退温。

2）地热供暖。根据中石化数据，目前地热在没有补贴的情况下，具备营利性，前景相对看好。

3）工业余热供暖。工业低品位余热供暖的热源成本远低于燃煤和天然气供暖，在经济和技术上均具有较好的可行性，前景也相对较好。

7.3　同里新能源小镇示范项目

7.3.1　地区概述

同里位于江苏省吴江市东部，地处太湖沿岸，大运河畔。东临昆山市周庄、锦溪镇，南接吴江临沪经济开发区，西与吴江经济开发区交界，北与吴中区车坊镇相连。网状河流将镇区分割为 7 座小岛，行政区划 176km²。根据规划，苏州市政府将以同里湖为中心，按照"左岸历史、右岸未来"的发展思路，在湖东建设同里新能源小镇，如图 7-4 所示。

1. 城镇发展规划

遵循城乡统筹、合理布局、节约土地、集约发展和先规划后建设的原则，改善生态环境，促进资源、能源节约和综合利用。

2. 经济发展现状

2016 年，同里地区生产总值上千亿元，同比增长 6.5％。能源消费主要以煤炭为主，规模以上工业生产能源消费 28.5 万吨标煤，规模以上工业产值能

图7-4　同里新能源小镇

耗0.0235吨标煤/万元。经济的发展为能源变革提供稳定经济基础的同时，能源消耗总量大的特点也展现了能源变革的必要性。

3. 电力发展现状

同里地区无大型电厂，电力供应主要来自上级电网，区域内供电可靠率99.72%。为能源变革奠定了坚实的电力基础。

7.3.2 能源禀赋分析

1. 可再生能源潜力分析

（1）太阳能。考虑区域内建筑物众多，光照资源主要通过敷设屋顶光伏来收集，根据区域地块面积估算，约有100000m²的屋顶资源可利用，可安装光伏资源约2000kW，并且在空旷处，碟式光热发电也是一种利用形式。

（2）风能。规划区域位于同里湖东岸，湖岸沿线风速稳定、风力流畅且没有高大建筑遮挡，因此风力资源主要分布在启动区沿湖地带。考虑到吴江地区全年平均风速较低，年平均风速3.4m/s，常年主导风向为东南风。土地资源紧张，不具备建设大型风机的风况条件，可沿湖安装低速风机或沿风光带安装多能照明。

（3）地热。规划区域内以商业办公用地、居住用地为主，容积率较高，不具备开凿深井条件，可利用地热以浅层地表热能为主。浅层地表热能分布于地

下小于 400m 处，资源丰富，除同里湖沿岸部分淤泥地质区域外，其他区域均可直接根据用冷／热需求配置容量。

（4）生物质能。在沼气设备中通过微生物发酵，可使含水量大、不适合直接焚烧的生物质通过产生沼气而产能。同理，将水进行过滤可得到一定比例的污泥，污泥经过处理可与煤一起加热发电。沼气经提纯后还可以混入天然气管网。

（5）湖水。同里湖面积约 2.4km²，一般水深 2～3m，水体巨大，水资源通过沿湖的地表水源热泵采集利用，可满足规划区域内启动区、滨湖商业区内各类建筑的用冷／热需求。根据《地面水环境质量标准》，要求"人为造成的环境水温变化应限制在夏季周平均最大温升不大于 1℃，冬季周平均最大温降不大于 2℃"，利用水源热泵时将排水水温控制在规定范围内即可。

2. 用能类型分析

远期规划区域作为同里新能源小镇重要组成部分，在不久的将来将配套相关的居住、教育、文化、商业等设施，并最终与近期开发区域组成功能完善的特色小镇，故在将注意力集中在近期开发规划的同时，需要兼顾远期开发规划。目前远期开发区域暂无政府用地规划，故无法得到具体的负荷需求情况，只能暂时提出一些未来分析形式。

（1）对能源需求情况按照工业、交通、服务业、居民生活进行分类。分析历年不同产业对能源（电力、天然气、原煤、热力、油等）的消费情况及能效分析，得出各类产业未来的能源利用最经济、可行的方向。

（2）对能源供应情况按照电力、天然气、热力等进行分类。从供应分布、供应范围、供应量等角度分析现有供应的优缺点并给出相应的解决方案。

7.3.3 能源供需平衡分析

1. 能源供应

同里新能源小镇的能源生产遵循多源化、低碳化的原则。一次能源以清洁能源天然气及可再生能源为主，综合利用太阳能、风能、地热能、生物质能、天然气、湖水及污水，并采用天然气冷热电三联供、热泵等能源综合利用效率较高的技术手段，辅以储电、储热、储冷等储能系统实现区域能源系统内部及对外的灵活调节互动，实现能源生产的低碳、多元。

（1）太阳能。

1）光伏。同里新能源小镇内的建筑物众多，在二期工程滨湖商业区内，利用区域内生产用房屋顶、墙体及车棚敷设光伏发电 345kW。经初步测算，区域内商业建筑屋顶面积约为 20000m²，考虑屋顶可利用率，规划建设屋顶光伏发电系统共计 500kW。三期工程智慧商务区主要电能消费者为商务办公楼等建筑，屋顶资源丰富，可建设多个屋顶光伏发电系统。初步测算，区域内屋顶面积总计约 40000m²，考虑屋顶可利用率，规划建设光伏发电共计 1.1MW，就近接入用户配电房低压母线；为实现屋顶光伏发电就地消纳，在同段母线上配置储能，共同构成光储一体化系统。另外考虑光伏幕墙、光伏瓦、光伏船、光伏路面等光伏利用形式，同里新能源小镇近期开发区总计约可安装光伏系统 4100kW。根据控制规划提供的用地面积和建筑面积，按照开发时序对规划区常规电负荷、冷负荷和热负荷进行能源需求预测。

2）光热。在一期工程启动区永久会址南侧靠同里湖区域建设 2×25kW 碟式光热发电示范项目（含 50kW×6h 储热系统）。

（2）风能。在一期工程启动区永久会址内，沿同里湖东岸风资源较好的区域建设 60kW 小型低速风机，并沿湖安装风力照明路灯，有效利用区域内风资源。

（3）地热。在一期工程启动区永久会址北侧建设分布式供能站（城市综合能源枢纽站的一部分，下同），站内配置 2MW 浅层地源热泵，作为分布式供能系统的一部分为整个新能源小镇提供冷热负荷，充分利用区域内的地热资源。

（4）生物质能。在分布式能源站内配置 3MW 生物质锅炉，以周边农田农作物废弃物为燃料，作为分布式供能站的调峰系统为整个新能源小镇提供热负荷。充分利用周边地区的生物质资源。

（5）天然气。分布式供能站内的主要供能系统为冷热电三联供系统，规划建设两套 2MW 燃气内燃机＋烟气热水型溴化锂机组为整个规划区域提供冷热电基本负荷。利用清洁能源天然气，达到节能减排，能源梯级利用的目的。

（6）湖水。就近利用分布式供能站西侧的同里湖湖水，在能源站内配置 1.5MW 水源热泵，以湖水作为低温热源提取热量，作为分布式供能系统的一部分为整个新能源小镇提供冷热负荷。

（7）污水。在分布式供能站内配置 1.5MW 污水源热泵，以城市污水为低温热源提取热量，作为分布式供能系统的一部分为整个新能源小镇提供冷热负

荷。提取热量后的城市污水送至污水处理处理厂进行处理后排放。

（8）储能。因地制宜建设压缩空气储能、电池储能、储热（与光热系统合建）、储冷（与分布式供能站合建）等储能系统，实现区域能源系统内部及对外的灵活调节互动。

2. 能源消费

同里新能源小镇在建筑领域、交通领域、工业领域、行为领域4个方面实现能源消费节约化、电气化。

（1）建筑领域。目前我国的建筑能耗占全社会终端能耗的近30%，每年还将以较快速度增长，而且单位建筑能耗普遍偏大，是发达国家的2～3倍。在世界建筑发展的潮流中，建筑节能是其中一个极为重要的热点，是建筑技术进步的一个重大标志，也是建筑界实施可持续发展战略的关键环节。我国要建成资源节约型和环境友好型社会，必须提高建筑中能源的利用效率。建筑节能是落实以人为本，全面、协调、可持续的科学发展观，减轻环境污染，实现人与自然和谐发展的重要举措；是按照减量化、再利用、资源化的原则，促进资源综合利用，建设节约型社会，发展循环经济的必然要求；是节约能源，保障国家能源安全的关键环节；是探索解决建设行业高投入、高消耗、高污染、低效率的根本途径。同里新能源小镇为新开发区域，对新建建筑按照可持续绿色节能建筑的要求进行优化，建设包含商业、文化、办公、民用等建筑的世界首个"被动式"绿色节能建筑群，以更少的能源消耗提供舒适室内环境。

（2）交通领域。随着城市化发展，交通基础设施建设逐步完善，机动车尾气排放对大气污染越来越严重，已经引起越来越多的民众关注。抑制温室气体排放也已成全球共识。为降低二氧化碳排放量，应对全球气候问题，解决资源和环境日益严峻的矛盾，实现社会经济的可持续发展，我国必须实施节能减排策略。发展新能源汽车尤其是电动汽车，是国家节能减排战略的关键环节。随着我国经济社会发展水平不断提高，汽车保有量持续攀升，在交通领域实现能源消费电气化势在必行。同里新能源小镇作为交通电气化示范点，不仅需要广泛使用电动汽车，还需要建设相应的充电配套设施。而通过建设"太阳能＋无线充电"公路、无人驾驶电动观光专线、多功能自发自用绿色充换电站及负荷侧虚拟同步机（城市综合能源枢纽站的一部分）等，不但可以满足电动汽车能源补给需求，体现前沿科技、先进理念在能源消费电气化应用方面的示范效

应，更是对保障能源安全、促进节能减排、防治大气污染、推动我国从汽车大国迈向汽车强国具有重要示范意义。

（3）工业领域。对工厂进行综合节能改造，建设"绿色工厂"，既能降低工矿企业的运营成本，又能助力地方政府和企业完成节能减排目标，还能履行社会责任、共创绿色地球，符合行业可持续发展战略，具有重要意义。在能源消费端，可通过技术手段和管理手段实现工业节能。技术手段是指采用新工艺、新设备、新技术和综合利用等方法，提高能源利用率，如提高能源的一次利用率和回收利用率等；管理手段是指在不改变现有技术、设备、工艺等硬件措施的条件下，通过管理手段加强能源利用效率、降低能源漏损率等。可包含冷冻机房综合节能改造、空压站综合节能改造、综合废热回收、照明系统改造、采用高压风机、水泵变频、能源管理监控平台等实现工业消费端节约用能，一般整体节能率可达到 15%～30%。

（4）行为领域。在行为领域，可以通过互动体验诱导改变用户的消费习惯，为整个能源系统创造出新的价值。主要实现手段可包含试点建立用户分级体系，针对各级用户分别提供个性化增值服务，提升高价值客户服务体验；推广无人智能营业厅建设实现基础能源业务的自助、快捷办理；推动可中断负荷电价、避峰电价、高可靠性电价等电价机制试点，引导用户根据电力市场价格信号或激励措施，改变用电行为。引导用户改变用能习惯，促进电力系统动态平衡，实现消费端节能并与源网端相协调的理念

3. 能源需求预测

（1）启动区。启动区常规电负荷预测结果约为 4.38～7.91MW（不含电动车），热负荷预测结果约为 5.23MW，冷负荷预测结果约为 9.99MW。

（2）滨湖商业区。滨湖商业区常规电负荷预测结果约为 3.14～5.22MW（不含电动车），热负荷预测结果约为 2.89MW，冷负荷预测结果约为 7.24MW。

（3）智慧商务区。智慧商务区常规电负荷预测结果约为 4.58～7.30MW（不含电动车），热负荷预测结果约为 4.87MW，冷负荷预测结果约为 8.71MW。

（4）低碳社区。低碳社区常规电负荷预测结果约为 1.87～2.82MW（不含电动车），热负荷预测结果约为 0.09MW，冷负荷预测结果约为 0.19MW，热水负荷预测结果约为 1.23MW。

（5）电动汽车充换电装置。电动汽车将在同里新能源小镇中大力推广应

用，区域内规划布置一座充换电站及若干充电桩，电动汽车充换电装置负荷预测结果约为 3.12MW。

（6）预测结果小结。综上所述，规划区电负荷预测结果约为 17.08～26.36MW，热负荷预测结果约为 11.2MW，冷负荷预测结果约为 25.4MW，热水负荷预测结果约为 0.8MW。

7.3.4 系统总体规划

同里新能源小镇架构如图 7-5 所示。

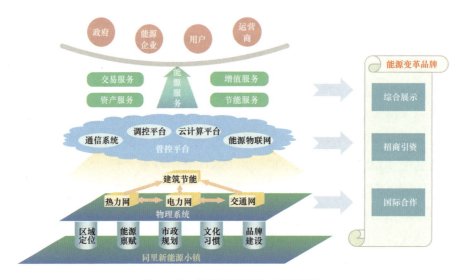

图 7-5　同里新能源小镇架构

综合能源物理系统指综合能源系统的能源生产、传输、转化、存储和消费过程中涉及的物理设备和网络构架。同里新能源小镇以各类能源的源网荷储等关键技术为基础构建综合能源系统物理系统，通过管控平台组织协调形成有机互动架构，通过灵活可靠的服务体系构成政府、能源生产/设备企业、运营商、用户与综合能源系统间的互动接口，结合各方面优势因素进行能源变革品牌建设，在此基础上，从而打造出"清洁低碳、安全高效、智慧互动"的综合能源系统。

同里新能源小镇综合能源物理系统如图 7-6 所示。

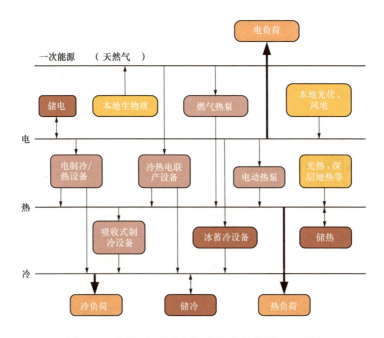

图 7-6　同里新能源小镇综合能源物理系统

同里新能源小镇综合能源物理系统充分利用本地光伏、风电、生物质能、光热、地热等清洁能源，实现能源生产清洁化；采用传输效率更高的电能进行远距离输送，采用高效率能源转换设备进行就地多能互换，实现能源网络高效化；在用户负荷侧合理配置储电、储冷、储热设备，实现能源的时空迁移、为需求侧响应提供物理基础。

7.3.5　成效分析

同里新能源小镇项目目前已在环保、节能、社会、削峰、品牌等方面取得显著的效益。通过本项目的规划及建设，同里新能源小镇的能源综合利用率和可再生能源利用比例得到显著提高、二氧化碳的排放量明显减少、供电装机容量明显减少、系统调峰能力显著增加、用户的用电成本和供冷单价及制冷初投资明显降低。此外，该项目培育出了一批新型能源产业，提高了同里新能源小镇的品牌价值及影响力。

7.4　某工业园区示范项目

7.4.1　项目实施背景

该工业园区的主要用能为电能和蒸汽，由自建 24MW 热电厂为整个园区提供主要的能源供应，全年用电量约 4 亿 kWh。园区由一条 35kV 线路提供 20MW 供电，另外还有一组由 15MW 分布式光伏电站、4MW 蓄电池储能系统组成的多能供给系统。热电厂是整个园区电能和蒸汽能源供应的独立核算单位，光伏和储能作为独立的经营体将电能销售给热电厂。

随着新能源的不断建设和发展，该工业园区在能源管理方面面临较大的挑战，当前调度运行方式为人工参考 35kV 并网点相关监测数据，主动调节燃煤机组出力，在保证园区热需求可靠性的前提下，尽可能实现源荷平衡，减少从电网受电，降低能源成本。但这种运行方式响应速度低，实际并不能真正实现能量平衡。这种低耗能的状态对综合能源建设提出了迫切需求。

该园区综合能源服务的重点是在自动化准确计量各个能源供给和使用明细的基础上，进行热电、储能的多能源优化协调运行。通过生产企业排产负荷预测和光伏发电预测结果，安排热电厂经济能效运行方式和储能配套调节方式，充分利用低谷电价，减少电网容量电费，从而降低整体用能成本。进一步还可以参与电网调峰、应急需求响应等参与电网电能销售，获取收益。兼顾先进性和可推广性，融合电能替代与节能技术，提出建设以电能为中心规模化应用多种清洁能源，技术先进，智能互动的绿色复合型能源网，为该工业园区提供多能源协调优化运行综合服务。

7.4.2　项目建设目标

为实现多种能源互联互通，提高用能的规范和合理性，体现出调度优化、协调运行的模式，提高能源利用的经济效益，该项目依托传统能源供应商基础设施优势，以开放、互动和互惠互利的原则进一步完善综合能源服务商业模

式，适应市场化需求，利用多种手段帮助园区用户节能。一方面，为用户提供节能服务，提供包括节能诊断、解决方案、维护设备及运营管理等服务；另一方面，通过智能电能表、通信网络与服务器建立智能用电系统，引导用户错峰用电。

7.4.3　项目现状分析

1. 能源评估分析

综合能源服务的重点是在自动化准确计量各个能源供给和使用明细的基础上，进行热电、储能的多能源优化协调运行。通过生产企业排产负荷预测和光伏发电预测结果，安排热电厂经济能效运行方式和储能配套调节方式，充分利用低谷电价，减少电网容量电费，从而降低集团整体用能成本。进一步还可以参与电网调峰、应急需求响应等参与电网电能销售，获取收益。

（1）多能互补系统协同优化建模分析。将供、储能设备建模，用能设备及负荷建模，热网与电网综合潮流计算模型搭建以明确光伏、储能自备电厂输出电量与对应输入之间的关系；用能设备的模型搭建主要是为了得到用户电热负荷随时间的典型分布状态以及用户电热负荷随时间变化的预测；热网、电网的模型搭建主要是为了得到供给侧热量在输送过程中的热量损失以及各个节点处的热量、电压、功率等。

（2）多能互补系统中重点供、储能设备模型研究。对热电厂、光伏系统、储能各个系统进行动、静态建模分析。得到各个系统的响应变化，绘出负荷曲线，分析各种能源的特点。

（3）多能互补系统中重点耗能设备及系统的能耗特性模型研究。对园区电负荷、热负荷的历史数据进行整理。通过对不同时间，不同负荷点负荷数据进行筛选、聚类，利用典型负荷曲线叠加的方法以及支持向量机回归、神经网络及证据理论等智能算法对负荷进行预测，并对负荷预测的不确定性进行分析。

（4）多能互补系统中热网、电网网络模型搭建。多能互补的电网网络模型主要依照功率方程来进行搭建。电网模型搭建时考虑节点导纳，建立各个管网的雅可比矩阵及潮流计算矩阵，搭建多能流管网系统模型。

（5）多能互补系统典型工况下的优化策略研究。在储能和热电厂可调的前

提下，进行多能互补运行策略优化，对于提高能源利用率，减少运行成本有重要作用。分析最终的能效指标，成本指标以及经济指标，并将其与实际生产运行中对应工况下的指标进行对比分析。

（6）多能互补系统示范及综合服务平台研究。多能互补研究主要包括供能设备、用能设备的分析优化，光伏发电量、储能充放电的分析优化，自备电厂输出电功率以及热功率的分析优化。此外多能互补研究还包括辅助决策软件平台的开发，平台能够展示当前用电负荷状况，各个设备的输出能量情况，以及给出对应最优决策方案的各项指标情况。

2. 园区用能分析

随着新能源的不断建设和发展，能源生产和消费模式正在发生重大转变，该工业园区在能源管理方面面临较大的挑战，主要体现在以下几方面。

（1）能源管理粗放，调度缺乏计划性。园区热电厂、光伏、储能属于不同的部门，系统之间也存在差异，多能源链间的协同少，更没有系统的调度功能，也缺乏用能的计划性。

（2）基础调节缺少技术支撑，用能没有预测。园区目前主要采用热电机组调节用能，对于能源使用的计划性没有预计，只是根据用能的需求，参考35kV并网点相关监测数据，以人工方式对热电机组出力进行调节。这种运行方式响应速度低，实际并不能真正实现能量平衡。

（3）热电厂、光伏、储能各自独立运行，缺乏协调。热电厂和变电站集中在一起，2套DCS系统以及SCDA系统，7套光系统，集中在监控中心集中运行，储能电站相对独立。系统之间各自独立运行，无法实现统一调度。

（4）用能调节过于频繁。由于用户用电性质不同，各类用户最大负荷出现的时间也不相同，负荷的变化，就会导致发电系统出力的增加和减少，势必造成热电机组出力频繁调整。对园区热电厂来说，对园区的用能没有计划性，导致频繁调整出力。

（5）缺乏能源生产安全经济运行指标统计管理。对于园区电网来说，用电的质量不高，大峰谷差运行方式会带来危害，具体表现在：①浪费了大量的电力投资，增加了发供电成本；②发电机组的频繁调节运行会造成能源和电力资源的浪费，并对电网的安全稳定运行带来威胁；③对于运行指标，缺乏统计管理和分析。

7.4.4　总体规划方案

工业园区的整体架构如图 7-7 所示，数据采集架构如图 7-8 所示。

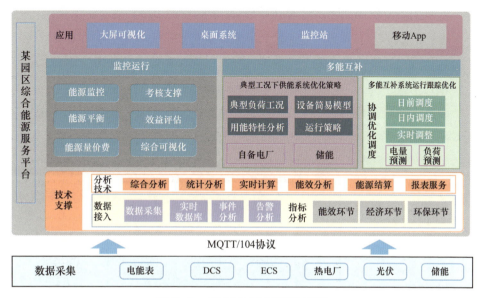

图 7-7　该工业园区整体架构

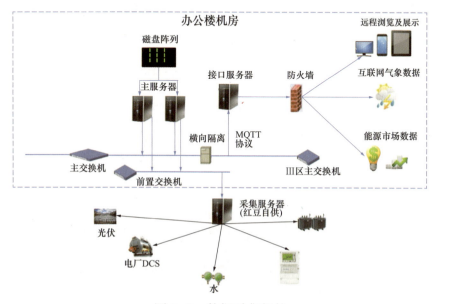

图 7-8　数据采集架构

数据来源于园区变电站、热电厂 DCS、储能系统、分布式光伏发电系统、热管网供热采集系统、电能表的远程自动抄表，从某市集团自建的数据采集系统获取，接口协议为 MQTT 协议或 104 协议。

园区多能互补主站的数据分析层可以实现数据接口、数据存储、业务功能、数据服务、应用服务等各类计算分析功能。

园区的现场运维人员可以通过大屏监控实现园区日常监控，在访问主站时需要进行身份认证、接入安全检测等过程，以确保系统的数据访问安全。

项目部署于园区内的某市机房内，园区现场提供监控大屏展示。

该工业园区具体的数据采集模块如图 7-9 所示。相对应的数据采集模块功能说明见表 7-2。

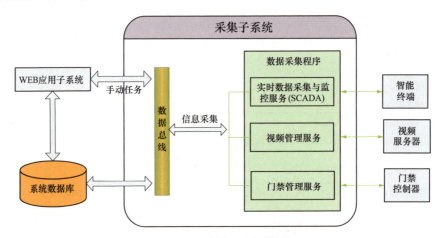

图 7-9　数据采集模块

表 7-2　　　　　　　数据采集模块功能说明

序号	软件模块名称		功能说明
1	Web 应用接口		响应前台 Web 系统访问请求，调下发召测指令、参数设置、控制等实时指令，通过调用采集程序业务逻辑，执行采集业务操作，返回采集数据与结果
2	数据采集程序	实时数据采集与监控服务（SCADA）	安装在数据采集机上，根据任务自动调度规则根据系统档案生成自动执行任务，并调度执行具体的通信任务、控制命令和数据采集，调用规约解释类库，解析数据项存入系统数据库

序号	软件模块名称	功能说明
3	通信规约类库	安装在数据采集机上,供数据采集软件调用并返回数据和执行结果。对于主站主动连接终端的通信方式下具有通信连接建立功能。支持多种设备规约,具有良好的扩展性,能根据以后系统中终端种类不断增加新的规约解释库,规约支持种类至少包括 IEC 60870-5-104、门禁规约、视频规约(SDK)等
4	通信接口类库	安装在采集机上,负责通信连接建立管理与数据转发

实时数据采集与监控是最基本的应用之一,接收前置送来的实时数据,实现完整的、高性能的电力系统实时运行状态的监视和控制,为其他应用提供可靠的数据基础与服务。高效、可靠、安全、完整是应用设计的基本原则。

应用利用系统软件支撑平台提供的服务,主要实现数据处理、数据计算和统计、断面监视、顺序事件记录、事故追忆和反演、控制和调节、人工操作、电网调度运行分析等基本功能。应用面向网络模型,除上述的基本功能外还可自动完成动态拓扑着色、自动旁路代、自动对端代、自动平衡率计算等面向网络的功能。

数据采集应用负责采集变电站智能终端及站端自动化装置、保护装置的信息并进行规约处理,将实时数据提供给后台应用,实现对站端装置的远方控制、调节和参数设置。其提供方便统一的数据监视、工况监视、操作、维护、诊断和统计功能,包括以下功能模块:①远方通信模块,负责建立和管理与远方通信节点的信管理,并完成数据的信息交换;②规约转换模块,负责将不同厂家不同规约的信息转换成系统内部统一的标准格式;③本地事件发送模块,负责数据采集应用和本地后台应用的数据交换;④通信状况监视功能,包括源码显示、数据监视、运行状况监视等;⑤管理维护界面,完成对通信的配置、监视分析、操作维护等操作。

7.4.5 系统整体建设

为了便于用户使用本系统在大屏上实时监测、分析该工业园区数据,开发

了相关大屏展示功能。具体的工业园区平台展示如图 7-10 所示。

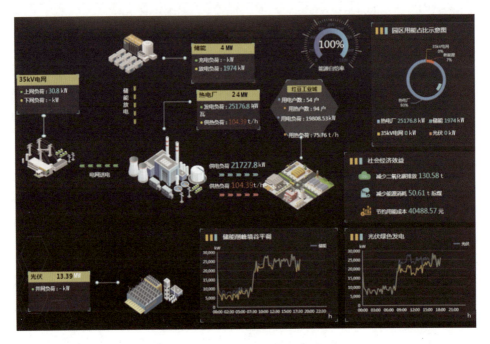

图 7-10　该工业园区平台展示

该大屏首页服务于该工业园区服务中心运行监控人员，以三维立体图、曲线图、饼图等多种表现形式，展示该园区的整体能源结构及运行数据、光伏、储能运行数据、社会经济效益数据等。

1. 平台总览

以园区内所有的能耗数据为分析对象，从光伏、储能、热电厂、电网的供能端和用户用能端两个方面可以展示该园区的所有能源情况。包括地图数据、实时供能、实时用能、装机信息、综合能源利用率、多能互补数据等。

2. 实时监测

为了更清晰地展示该园区内各子系统内部和子系统间的能源流转情况及告警信息，该园区开发实时监测功能并以能流图的方式展示相关信息。该功能可以实时展示园区内各维度数据变化并反映数据变化间的关系，有利于运维人员及时处理异常情况。

3. 能源分析

利用该园区内的用能数据、档案数据等信息，通过多种分析方法，从用能

的量费价、用能趋势及用能特性等多个维度对整个园区的能源数据进行分析展示，包括用电、用热、成本数据、预测数据、分析数据及能量平衡信息。该功能可以清晰地展示出园区的能源利用情况，有利于从中找到能效提升点，为应用多能互补策略提供数据支撑。

4. 新能源

以大屏的方式，展示园区内的分布式光伏系统、储能系统运行情况及用能变化情况。利用储能系统的运行数据，汇总分析后产生园区内储能系统的数据，显示储能系统的充电量、放电量、电池组、实时运行等信息，从总体上展示储能系统的运行情况。利用分布式光伏系统的运行数据，汇总分析后产生园区内分布式光伏系统的数据，显示光伏系统的发电量、并网电量、装机、气象等信息，从总体上展示光伏系统的运行情况。

5. 多能互补

基于园区内各子系统及用户的用能数据、档案数据等信息，将多能互补方案以易于理解、可视化的方式展示出来，并结合能效、经济、环保等多个维度的指标评价将最终的多能互补应用结果反映在大屏上，体现多能互补的提升成效。展示内容包括：园区健康指数、生成策略、执行策略、综合能源利用率、综合成本、电负荷预测分析、光伏负荷预测分析、热负荷预测分析、综合能源效率、成本等信息。

7.4.6　成效分析

该工业园区项目综合能源服务平台实时采集热电厂、光伏、储能等供能侧以及园区内部用电、用热用能侧的数据；通过内存数据库、实时计算等技术，完成数据告警分析、指标计算、能效分析等功能模块，实现系统的监测运行和多能互补。监测运行包括各类能源数据的可视化展示、能源平衡分析等功能；多能互补包括用能优化策略的生成、调度和跟踪。本项目通过对数据的精准分析，在贴合并满足用户当前需求的同时，不断激发用户新需求并跟踪形成相应优化方案，实现能源成本持续降低，用户用能感受提升。该平台的应用将园区整体用能效率提高了 51.61％。

7.5 某钢铁节能减排示范项目

7.5.1 项目实施背景

该钢铁集团原有汽轮机实际出力严重不足，烧结分厂烧结机生产过程中会产生大量的中低温废气，原工艺设计对此部分余热资源没有考虑回收利用。该项目实施的目的是降低能耗，充分挖掘节能潜力，实现资源综合利用，利用烧结机生产线产生的废气产生蒸汽，并入原有的发电系统中，以期望提高汽轮机的效率、增加其发电量，进而提高企业效益。

7.5.2 项目现状基础分析

1. 能源供应情况分析

该钢铁项目利用烧结生产线废气引入余热锅炉生产蒸汽发电，就工程本身而言，不消耗能源，是一个具有利废（充分利用废气余热）、环保（大量减排 CO_2）、节能（进一步降低烧结生产电耗）三重效果的项目。

2. 项目现状分析

某钢铁集团烧结分厂南区现有 $2 \times 180m^2$ 烧结机＋$1 \times 550m^2$ 烧结机，其环冷机（带冷机）均上了环冷余热锅炉。环冷余热锅炉采用双压、双通道、自除氧锅炉，配套一台纯凝补汽式汽轮发电机组，汽轮机装机容量为 25MW。目前汽轮机实际发电量在 10～13MW，发电机出力严重不足。

7.5.3 项目建设内容

由于烧结机生产过程中会产生大量的中低温废气，原工艺设计对此部分余热资源没有考虑回收利用。为了降低能耗，充分挖掘节能潜力，实现资源综合利用，利用烧结机生产线产生的废气产生蒸汽，并入现有 25MW 发电系统中，可以提高汽机效率、增加发电量，从而提高企业效益。

该钢铁集团在项目建设过程中利用 1 套 $550m^2$ 烧结机生产线大烟道及环冷

机 3、4 段废气建设 2 台 8.25t/h 余热锅炉，利用南区 2 套 180m² 烧结机生产线大烟道分别建设 1 台 5.5t/h 余热锅炉，所有锅炉产生的蒸汽汇入原有的 25MW 南区环冷余热发电机组中，以提高其发电功率。

该项目的烧结生产线可利用余热资源分布如图 7-11 所示。原有的 25MW 环冷余热发电机组仅利用了冷却剂 1、2 段余热。具体可利用余热资源分析如下。

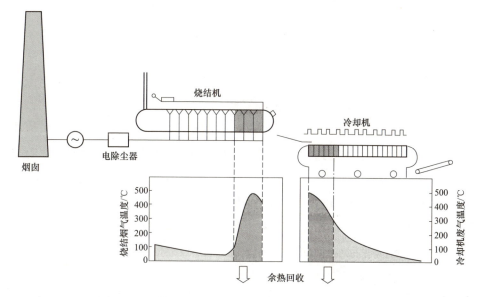

图 7-11　某钢铁集团项目烧结工艺余热资源分布

（1）分别在 1 号和 2 号 180m² 烧结机上设置一个大烟道，大烟道上方设 22 个风箱。

（2）在 3 号 550m² 烧结机上设置两个大烟道，大烟道上方设 26 个风箱。

（3）充分利用 3 号 550m² 烧结机环冷机 3、4 段的废弃温度。

该项目在建设过程中对大烟道余热资源利用的技术路线如下：利用高温电动蝶阀在烧结机大烟内将机尾高烟气与前部低温烟气隔断，烧结机尾部的高温烟气经进风阀、烟风管道进入烧结余热锅炉内（两侧每侧布置一台余热锅炉），依次通过过热器、蒸发器和省煤器进行换热冷却，产生过热蒸汽汇入原有 25MW 环冷余热发电机组主蒸汽管道中。当余热锅炉发生故障时，可打开大烟道上隔断阀，关闭余热锅炉前后电动阀门，确保烧结工艺正常生产。

该项目在建设过程中对环冷机 3、4 段余热资源利用的技术路线如下：在 550m² 烧结机环冷机 3、4 段设置两个取风罩，把这部分废气引到烧结台车的

中后段去进行烧结利用，以提高烧结所用空气温度，减少烧结矿中固体燃料的消耗，充分利用了能源。

7.5.4 控制系统结构

该项目采用的控制系统主要结构包含以下 4 部分。

（1）烧结锅炉控制系统。烧结锅炉控制系统主要由分散控制系统 DCS 和工业电视监视系统组成。

（2）DCS 系统。南厂区现有 DCS 控制系统为分层结构，在纵向按控制结构分层，横向按控制功能分组。控制系统可以分为生产监控层、实时控制层、执行层 3 层。

（3）系统通信要求。通信方式满足控制系统分层、分散的结构要求，采用冗余通信网络用于站与站之间的数据传送。在任何条件下，系统通信总线的负荷率令牌网不大于 30％～40％，以太网不大于 20％。通信系统提供连续的在线自诊断功能，并能快速给出故障报警及执行正确的保护。

（4）连锁保护系统。锅炉的联锁保护均由 DGS 系统实现。

7.5.5 成效分析

该钢铁项目目前已建设 4 台烧结余热锅炉，新增蒸汽温度 320℃，压力 1.8MPa，流量 27.5t/h 计算，年产蒸汽量 192500t，按照 90％燃煤效率折算标煤计算，年节约标煤 17648.7t，每年减少 CO_2 排放量 44001.6t。

7.6 某服务中心园区示范项目

7.6.1 项目概况

该中心园区绿色复合型能源网一期规划建设了光伏发电等清洁能源系统，并通过该园区的能源网运行调控平台对分布式冷、热、电能进行监控管理和合理调度，进而可以实现园区内多种能源的安全、经济运行。该项目的本体建设

包含了太阳能热水系统、地源热泵打井、埋管、能源中心机房控制系统集成等内容。该项目的智能电网科技项目建设包含了光伏发电系统、风力发电系统、储能系统、能源网运行调控平台等内容。该项目的空调冷热源系统（合同能源管理）建设包含了常规制冷系统、冰蓄冷系统、蓄热电锅炉系统、地源热泵系统等内容。

7.6.2　项目建设内容

该项目中空调冷热源系统负担的是办公用房、换班宿舍以及公共服务楼二用房（不包括有恒温恒湿要求的机房等工艺房间）的舒适性空调，包括夏季供冷、冬季供热。一期空调总冷负荷 12275kW，建筑面积指标 90.3W/㎡，总热负荷为 7493kW，建筑面积指标为 55W/㎡。

一期、二期项目共用一个制冷站，采用区域能源站模式。冷热源方案采用冰蓄冷＋地源热泵＋电动压缩式离心机组（基载主机）＋蓄热电热水系统多能源混合方案，其中冰蓄冷＋电动压缩式离心机组（2461kW）＋地源热泵负担空调冷负荷，地源热泵＋蓄热电热水系统负担冬季供热负荷。

考虑到该项目的经济性和示范性，建议常规制冷系统（基载主机制冷系统）、冰蓄冷空调、蓄热电锅炉系统、地源热泵系统等 4 个项目由某节能服务公司出资按照合同能源管理模式（EMC）建设。项目工程由某客服中心基地建设分公司总体负责。

7.6.3　成效分析

该项目是集绿色能源发电、储存和优化调度为一体的节能减排、模式创新工程，对宣传推广绿色电能和电能替代工作有着重要的示范意义，产生了良好的社会效益。同时，通过创新运行管理模式，为该公司开拓节能服务市场，拓展节能服务领域进行了有益的尝试。该项目中采用了合同能源管理模式，为该公司系统今后类似项目的投资、运行、成本消化拓展了思路，提供了借鉴的模式。该项目中利用冰蓄冷和地源热泵，能够转移高峰负荷，年可降低电费高达百万元（其中制冷电费支出数十万元、制热电费支出上百万元），可大大提高

年可节约的用电量，减少了二氧化碳、二氧化硫、氮氧化物的排放量，节能减排效果显著。

综上所述，该项目符合国家绿色环保要求，践行了国家倡导的合同能源管理模式，落实了该公司的管理创新要求，具有较好的经济和社会效益。

7.7 其他示范项目

本小节主要介绍了其他类型的园区级区域能源互联网相关的典型示范项目，具体介绍如下。

7.7.1 照明系统节能改造与智能控制示范项目

照明系统节能改造与智能控制示范项目内容主要有绿色照明与智能控制，具体内容介绍如下。

1. 绿色照明

采用节能、环保、长寿命、可控性高的 LED 等新型节能灯具替换传统灯具，LED 绿色照明是一种固态冷光源，具备节能、环保、长寿命、可控性高等技术优势，节能率可达 60% 以上，且维护简单，降低维护成本。

2. 智能控制

对于地下停车场和照明常开的公共区域，建议安装照明感应控制系统，具有雷达感应、红外人体感应和声控感应 3 种形式。

根据亮度和照度要求合理调整灯具用电负荷，对部分公共区域灯具增加智能开关和亮度控制装置。通过智能系统控制人为浪费，实现人走灯灭，并根据周围环境光照条件自动调节灯具亮度。

7.7.2 空调系统升级优化示范项目

空调系统升级优化示范项目内容主要包含了中央空调和分体空调。其中，中央空调包含了热泵技术、蓄冷/蓄热技术、变频技术、机房群控技术、热回收技术、新风利用和分层空调和置换通风。具体内容介绍如下。

1.中央空调

（1）热泵技术。对于老旧燃气空调，进行改造，采用热泵技术。根据实际情况，选择空气源热泵、地源热泵或者水源热泵，能够取得良好的经济效益和社会效益。

（2）蓄冷/蓄热技术。采用蓄冷、蓄热的集中能源中心方式，可起到"削峰填谷"的作用，缓解用电紧张，提高能源利用效率，减少装机容量。

（3）变频技术。根据二次侧末端负荷的变化，在满足某一最不利水环路所需使用压力的条件下，通过改变二次水泵电机的运转频率或水泵的运行台数，以达到节能目的。

（4）机房群控技术。通过对整个中央系统的运行参数监控，自动根据实际负荷情况动态调整，实现所需即所供。可以实现机房信息化、自动化和智能化操作管理。

（5）热回收技术。利用排风对新风进行预热（或预冷），以节约空调通风工程的能耗。

（6）新风利用。过渡季节可进行全新风运行，减少空调通风工程的运行。冬季内区的消除余热，可采用室外免费能源-新风，减少能源的浪费。

（7）分层空调和置换通风。减少无效空间区域的能量消耗，只满足有效区域的舒适度。

2.分体空调

（1）将传统定频空调更换成节能变频空调，节能率达10%以上。

（2）加装智能控制终端，采用先进的无线通信、红外控制、物联网远程控制技术及基于软件逻辑的作息时间段和课程时间段，对所有空调进行集中限温、定时开关、远程控制等节能控制。

7.7.3　供能系统提质改造示范项目

供能系统提质改造示范项目主要是供水系统改造，重点包含安全用水、规范管理和节能增效3个部分，具体内容如下。

1.安全用水

加强进水口净化设备更新和管理，时刻抽样监测水质。针对部分存在安全

隐患的管道及阀门进行整改，把安装不合理的管道换装，补齐缺失的阀门井盖板。

2. 规范管理

（1）安装出水总表，采用电子远程水表，可配合智能管理平表，实现实时在线监控用水总量，方便供水调度。

（2）分片分区装设考核表和计量表，分片分区建立部门（单位）供水系统台账管理，分月分年考核水耗和水费回收率。

（3）增加管网监测水表，公共设施部分水表可采用电子远程水表，配合智能管理平台，实现实时在线监控各用水区用水总量，便于发现管网漏损，及时止损。

（4）对学生宿舍及公寓、商户等用户改一室一表，换成智能 IC 卡水卡，建立预售水费系统。

3. 节能增效

（1）把老旧管道、漏点严重的管线更换成球磨铸铁管或 PE 管。

（2）维修或更换已损坏的阀门，增加部分管理阀门，以便于管网停水维修及日常管理。

（3）新建消防专用管道，合理布局或在现有消防设施前增加计量水表及管理阀门，增加公用绿化或环卫设施取水计量装置。

（4）调整部分管道供水路径及功能以达到最优化供水等等。

7.7.4 设备代维示范项目

设备代维示范项目主要是供配电设施代维，具体内容介绍如下。

（1）提供专业化的设备设施运维和提质改造服务，消除系统隐患，提升设备质量水平，同时降低用户成本。

（2）利用供电服务行业优势，针对用户新增用电负荷需求，提供设计方案、业扩报装、工程建设和投资等一条龙"无忧"服务。

7.7.5 智能能源综合管理平台示范项目

智能能源综合管理平台示范项目具有以下特点。

（1）可以帮助用户创建更简单、透明、节约的智能化能源管理系统，改善能源管理水平、提高能源利用效率。

（2）可以实现能耗数据自动化采集，构建能效数据中心。

（3）可以在线监测能耗动态，实现能源消耗过程的信息化、可视化。

（4）可以提供能耗分项占比、峰平谷分析、能耗排名、对标等多种能效分析。

（5）可以实现用能异常诊断，发现节能机会。

第8章　楼宇级区域能源互联网

楼宇级区域能源互联网作为整个能源网络的终端，除了楼宇节能、能效提升等"能源消费者"作用，还将着重朝以下方向发展。

1. 楼宇建设"人性化"

智能楼宇的发展本质上应该要以"人"为核心。在楼宇的设计和施工阶段，可以应用数字孪生技术捕获建筑的静态数据，然后用可视化和仿真的方式，设计最佳的疏散路线、空间布局和能耗方案，并提高建筑工程效率。应用数字孪生技术不仅可以动态调整楼宇功能，以适应不断变化的用户需求或天气情况，智能楼宇甚至还能对火灾进行监测与预警，为人们的生命和财产安全保驾护航。

2. 楼宇运营"智能化"

未来的楼宇发展不仅能够了解外界环境并与之互动，同时也具有学习和适应的能力。通过部署物联网设备，楼宇能够及时捕捉大量数据，以洞悉周围环境，并主动响应人们的需求，同时通过分析楼宇和设备产生的数据进而提供反馈信息，帮助人们实现科学决策和精细管理。

3. 楼宇身份"多元化"

未来的楼宇建筑将渐渐脱离单一的"能源消费者"身份，向"智能产消者"的身份转变。楼宇建筑可以通过分布式可再生能源发电，通过电动汽车、新型储能技术等方式将能源进行转换和存储，实现电力的双向互动，主动参与需求响应。

4. 楼宇运行"互联化"

未来的楼宇发展不仅能够与大电网灵活互动，区域内的楼宇建筑之间同样可以实现"能源耦合"，使得楼宇建筑之间具有冷、热、电的交互，从而在一定程度上形成一个具有自治能力的大规模智能楼宇集群，提高楼宇集群运行的

稳定性，充分发挥其规模效益。

8.1　楼宇级区域能源互联网的内涵与发展重点

8.1.1　楼宇级区域能源互联网的内涵

　　智能楼宇多是采用信息技术对建筑物内的设备进行自动控制，对信息资源进行管理，实现对建筑物的结构、系统、服务和管理的最优化组合，楼宇智能化的目的是增进协作、管理创新、提升效率、优化体验，带来智能化、精细化和人性化的体验。楼宇级区域能源互联网架构如图 8-1 所示。

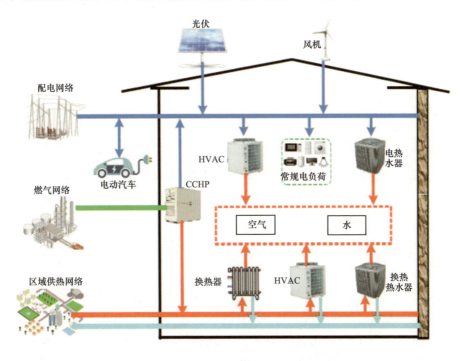

图 8-1　楼宇级区域能源互联网架构

HVAC—Heating, Ventilation and Air Conditioning, 供热通风与空气调节；

CCHP—Combined Cooling Heating and Power, 冷热电联产

1. 楼宇级区域能源互联网在物理层面的特征

（1）以电力为核心。电能作为清洁、优质、高效、便捷的二次能源，随着

经济水平的发展，全球电气化水平仍将日益提高，电力在能源供应体系中的地位呈加强趋势。同时，目前清洁能源大多需要转化为电能形式才能够高效利用，以电力为中心也是低碳能源发展的必然要求。因此，建设楼宇级区域能源互联网也是构建以电为中心的新型能源体系。

（2）高比例的分布式能源。分布式能源是指分布在用户端的能源供应方式，包括天然气分布式能源、燃料电池、分布式太阳能/风能/生物质发电、电化学储能、电动汽车、热泵等能源设备，通过能源综合利用系统满足用户多种能源供应需求。分布式能源是楼宇级区域能源互联网的基础，改变了现有能源系统（主要为电力）自上而下的传统结构和供需模式。

（3）多种能源深度融合。在现有能源供应体系下，电、气、冷、热等终端能源之间基本是相互独立的，楼宇级区域能源互联网下，各种能量转换和存储设备建立了多种能源的耦合关系，实现了电网、天然气管网、供热供冷网的"互联"。多能源的深度融合实现了能源梯级利用，保障能源系统的经济高效和灵活运行。

2. 楼宇级区域能源互联网在信息层面的特征

（1）开放。楼宇级区域能源互联网中为实现信息的随时随地接入与获取，需建立开放式的信息体系结构。满足能源生产和消费的交互需求，满足多种能源之间的协同管理需求，满足分布式电源、储能等装置的"即插即用"。

（2）对等。楼宇级区域能源互联网中能源参与者（生产者、用户或者自治单元）基于一个对等的信息网络实现能源的分享，任意两个能源参与者之间可实现信息上的对等互联，一个参与者可向另一个参与者发布自己的能源供应/需求信息。

（3）共享。楼宇级区域能源互联网打破能源行业之间壁垒的一个特征就是不同层次、不同部门信息系统间，信息的交流与共享。信息共享也是互联网时代的重要特征，能源互联网中的信息共享是提高信息资源利用率，避免在信息采集、存贮和管理上重复浪费的一个重要手段。

8.1.2 楼宇级区域能源互联网的发展重点

尽管具有不同功能属性的楼宇级区域能源互联网发展的侧重点有所差别，

但其大致的发展重点主要分为以下几个方面。

(1) 用能智能化。楼宇内部物体内部被植入智能芯片，使得其功能发生质的飞跃，具备前所未有的感知功能。如普通的传感器可以实时感知楼宇内部的用能信息，智能接收信息，对用能信息进行处理，并自行作出一些动作。

(2) 能量信息化。楼宇完全呈现物联网的整体架构，充分发挥物联网开放性的基本特点，并且最上层以云计算技术实现整体的管理和控制，提供全方位的信息交换功能，从而形成楼宇能量管理架构，帮助楼宇内单位与外部保持信息交流畅通，实现用能状态的实时控制。

(3) 用能可视化。将各类网络传感器，包括楼控系统中的所有传感器、智能水电气表等全部以网络化结构形式组成建筑"智慧化"大控制系统的传感网络，而后将其不可见状态通过用能数据可视化的形式清晰明了地呈现给用户，让用户对楼宇用能状态有更加直观的感受。

(4) 用能人性化。保证人的主观能动性，重视人与环境的协调，使用户能随时、随地、随心地控制楼宇内的用能需求，从而营造舒适的用能环境。

从本质上说，楼宇级区域能源互联网相当于超级连接器，将与智能楼宇相关的所有现存设施、设备和软硬件系统以及使用者连接起来，以降低建筑运营期间的成本，包括减少能源消耗、预测性维护以防止损坏、提高空间利用率等方面，因此有着广阔的发展前景，本章后续部分将选取典型的楼宇级区域能源互联网建设案例进行介绍，分析其节能效益。

8.2 某市民中心项目

8.2.1 项目建设概况

考虑到该市民中心项目的重要地位，相关管理机构提出了打造"安全、文明、绿色、智慧"市民中心的工作思路，这三位一体的布局，是新形势下对行政服务中心运行管理的有益探索和实践，体现了机关事务工作根本要求和现代管理的有机统一。

作为一座高标准、内部设施齐全的现代化行政办公商务中心，该市民中心项目总建筑面积约 36 万 m^2。2016 年全年电耗为 2160 万 kWh，2017 年约 2700 万

kWh。依据能源监管平台监测计量数据，得知变制冷剂流量多联式（Variable Refrigerant Volume，VRV）空调系统 2017 年用电量为 550 万 kWh，中央空调 2017 年用电量为 220 万 kWh，空调年用电量占建筑总用电量约为 30%。对照能源发展的总体要求，对照先进地区行政中心的节能管理，仍存在着差距和不足，发展的空间还比较大，具体表现在：①能耗总量还偏高；②能效水平还偏低；③绿色发展投入相对不足；④绿色发展的模式还有待创新和突破。

8.2.2 项目建设路线

该项目建设整体路线主要分为智慧建筑综合能效管控平台升级、照明节能改造、冷热源机房节能改造、组合式空调机组节能改造、其他设备改造。

1. 综合能效管控平台升级

该项建设内容分为物联网平台、冷热源机房安全运行监管系统、组合式空调机组集中管控系统、泵房安全运行监管系统、开水器集中管控系统共 5 个部分。

（1）物联网平台。物联网平台主要由物联集成汇聚平台和物联应用融合平台两部分组成。应用平台与集成平台采用松耦合设计模式，集成平台为应用平台提供物联服务，应用平台基于集成平台展现物联价值，具体建设方案如下。

1）平台基于 B/S 技术架构。

2）平台整体按物联层和业务层两层松耦合设计模式，物联层为业务层提供通信服务，业务层基于物联层提供管理价值。

3）物联层需基于统一平台进行集成汇聚，提供统一标准的通信服务 API。

4）业务层需基于统一平台进行应用融合，与物联层平台对接，提供面向应用的集成服务、基础服务或管理单元，提供统一业务数据接口。

5）业务层基础逻辑单元应基于建模思想对各类资源对象、属性、关系等进行定义扩展，形成业务管理模型。

6）应用系统采用模块化设计，模块采用工具化设计，提高系统的扩展性和功能的灵活性。

7）物联平台需满足计量采集、多末端集控、现场控制柜、现场既有系统等多种场景的集成接入。

8）物联平台需设计触发响应和回调机制，保证参数变化的及时反馈和命

令完成的回调需求。

9）针对多末端集控的场景，需要具备灵活组态扩容、并发处理和负载均衡能力，单控实时响应时间原则控制在 5s 以内，集控需异步并发处理，可以按数量延长，原则控制在数分钟内。

10）针对应用系统功能画面的交互响应时间原则控制在 5s 内，特殊大量数据计算处理可适当延长。

（2）冷热源机房安全运行监管系统。对冷热源机房安全运行监管系统的能效管控主要从节能控制与运营管理两个方面进行。

1）节能控制。通过对主机循环系统的泵、阀等运行平台基于压差、温差、流速等进行动态控制，实现系统在较优的工况下运行，提升系统运行的能效比（COP，Coefficient of Performance），达到整个主机系统节能降耗的目标。

2）运营管理。对主机系统重点运行参数进行采集监测，一方面，为运维人员对设备安全、可靠运行提供保障的工具；另一方面，为管理人员对设备运行、人员工作提供信息透明，可监、可统、可管的工具。

（3）组合式空调机组集中管控系统。系统软件以监测空调运行参数为手段，以空调节能运行控制管理为目的的 Web 化系统，采用先进的传感技术和物联网技术，通过在线监测空调运转模式、室内温度、设定温度、电量等运行参数，并进行周期采集，进而对数据进行统计、分析，在此基础上建立一套相应的空调节能管理模型，通过配以集中控制、强制节能、节能短信报警等全方位节能预警手段，实现了空调的运行用电远程监测、分析与使用管控，最终通过使用者的自主行为节能、管理者远程调控节能和设备定时或变量控制等节能手段，有效地控制空调合理使用，既能营造舒适的工作生活环境又不造成浪费，也实现了空调分项能源计量与费用独立核算，为能源消耗定额管理，节能目标定量化提供了计量手段和节能手段。该系统支持多种标准的楼宇自控网络通信协议，如 BACnet；支持 OPC 工业标准协议；控制器支持红外学习功能，可学习原空调遥控器的红外指令。并且，该系统遵循国家机关办公建筑和大型公共建筑导则及国家其他有关标准要求，是一款具备标准化、开放式的空调节能管理系统，可通过建立空调分户计量的方式，对空调进行精细化控制和管理，旨在实现"节能清晰化、数据可视化、管理数字化、分析图表化、能耗指标化、消费合理化"的能源监管要求，达到节能和提升能源利用

效率的目的。

（4）泵房安全运行监管系统。水泵房监管系统按场景角色主要由现场侧看板和管理侧系统组成，按功能模块主要由运行监测、液位自控、恒压自控、配置预警等组成。主要通过对设备运行数据、水质数据、环境数据、视频数据的采集监测和分析报警以及现场液位自控、恒压自控技术，实现技术和管理的结合统一，为用户提供安全、稳定、可靠供水保障。

1）运行监测。通过对水泵房环境、压力、液位、水质、用电用水等重点运行参数进行采集监测，一方面为运维人员对设备安全、可靠运行提供保障的工具，另一方面帮助管理人员提高对设备运行、人员工作的信息透明，提供可监、可统、可管的工具。

2）液位自控。通过对水箱液位检测，按需调节开关阀，实现水箱液位自行控制。同时基于检测水质数据实现水箱换水的供水阀关闭、泄水阀开启、恢复等一系列闭环调节。

3）恒压自控。根据现场实际各区域供水压力及供水流量需求，进行恒压供水控制。

（5）开水器集中管控系统。该系统的主要管理功能通过 Web Server 完成，用户在任何联网的计算机上都可以进行数据查询、分析和管理操作。包括对监测点（包括运行参数、运行状态）等基本信息的管理，对实时和历史数据进行处理与分析，使用各种条件绘制图表和报表等。该系统是一个软硬件结合的监管系统，硬件设备在本系统中起到了重要的作用。这些设备实现参数数据的采集、存储与控制。

1）经过授权认证的用户（账号认证）可在任何网络上的终端，通过网络浏览器登录系统，进行强制关电、时控管理、报表打印、账目盘点、日志查询等操作。

2）经过身份认证的用户可以在手机端通过微信公众号进行实时剩余金额查询，用电信息查询，充值记录查询以及电费充值操作。

2. 绿色节能照明设备改造

该项目改造将原有高耗能、多种类的灯具更换为高效绿色节能的新式 LED 灯具，将原有的灯具取下来换上 LED 节能灯，并将原有的镇流器和启动器去掉。LED 灯具有以下节能优势。

（1）更节能。LED 灯替代普通荧光灯、节能灯、射灯更省电约 50%。

（2）光衰小、使用寿命长。采用全球顶级光源芯片和先进的生产工艺，光衰小，平均使用寿命长达 50000h。

（3）降低污染。LED 灯不含金属汞，降低二氧化碳排放（每节约一度电可减少 0.39kg 二氧化碳的排放）。荧光管日光灯是紫外线光源经荧光粉转换为白光，LED 白光灯是蓝光芯片经黄色荧光粉转换白光；光源波宽范围窄，可以控制在可见光内，不产生紫外线。

（4）安装简易，维护简便。LED 灯更换不需改换灯具，不需改变线路，不需改装镇流器，只要将启辉器取下即可。

（5）高效转换，减少发热。传统灯具会产生大量的热能，而 LED 灯则是把 90% 的电能转换为光能，大大减少能源的浪费。

（6）清静舒适，没有噪声。LED 灯不会产生噪声，对于使用精密电子仪器的场合为上佳之选。适合于公用办公之类的场合。

（7）光线柔和，保护眼睛。传统的日光灯使用的是交流电，所以每秒钟会产生 100～120 次的频闪。LED 灯是把交流电直接转换为直流电，不会产生闪烁现象，可保护眼睛。

（8）电压可调 80～245V。传统的日光灯是通过整流器释放的高电压来点亮的，当电压降低时则无法点亮。而 LED 灯灯在一定范围的电压之内都能点亮，还能调整光亮度。

3. 冷热源机房节能改造

冷热源系统主要包括冷水机组、冷冻水泵、冷却水泵及冷却塔风机及其他相关设备等。对该系统的节能改造主要采用优化系统控制策略，增加对冷水机组的运行参数监测，调整系统运行状态，同时增加冷冻水、冷却水及热水能耗监控智能仪表，对实际运行能耗数据采集分析，进一步提高系统运行效率。

（1）冷冻水系统。

1）增加系统供回水压差传感器。由于冷冻水泵均采用变频控制，因此如何根据负载需求及时调整水泵频率及运行台数，成为系统能否节能运行的关键。因此针对冷冻水系统，增加供回水压力监测，根据供回水压差及时调整水泵的运行频率，如当压差低于设定值－偏差或温差高于设定值＋偏差时（偏差值格设定）增加水泵频率。

2) 采用供回水温差控制。如在供回水温度远小于 5℃，冷冻泵全功率运行，此时系统会存在大流量，小温差现象，水泵也存在大能耗小功效的现象，因此此时应通过对冷冻水泵变频控制在一定范围内减少水流量。控制策略可优化为压差高于设定值＋偏差或温差低于设定值－偏差时降低水泵频率，频率不应低于 35Hz。

3) 重新设定冷冻水出水温度。为了保证冷水机组的高效运行，冷冻水出水温度可通过整体优化算法重新设定，以保证满足空调系统需求的情况下，提高冷水机组的综合能效比。

(2) 冷却水系统。优化控制策略，避免冷却水泵因供回水温差太小而造成的大流量小温差现象，及时调整水泵运行频率，保证水泵持续在高效状态下运行。控制策略可采用恒温差控制，根据供回水温度及时调整冷却水泵的运行频率。

1) 温差高于设定值＋偏差时，增加水泵频率。

2) 温差低于设定值－偏差时，降低水泵频率，频率不应低于 35Hz。

(3) 冷却塔。冷却塔是冷冻站的组成部分，功能是排除冷水机组冷凝器侧的热量，其性能的优劣将直接影响冷水机组的能耗。对于冷水机组而言，冷却水温越低，冷水机组的冷凝压力越低，所以在一定范围内尽量降低冷水机组冷却水进机组温度可以提高冷水机组效率。为了尽可能获得的适宜的冷却水，可进行两个策略补充。

1) 根据冷却塔出水温度自动调整冷却塔风机的运行台数及频率（偏差值可设定）：①出塔温度高于设定值＋偏差时，整体提高风机运行频率；②出塔温度低于设定值－偏差时，整体降低风机运行频率，频率不应低于 30Hz；③频率达到下限其出塔温度仍低于设定值－偏差时，应按组关闭风机。

2) 冷却塔出水温度设定值智能修正。冷却塔冷却效果的评价客观而言，应该利用冷却塔出水温度与室外湿球温度的差值，也就是研究领域称为的固定逼近度，运行良好的冷却塔的出水温度应该比室外湿球温度高 3～5℃。可利用楼宇自控系统中已设置的室外温湿度，计算室外湿球温度，通过比较冷却塔出水温度和室外空气湿球温度来实时监测冷却塔运行效果，并对冷却塔出水温度设定值进行智能重设。

4. 组合式空调机组节能改造

该项目目前的现场组合式空调机组控制楼宇自动化系统（Building Automation System，BAS）采用美国江森 ADS 系统进行控制。控制系统运行良好，现场已更换过一套变风量机组，运行良好，并且现场操作人员评价较优。

空调末端主要指空调机组（AHU）设备，其设备中功率较大的风机达到了 35 台，每台设备风机单独运行，且均为工频满负荷运行，没有根据负载需求实时调整运行状态，在造成巨大能耗的同时，也产生了一定的噪声污染。

根据流体计算原理，能耗正比于运行时间，反比于运行效率，因此要降低空调末端的能耗，可通过以下两个方面考虑：①通过有效而合理的管理，避免或减少空调系统不必要的运行时间；②采用适当的调速变频技术及控制技术，对空调末端风机风量、冷冻水流量等进行动态调整，保证流体机械在高效状态和频率下运行，以减少部分负荷时流体机械设备的能耗。

根据该建筑能耗性能诊断分析，将现场组合式空调定风量机组改造为变风量空调机组，可节约大量能耗。

5. 其他设备改造

（1）灶具改造。根据现场勘查情况及天然气能耗分析，该项目现场灶具存在年限较久，噪声较大，天然气消耗量高，设备老化严重。该项目改造对市民中心 1、2、3 号餐厅的双眼大锅灶、单眼大锅灶、双眼炒灶进行全部更换改造。

（2）茶水间开水器改造。根据现场茶水间开水器使用情况的分析，开水器能耗主要在开机时段、早上 8 点上班时段及中午午饭时段，其他时段较少使用。该项目改造对现场开水器进行控制管理，增加智能控制器进行关断控制，同时，智能控制器支持 RS-485 远程通信、电能计量和时间段管理控制，从而实现人性化及科学性管理。

8.2.3　项目成效分析

1. 智慧建筑综合能效管控平台节能效果分析

根据 2017 年 3 月 30 日住建部公共建筑节能技术应用经验交流会（重庆），中国教育后勤协会能源管理专业委员会 2017 年 3 月 17 日第一届第三次全体委

员大会（重庆）提供数据：采用节能监管平台管理的单位节水率在12%；节电率在11%。

根据相关统计数据，该项目建设完成后，达到的年节电率为2.7%，经济效益提升16%。

2. 冷热源机房节能改造效果分析

根据以上统计数据，在完成冷热源机房改造后，2018年冷热源机房计量合计用电能耗为约160万kWh，合计冷热源机房耗能费用约100万元，改造后节能量约为28万kWh，节能率为17.5%，经济效益提升20%左右。

3. 照明系统节能改造效果分析

该项目节能量以改造前照明系统单位时间的总能耗减去改造后照明系统单位时间的总耗电量之差作为单位时间节电量。以单位时间节电量乘以用电时间，再乘以用电单价即为整体节能收益。

通过改造为LED灯具后，年节约用电量约为240万kWh，节约费用约为170万元，节能率可达到51.84%，节能效果非常明显。

4. 组合式空调机组改造效果分析

该项目通过改造为组合式空调机组后，年节约用电量约为27万kWh，节约费用约为19万元，节能率可达到39.5%，节能效果显著。

5. 灶具节能改造效果分析

该项目对灶具进行改造后，年节约燃气用量达到3万 m^3，合计年节约费用120万元，节能率15.66%，节能效果亦十分显著。

8.3 某市商业广场项目

8.3.1 项目建设概况

该商业广场总建筑面积约15万 m^2，年用电量约3000万kWh，其中中央空调系统年用电量达900万kWh以上。目前，商场中央空调系统全部通过人工操作，能源浪费情况严重，空调系统智能化改造需求迫切。改造前主要存在以下问题。

1. 能耗数据采集不全面

某市商业广场的能源管理系统只采集能耗数据，未对设备运行状况和环境因素进行监测，如室内外温度、空调暖通系统的运行参数等；也未安装足够分项计量装置，如商场约 370 个配电柜中，配备分项计量的点不到 10 个，输变配电信息采集覆盖严重不足。

2. 用能系统管理粗放

某市商业广场空调系统能耗占比最大，约为总用电量的 30%～40%，其次为照明系统占 30%，电梯和其他动力占 20% 左右，排水设备占 7% 左右，其他用电损耗占 1%～2%。与同类商场比，某市商业广场空调系统耗电偏高，存在较大优化空间。加之能源管理系统结构繁杂冗余，很多系统功能被闲置，无法通过有效的控制策略发挥出设备的最大节能潜力，导致整体能源利用效率不高。

3. 尚未实现与电网的协调互动

某市商业广场原能源管理系统未设计与电网互动和参与电力市场交易功能，用户用能价值未能有效挖掘。随着泛在电力物联技术应用普及，现有的系统无法参与需求响应与电力市场交易，亟须通过改造实现与电网交互，参与电力市场交易。

8.3.2　项目建设路线

1. 整体架构

该项目整体架构分为云、管、边、端 4 个层次，如图 8-2 所示。

（1）云。应用"大云物移智链"技术，部署省级用户侧智慧用能服务平台，汇聚海云量用户侧数据资源，构建数据聚集、快速迭代、融合共享的泛在物联管理系统，实现用户用能状态的全息感知、全域物联以及多元化网荷互动。

（2）管。通过混合组网方式，搭建平台与用户侧物联资源的能源流、业务流、数据管流"多流合一"的交互枢纽。

（3）边。部署边缘路由器，汇聚属地物联数据资源，构建自动化、智能化、模块化边的属地自洽系统，因地制宜结合应用场景，提升用户侧物联资源管理的精细化和灵活性。

（4）端。通过部署不同类型的采集传感器，实现用户侧设备资源的泛在互联和即时感知。

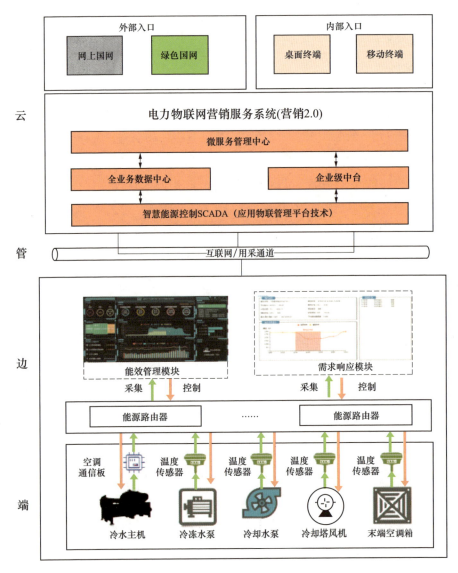

图 8-2　某市商业楼宇 CPS 用能控制系统图

2. 建设思路

项目建设思路见表 8-1。

表 8-1 项目建设思路

子系统	改造前	改造措施
制冷剂循环子系统	根据出回水温差自动优化运行，与其他子系统缺乏联动	纳入本地信息物理系统（Cyber-Physical Systems，CPS），实现与其他子系统联调优化控制
冷冻水循环子系统	不能根据冷冻出回水温差进行变频运行	1. 纳入本地 CPS，实现与其他子系统联调优化控制； 2. 完成冷冻水循环管网出回水温度采集改造； 3. 完成冷冻水泵运行状态监测改造； 4. 完成冷冻水泵实时变频运行改造
冷却水循环子系统	不能根据冷却水出回水温差进行冷却塔风机运行数量控制	1. 纳入本地 CPS，实现与其他子系统联调优化控制； 2. 完成冷却水循环管网出回水温度采集改造； 3. 完成室外温湿度采集改造； 4. 完成冷却塔风机运行状态监测改造； 5. 完成冷却塔风机数量优化控制改造
末端空调箱子系统	不能匹配末端空调箱对应区域的温度进行精准调控	1. 纳入本地 CPS，实现与其他子系统联调优化控制； 2. 完成末端空调箱对应区域温度采集改造； 3. 完成末端空调箱运行状态监测改造； 4. 完成末端空调箱冷量控制改造； 5. 识别末端需冷量，调节主机制冷量输出，实现整体系统动态寻优运行

3. 建设内容

项目借鉴用户思维、平台思维、流量思维、跨界思维等互联网思维模式，整合海量用户侧物联数据资源，设计开发了某市商业楼宇 CPS 用能控制系统：①针对用户侧能耗数据采集不全面的问题，项目通过安装不同类型的采集传感器，实现某市暖通系统物联资源的全息感知；②针对用能系统管理粗放的问题，项目搭建热惯量模型，采用"全局优化＋边缘优化"的方式，实现了用户侧用能的精细化管理和能效提升；③针对尚未实现与电网的协调互动的问题，项目构建"云管边端"的物联技术架构体系，实现电网对用户侧负荷资源的灵活调配。

某市 CPS 用能控制系统首页展示如图 8-3 所示，其五大块的主要功能为信息总览、可视化运维、能效分析、电网互动、市场交易。

图 8-3　CPS 用能控制系统首页展示

（1）信息总览。信息总览部分通过图形化的显示界面，整合商业楼宇基本信息和用能信息，形象、直观地展示楼宇能效和需求响应相关的参数和趋势。

（2）可视化运维。可视化运维部分通过设备图块标识、楼宇分布图等形式展示系统内不同设备之间的流程关系和布置情况，便于运维人员准确掌握楼宇中央空调系统设备动态。图 8-4 所示为冷冻水系统和冷却水系统。

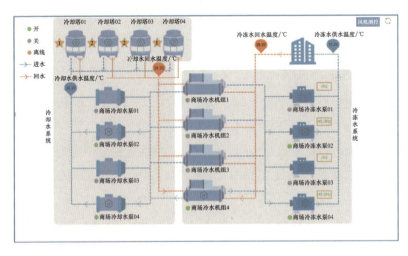

图 8-4　冷冻水系统和冷却水系统

（3）能效分析。能效分析部分从系统级和设备级能效两个维度对楼宇进行能效评估，通过分析实时采集到的数据和历史能效数据，形成能效提升方案和控制策略。节能策略管理如图 8-5 所示。节能成效统计如图 8-6 所示。

图 8-5　节能策略管理

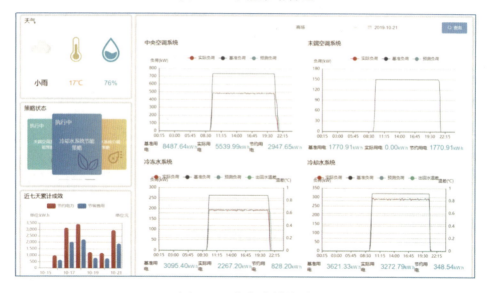

图 8-6　节能成效统计

（4）电网互动。电网互动部分可以直观获取需求响应的结果分析，设置自动参与需求响应的方案，以及是否参与需求响应，从而提升用户使用的便利性。需求响应预案管理如图 8-7 所示。

（5）市场交易。市场交易部分通过规划电力市场交易在智慧用能控制系统中的实现形式，对竞价、中标、执行、结算、评价全流程管控，同时预留接口与用户界面，在用户侧可调资源正式进入辅助服务市场时，可与电力公司营销系统迅速对接并为用户带来可观经济效益，如图 8-8 所示。

图 8-7　需求响应预案管理

图 8-8　市场交易竞价中标

8.3.3　项目成效分析

1. 能效收益分析

某市商业广场目前年用电量超过 3000 万 kW，年电费约 2000 万元，其中空调系统用能占比 30% 以上。通过实施空调系统改造，冷冻水系统能效可提升 30%、冷却水系统能效可提升 15%、末端空调系统能效可提升 10%，整体系统能效可提升 15%~25%。按照 20% 的平均能效提升率计算，该商业广场每年的能效提升收益也有较大的提高。

2. 需求响应收益分析

某市商业广场通过 CPS 参与自动需求响应，目前可调的最高负荷量达到

2800kW，江苏地区目前参与实时需求响应的用户，按照相关政策，可获取 30元/kW 的补贴，依此测算，按照每年 1~2 次的需求响应频次，该商业广场每年的需求响应收益十分可观。

3. 需求响应实施实例

某市商业广场 CPS 智慧用能控制系统在接收调控需求指令后，自动匹配策略最大降低空调负荷 1540kW，此过程中楼宇内温度仅上升 1.25℃，对环境舒适度几乎无影响。需求响应期间负荷与温度变化如图 8-9 所示。

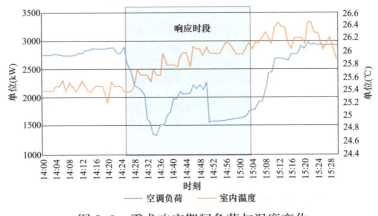

图 8-9 需求响应期间负荷与温度变化

8.4 某行政中心项目

8.4.1 项目建设概况

该行政中心 2011 年投入使用，并成功申请"二星级绿色建筑"。行政中心共拥有 9 栋建筑，总建筑面积 16.5 万 m²，其中地上 12.03 万 m²，地下 4.57 万 m²，办公人员约 2850 人，空调面积约 12 万 m²，是一座集政府行政办公和市民活动、议事的综合性场所。根据该行政中心近几年用能情况信息，其主要在下列方面具有能效提升潜力。

1. 空调系统

行政中心年度空调用电量约为 580 万 kWh，占年总用电 55%，锅炉供热燃气消耗占总天然气用量 78%。存在主要问题是管理粗放，分时设备未实施峰谷电

价，设备采用人工启停控制，且无法监测具体能耗数据，存在一定优化空间。

2. 照明系统

根据行政中心建筑能耗结构，推断照明系统耗电占总耗电比例为20%，照明年用电量约为210万 kWh。照明灯源主要为传统灯源约1万盏，且无智能控制手段。

3. 供水系统

行政中心2017年单位面积用水量较2016年有较大降幅，但较其他同类型办公建筑指标偏高，人均年用水量约55t，初步判断存在跑冒滴漏现象，需加装表计后确定具体位置。此外，部分洁具具有改造潜力。

4. 电梯设备

行政中心装设各类电梯34台，其中消防电梯1台，客体26台，杂物梯7台，总装机功率约600kW，使用手动控制方式运行，尚未安装变频及能量回馈装置。

5. 能源管理平台

行政中心现有能源管理平台无法实现本地数据实时查看，缺少报警、分析功能，尤其对于供配电设备缺乏监测手段，给日常管理带来一定难度，增加运维、检修成本。

8.4.2 项目建设路线

该项目建设整体路线主要分为 E-CON 中央空调系统全局优化控制系统建设、VRV/风冷热泵中央空调节能改造系统建设、建筑末端空调集中管理系统建设、照明系统高效光源节能改造方案、感应式节水龙头改造方案。

1. 中央空调全局优化控制系统

(1) 方案概述。中央空调系统的主要受控参数（温度、流量、压差）受季节变化、使用时间、环境变化、人流量变化等多种原因综合因素影响，其过程要素之间存在着严重的非线性、大滞后及强耦合关系，因此中央空调系统是一个随机的、时变性的、非线性、多变量、复杂的系统，一般难以用精确的数学模型或方法进行描述。对这样的系统，基于精确数学模型的传统控制，无论是经典的 PID 控制，还是现代控制理论的各种算法，都很难实现较好的节能控制

效果。E-CON 系列冷热源站极效控制系统具有强大的管理功能，产品具有精确、简单高效、易用等特性，为中央空调系统的高效、低耗、安全运行提供了完善的技术解决方案。产品技术在近两千个项目得到的使用和运行，系统运行稳定可靠、节能效果显著，产品软硬件成熟，能在确保中央空调系统的舒适性和安全性的前提下实现最大的节能指标。该项目根据某市政府大楼冰蓄冷中央空调冷热源系统的配置情况、管路连接方式及实际运行状况，量身定做"E-CON 系列冷热源站极效控制系统"，为某市政府大楼中央空调系统提供先进的节能控制运行模式和管理平台，进行自动节能控制。

（2）冰蓄冷系统控制策略。冰蓄冷系统包含系统蓄冷、系统放冷、系统同时放冷 3 个主要工作模式，不同的工作模式所对应的运行状态、运行时间、安全检测及保护等各有不同，中央空调节能专家系统（EcR）针对每个工作模式的特点，提供多种模式控制，通过模式控制，操作人员只需在系统运行初期进行模式运行参数的设置和设备运行关联设置，在以后的运行中只进行模式启动，中央空调节能专家系统（EcR）便自动运行相关配套设备，极大地减轻了设备操作人员的工作压力。中央空调节能专家系统（EcR）可根据不同时段的单价结构、主机供冷能力及效率特性、系统蓄冷容量、供冷能力和负荷预测曲线等，合理确定空调系统次日的运行策略，包括蓄冷、放冷和主机直接供冷的各种运行模式及时段分配，即每小时主机和放冷所各自承担的负荷分配，确保当日蓄冷全部用完，同时保证蓄冷装置随时有足够的释冷量以配合制冷主机满足空调负荷的需求。

（3）系统控制架构。E-CON 系统采用分布式控制，由管理层（极核控制器）和控制层（集成智能变频控制柜、冷却塔变频控制箱等）二级网络构成。控制层的每个控制柜均使用了独创专利技术的分布式控制器，各个控制柜、控制箱均完全独立工作，与管理层及其他控制柜工作是否正常无关，从而分散了控制系统的故障风险，提高了系统的可靠性和运行安全性。某市行政中心系统控制架构如图 8-10 所示。

（4）冷冻水系统——智能模糊预期控制技术。E-CON 冷热源站极效控制系统采用了模糊预测算法对冷冻水系统进行控制。当环境温度、空调末端负荷发生变化时，各路冷冻水供回水温度、温差、压差和流量亦随之变化，流量计、压差传感器和温度传感器将检测到的这些参数送至模糊控制器，模糊控制器依据所采集的实时数据及系统的历史运行数据，实时预测计算出末端空调负荷所需的制冷量，以及各路冷冻水供回水温度、温差、压差和流量的最佳值，并以此调节各变频器输出频率，控制冷冻水泵的转速，改变其流量使冷冻水系统的供回水温度、温差、压差和流量运行在模糊控制器给出的最优值。基于负荷预测的模糊控制系统原理如图 8-11 所示。

图 8-10　某市行政中心系统控制架构

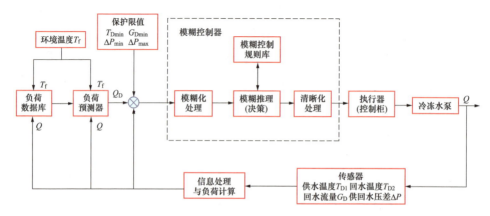

图 8-11　基于负荷预测的模糊控制系统原理图

"E-CON 冷热源站极效控制系统"根据模糊预测算法模型、系统特性及循环周期，通过统计的方法计算出空调主机的输出负荷，推理预测未来时刻系统的运行参数，达到冷冻水回水温度的精确控制，在保证服务质量的前提下，降低水泵能耗。

（5）冷却水系统——系统自适应模糊优化控制技术。"E-CON 冷热源站极效控制系统"根据自适应模糊优化模型来控制冷却水系统。当环境温度、空调末端负荷发生变化时，中央空调主机的负荷率将随之变化，系统的最佳转换效率也随之变化。模糊控制器在动态预测控制冷媒循环的前提下，依据所采集的空调系统实时数据及系统的历史运行数据，计算出冷却水最佳进、出口温度，并与检测到的实际温度进行比较，根据其偏差值，动态调节冷却水的流量（和冷却塔风量），使系统转换效率逼近不同负荷状态下的最佳值，从而实现中央空调系统运载能耗最大限度的降低。

E-CON 适时建立冷源站在不同负荷率及温度（蒸发和冷凝）条件下系统的能效比（COP）数据库，利用模糊优化控制模型，调节冷却水流量和冷却塔风量，使空调冷源站在当前条件下达到系统效率最高。控制目标是使系统 COP 值始终处于最高区间运行。

（6）E-CON 系统功能。

1）状态监控功能。该控制系统在极核控制器 CRT 上能够动态地显示制冷主要设备的运行状态及工艺参数，可在 CRT 上直观地反映系统及设备的运行状况。并能显示出系统能效、主机能效、冷冻水及冷却水能效及能效评估等信息，可以便于操作员可以直接观看。系统界面如图 8-12 所示。

2）计量功能。该控制系统设置了各种计量装置或仪表，可实现以下能耗和能量的计量，从而为管理人员提供系统用能状况、效率、费用、成本等方面的参考数据：①各个机电设备的电能消耗量；②各个空调主机的冷热源消耗量。

3）故障报警与保护功能。该控制系统提供故障报警与保护功能，确保空调系统的安全运行。报警方式为软件画面显示报警及远程云端提示等。报警及保护内容如下：水泵电机故障、变频器故障、空调主机故障、传感器数据异常、空调主机冷温水断水及低限流量自动保护、空调主机冷却水断水及低限流量自动保护、空调主机冷冻水出口低温保护、空调主机冷却水出口高温保护、回路冷冻水供回水压差低保护、组合式空调回风高温保护。

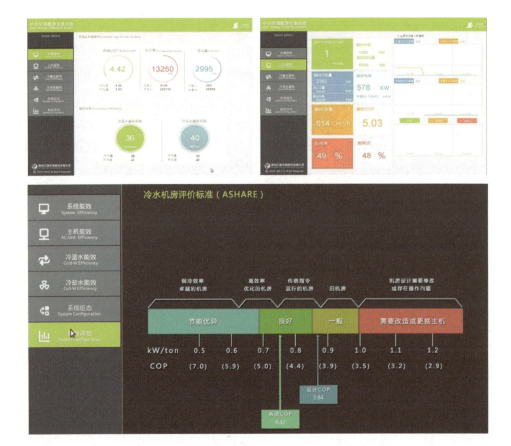

图 8-12　系统界面

2. 中央空调节能改造系统

（1）方案概述。根据现场用能情况考察，该项目针对 VRV 空调及风冷热泵机组主要应用以下两种技术实现节能。

1）通过国际先进的多联共振节能装置将冷冻机油充分融合形成聚合物溶液，大幅度降低配管阻力，提高蒸发压力，从而减少压缩机能耗。

2）采用超临界离心雾化技术，对软水进行雾化，和热泵主机进行联动，通过微粒水蒸发吸热原理大幅度减低热泵主机散热环境温度。

（2）VRV 系统多联共振节能装置设计方案。多联共振节能装置是 DD Machine 株式会社经 20 年研发后上市的新一代空调节能产品，该装置可节省多联式空调电力消耗 15%～35%，引起市场普遍关注。多联共振节能装置由日本顶级重工业的三菱重工工厂制造，符合 ISO1400・ISO9600 标准，工厂

具备高压气体生产器具许可证厂，产品质量有保证。容器压力按照冷媒工作压力的3倍设计，采用与汽车同规格的聚氨酯漆，经过盐水喷雾试验环境500h耐腐蚀性和更多的耐久性测试，充分保证使用过程中的安全。

1）技术原理。多联共振节能装置把制冷液和冷冻机油进行搅拌，使配管中流动阻抗减小无限接近无阻，大幅削减压缩输送能量，可以实现制冷液充分液化和冷冻机油的细分子化。这种细分子化效果在微观世界中实现了高分子溶液化来降低配管内流动阻抗，压缩机液化冷媒时，会不均匀有脉冲，该装置会把这种脉动稳定下来。其功能主要体现在以下两方面。

a. 促进冷媒液化，去除细小气泡。从冷凝器排出的常温高压液态冷媒，因不完全液化含有大量气泡，其中细小气泡因不处于被结合的分子状态而难以冷却液化。多联共振装置特殊的螺旋沟槽结构，形成的旋流促进细小气泡的分解去除，大幅度减少冷媒中残存的气泡，降低配管管路的局部损失及电耗。

b. 强力搅拌混合，降低流动阻力。多联共振节能装置将制冷剂和冷冻机油搅拌混合，实现冷媒充分液化和冷冻机油细分子化，在微观世界中形成黏弹性流体的聚合物溶液。根据黏弹性交叉效应，黏弹性流体管壁摩擦系数减小，降低配管沿程损失，降低电耗。

2）安装位置。多联共振节能装置不对机器本体进行改造，仅对配管改造，与管道上安装油过滤器类似，多联共振只是针对管路系统的优化装置。冷媒和润滑油的充分融合需要一段时间完成，一般安装完成后运行3~10天左右节能效果开始显现。安装位置示意如图8-13所示。

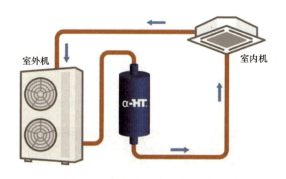

图8-13　安装位置示意

（3）VRV/风冷热泵中央空调高效主机雾化节能方案。空调制冷剂在冷

凝器内通过压缩机的压缩由气体变为液体，放出热量，由此产生的热量由室外机风扇吹散到空气中，因此冷凝器散热须同室外空气有一定的温差，且温差越大冷凝速度越快，压缩机所需的压力就越小，压缩机功耗就越小。即室外机散热越快越多，则温差越大，那么压缩机的功耗就越小。雾化冷却节能装置就是加快室外机的散热速度，降低压缩机的功耗，从而实现节能的目的。安装雾化节能装置后可以降低空调的噪声，节省用电量，同时提高制冷效率。本项目选用的设备即是空调室外机雾化节能装置。雾化节能的原理是：雾化控制器能采集运转中的空调系统外机风机工作电流与相关采样点的温度湿度等数据，并根据用户设定的初始值，发出启动（或停止工作）的指令，通过雾化功能降低外机翅片热量，降低空调压缩机负载，达到减少用电量，提高空调制冷效能。控制器能检测出雾化器故障、空调外机风扇等多种故障、发出告警信号，协助维修人员及时到现场维修。并根据季节变换，自动关闭系统，减少操作人员的工作量。雾化冷却节能装置由雾化冷却节能系统、雾化器、雾化节能控制器等组成。

1）雾化冷却节能系统。雾化冷却节能系统是利用水雾化蒸发吸热原理，将水雾化成微米级颗粒喷在周边空气中或设备的外围，微细雾粒吸热汽化，吸收并带走空气中的热量，从而降低了设备周边的空气温度，达到改变环境温度，调节设备运行工况。雾化冷却节能系统降温速度快，蒸发效率高，温度分布均匀，净化空气，降低设备积尘率，降低冷凝器压力，提高冷凝器换热能力，从而达到降温，杜绝高压，节能的效果。

2）雾化器。处于高速运转中的雾化器将水迅速雾化，并喷洒到冷凝器表面，处于高温中的冷凝器表面水雾迅速蒸发，带走热量，从而降低冷凝器温度，提高热交换率，使空调系统由单一的"风冷"变成"风冷与雾化冷却"的混合冷却模式。降低了压缩机的负载，增加制冷量、延长压缩机使用寿命，也降低了用电量，达到节电效果。同时由于降低了冷凝器的冷凝温度和冷凝压力，减少了压缩机的高低压差，有效改善了压缩机因高温造成频繁跳机与启动困难的现象。

3）雾化节能控制器。当空调系统室外风机停止运转时，雾化节能控制器通过设定好的程序，关闭电磁阀、雾化器停止工作，雾化节能控制器回到原始监控状态。

3. 锅炉综合能效提升

燃气锅炉排烟直接排放，未进行烟气余热回收，存在较大的能源浪费，该项目针对锅炉改造主要从以下几个方面着手。

（1）新增锅炉烟气余热回收装置，回收锅炉排出的烟气余热，可用于加热采暖热水。

（2）新增烟气温度传感器、热水温度传感器，用于监测烟气回收装置工作状态。

（3）新增热水循环泵，用于循环加热热水介质。

4. 建筑末端空调管理系统

空调监控管理系统是一款集分体空调、中央空调为一体的集成监控管理软件。系统软件以监测空调运行参数为手段，以空调节能运行控制管理为目的的Web化系统，采用先进的传感技术和物联网技术，通过在线监测空调运转模式、室内温度、设定温度、电量等运行参数，并进行周期采集，进而对数据进行统计、分析，在此基础上建立一套相应的空调节能管理模型，通过配以集中控制、强制节能、全方位节能预警手段，实现了空调的运行用电远程监测、分析与使用管控，最终通过使用者的自主行为节能、管理者远程调控节能和设备定时或变量控制等节能手段，有效地控制空调合理使用，既能营造舒适的工作生活环境又不造成浪费，为能源消耗定额管理，节能目标定量化提供了计量手段和节能手段。

（1）方案概述。空调用电量一直是建筑能耗中的重中之重，并且由于无人空调、空调温度设置过高/过低、提前开启延后关闭空调使用、不使用空调不拔插头等比比皆是的现象也极大造成空调用电的浪费。加强空调用电节能管理对于节能减排、控制运行费用具有十分重要且现实的意义。

（2）系统架构。

1）感知层设备由空调原厂商供货。室内空调、室外空调、新风内机、新风外机等空调末端设备的运行状态可通过简易中央控制进行查看和设置。

2）BACnet网关监视室内空调、室外空调、新风内机、新风外机等空调末端设备的变量参数。

3）建筑物BAS或BMS系统建筑物管理系统过BACnet网关将参数（初始值设定，控制参数设定等）下发至末端设备，并对整个空调系统实行系统管理。

4）数据应用层由系统软件（空调监控管理系统）、服务器（含操作系统和数据库软件）和管理终端组成，空调监控管理系统作为平台系统的子应用，可部署在平台集群服务器。

5）系统实现对空调系统的实时监测、数据转换、策略控制、存储和管理功能，可独立或批量调节各房间空调开关状态、温度及运行模式，满足不同房间对空调负荷的需求。同时多种空调控制策略可预防违规使用空调现象，降低能耗使用，减少管理成本。

（3）系统功能。

1）空调集中监控。集中控制和远程操作是本系统的重要特点，通过该部分功能可以达到对空调批量操作、统一管理、高效运转等目标要求，为更好地做好空调节能和管理工作提供支撑。基于建筑或部门维度，针对楼群、楼、楼层、房间等，通过集中控制可以对所属空调的开关状态、设定温度、运行风向、节能命令、遥控开关等进行批量远程操作，另外，可以查询待滤网清洁的空调信息，配合操作命令进行批量清洁。

2）楼层空调监控。显示该楼内每层空调使用的总体状况、每层楼的空调运转汇总信息和能耗信息。在分楼层分管的现场管理体制下，该功能提供了现场人员工作的数据保障。

3）实时监测与控制。通过平台监测显示空调的类型、品牌、类别等基本信息，内机当前运行参数信息，其中包括室内温度、开关状态、运行模式、设定温度、累计用电量等，同时模拟内机面板和各控制状态按钮，更加逼真地对远程面板的开关状态、运转模式、设定温度、风向等进行控制。

4）节能策略管理。空调节能管理主要提供建立空调节能模型并对空调下发的功能，主要包含节能策略配置和节能模式下发两方面内容。其中，节能模型策略中提供强制节能附加功能，配合国家空调节能要求，即制冷温度不能低于26℃，制热温度不能高于20℃，当选择强制节能时，该模型下所关联的空调遥控温度命令开启（即不能在终端进行温度调节），同时将空调温度置成节能模型所设强制温度，并将节能命令关闭；当取消或没有选择强制节能时，将该模型下所关联的空调遥控温度命令关闭（即可以在终端进行温度调节），并将节能命令打开；当删除节能模型时，将该模型下所关联的空调遥控温度命令关闭（即可以在终端进行温度调节），节能命令置为关状态。

5. 照明系统高效光源节能改造

飞利浦生产的 LED 灯可直接替换荧光灯、节能灯、射灯，更换简易、快捷，功率因数高达 0.95 以上（普通电感镇流器为 0.4～0.5），自身损耗小，与普通荧光灯比可节省 50% 的电能，无汞，无紫外线，输入电压范围大，且无噪声和频闪等特点。

6. 感应水龙头改造

（1）方案概述。感应水龙头是通过红外线反射原理，当人体的手放在水龙头的红外线区域内，红外线发射管发出的红外线由于人体手的遮挡反射到红外线接收管，通过集成线路内的微电脑处理后的信号发送给脉冲电磁阀，电磁阀接收信号后按指定的指令打开阀芯来控制水龙头出水；当人体的手离开红外线感应范围，电磁阀没有接收信号，电磁阀阀芯则通过内部的弹簧进行复位来控制水龙头的关水。另外感应水龙头又有感应节水龙头，是一种新发明的高科技产品，广泛用于酒店，宾馆，写字楼等高档场所，利于企业节水省钱的同时更为环保，为全国缺水的城市尽一份责任，随着感应洁具的发展感应节水龙头受到广泛应用。

（2）应用范围。由于感应水龙头无需人体直接接触，可有效防止细菌交叉感染；伸手就来水，离开就关闭的功能，从而有效地节约用水 30% 以上，特别适合我国严重缺水的地区。感应水龙头多应用在人流量密集的火车站、汽车站、飞机场、医院等公共场所。因为感应水龙头属红外反射接收电子电磁阀类开关，它所分辨的是遮挡物而非红外信号，故需加装超时停水保护。如无超时停水保护，水龙头遇固定遮挡物时就会长流水，浪费水资源。超时停水保护时间一般设定为 5～60s。感应水龙头在应用场合上可分为以下几种。

1）公用感应水龙头，有感应到信号出水、信号消失停水、超时停水功能，适合大多公共场所使用。

2）医用感应水龙头，有感应到信号出水、再感应到信号停水及超时停水功能，适合医院手术室、护士洗手盘使用。

3）家用感应水龙头，除有感应到信号出水、信号消失停水、超时停水功能外，还有长时间放水功能，适合家居使用场景。

8.4.3 项目成效分析

　　该项目全额投资改造行政中心现有空调系统、照明系统、电梯系统、给排水系统及能源监测系统，改造完成后，某市行政中心年整体节能率不低于12％，符合国家节能减排产业政策及相关行业标准。项目改造完毕后，空调系统实现了中央空调机组自动加卸载、冷冻水和冷却水变流量控制，风机、风阀、水阀进行按需调节控制，减少多联机主机能耗；照明系统全部更换为 LED 灯具，并部署配套智能照明控制系统，打造了更节能、更舒适的照明环境；电梯系统加装能量回馈装置，减少了电梯设备的能量消耗；给排水系统精准实施供水管网治理，同时更换部分节水器具，部署供水监测系统，实现了用水效率提升；能源监测系统进行升级改造，实现水、电监测计量统一平台，能耗数据实时显示，并具备统计分析、报警提示功能。每年可节约能源费用约 200 万元，节约标煤约 800 吨，具有良好的节能效果。

参 考 文 献

[1] A Sayigh. Energy internet or comprehensive energy network [J]. Journal of Modern Power Systems & Clean Energy, 2015, 6 (10): 1-5.

[2] 王璟, 王利利, 林济锵, 等. 能源互联网结构形态及技术支撑体系研究 [J]. 电力自动化设备, 2017, 37 (4): 1-10.

[3] 胡海涛, 郑政, 何正友, 等. 交通能源互联网体系架构及关键技术 [J]. 中国电机工程学报, 2018, 38 (1).

[4] 严太山, 程浩忠, 曾平良, 等. 能源互联网体系架构及关键技术 [J]. 电网技术, 2016, 40 (1): 105-113.

[5] Takahashi R, Tashiro K, Hikihara T. Router for power packet distribution network: design and experimental verification [J]. IEEE Transactions on Smart Grid, 2015, 6 (2): 618-626.

[6] Stefano Bracco, Gabriele Dentici, Silvia Siri. Economic and environmental optimization model for the design and the operation of a combined heat and power distributed generation system in an urban area [J]. Energy, 55: 1014-1024.

[7] 陈娟. 能源互联网背景下的区域分布式能源系统规划研究 [D]: 博士学位论文. 北京: 华北电力大学技术经济及管理, 2017.

[8] 赵文会, 李阮, 付强. 能源互联网下可再生能源项目规划研究 [J]. 电网与清洁能源, 2018 (2): 142-149.

[9] OrhanEkren, BanuYetkinEkren, Size Optimization of a PV/wind Hybrid Energy Conversion System with Battery Storage Using Simulated Annealing [J]. Applied Energy, 2010, 87: 592-598.

[10] Ahmidi A, Guillaud X, Besanger Y. A multilevel approach for optimal participating of wind farms at reactive power balancing in transmission power system [J]. IEEE Systems Journal, 2012, 6 (2): 260-269.

[11] Liu X, Wu J, JENKINS N, et al. Combined analysis of electricity and heat networks [J]. Applied Energy, 2016, 162: 1238-1250.

[12] 李正茂, 张峰, 梁军, 等. 含电热联合系统的微电网运行优化 [J]. 中国电机工程学报. 2015, 35 (14): 3569-3576.

[13] 胡晓通, 刘天琪, 何川, 等. 计及蓄电池损耗特性的微网多目标优化运行 [J]. 中国电机工程学报. 2016, 36 (10): 2674-2681.

[14] 王豹, 徐箭, 孙元章, 等. 基于通用分布的含风电电力系统随机动态经济调度 [J]. 电力系统自动化, 2016, 40 (6): 17-24.

[15] 宋艺航，谭忠富，李欢欢，等. 促进风电消纳的发电侧、储能及需求侧联合优化模型 [J]. 电网技术，2014，38（3）：610-615.

[16] Wang Yang, Li Wenyuan, Lu Jiping. Reliability analysis of wide-area measurement system [J]. IEEE Transactions on Power Delivery，2010，25（3）：1483-1491.

[17] Li Chendan, deBosioF, ChenFang, et al. Economic dispatch for operating cost minimization under real-time pricing in droop-controlled DC microgrid [J]. IEEE Journal of Emerging and Selected Topics in Power Electronics，2017，5（1）：587-595.

[18] 宋晨辉，冯健，杨东升，等. 考虑系统耦合性的综合能源协同优化 [J]. 电力系统自动化，2018（10）：1-8.

[19] 徐航，董树锋，何仲潇，等. 考虑能量梯级利用的工厂综合能源系统多能协同优化 [J]. 电力系统自动化，2018（14）：1-8.

[20] 王皓，艾芊，甘霖，等. 基于多场景随机规划和 MPC 的冷热电联合系统协同优化 [J]. 电力系统自动化，2018，42（13）：51-58.

[21] National Institute of Standards and Technology. NIST framework and roadmap for smart grid interoperability standards，release 3.0 [S]. Gaithersburg：National Institute of Standards and Technology，2014.

[22] Wan Y X, Cao J W, Zhang S, et al. An integrated cyber-physical simulation environment for smart grid applications [J]. Tsinghua Science and Technology，Special Section on Smart Grid，2014，19（2）：133-143.

[23] 马君华，张东霞，刘永东，等. 能源互联网标准体系研究 [J]. 电网技术，2015，39（11）：3035-3039.

[24] 曹军威，王继业，明阳阳，等. 软件定义的能源互联网信息通信技术研究 [J]. 中国电机工程学报，2015，35（14）：3649-3655.

[25] 王继业，郭经红，曹军威，等. 能源互联网信息通信关键技术综述 [J]. 智能电网，2015（6）：473-485.

[26] 葛睿，陈龙翔，王轶禹，等. 中国电力市场建设路径优选及设计 [J]. 电力系统自动化，2017，41（24）：10-15.

[27] 张颢，朱晓海，付建文. 关于天然气价格市场化改革问题的探讨 [J]. 价格理论与实践，2018（3）：42-46.

[28] 包铭磊，丁一，邵常政，等. 北欧电力市场评述及对我国的经验借鉴 [J]. 中国电机工程学报，2017，37（17）：4881-4892.

[29] 李永刚. 美国德克萨斯州电力市场设计与监管 [J]. 电力需求侧管理，2017，19（4）：62-64.

[30] 刘志成，王娟，黄艺琦. 天然气市场体系建设的国际经验与启示 [J]. 中国物价，2018（8）：51-54.

[31] 何永秀，宋栋，夏天，等. 基于合作博弈论的常规能源与新能源发电权置换交易模式

研究 [J]. 电网技术，2017，41 (8)：2485-2490.

[32] 黄春光. 我国电力监管体系研究 [D]. 上海交通大学，2009.

[33] 张文泉，沈剑飞. 政府监制与电力监管 [J]. 能源技术经济，2006，18 (3)：9-12.

[34] 袁姗姗. 我国电价监管立法问题研究 [D]. 华北电力大学，2013.

[35] 陈富良. 企业行为与政府规制 [M]. 北京：经济管理出版社，2001.

[36] 让·雅克·拉丰. 规制与发展 [M]. 北京：中国人民大学出版社，2009.

[37] 曹重. 南方电网开展综合能源服务的实践及成效 [J]. 电力需求侧管理，2016，18 (3)：1-4.

[38] Krause T，Andersson G，Fröhlich K，et al. Multiple-energy carriers：modeling of production，delivery，and consumption [J]. Proceedings of the IEEE，2011，99 (1)：15-27.

[39] 李洋，吴鸣，周海明，等. 基于全能流模型的区域多能源系统若干问题探讨 [J]. 电网技术，2015，39 (8)：2230-2237.

[40] 贾宏杰，王丹，徐宪东，等. 区域综合能源系统若干问题研究 [J]. 电力系统自动化，2015，39 (7)：198-207.

[41] 国务院关于积极推进"互联网＋"行动的指导意见 [EB/OL]. http://www.gov.cn/zhengce/content/2015-07/04/content_10002.htm

[42] 国家电网有限公司，国家电网科〔2019〕447 号文件. 北京，2019.

[43] 徐飞，闵勇，陈磊，等. 包含大容量储热的电－热联合系统 [J]. 中国电机工程学报，2014，34 (29)：5063-5072.

[44] Congress of United States. Energy independence and security ACT of 2007 [EB/OL].

[45] 戴毅茹，王坚. 集成能源、物料、排放的能源系统建模与优化 [J]. 同济大学学报：自然科学版，2015，43 (2)：265-272.

[46] Dai Yiru，Wang Jian. Modeling and optimization of integrated energy system considering synergy among energy，material and emission elements [J]. Journal of Tongji University：Natural Science，2015，43 (2)：265-272 (in Chinese).

[47] 徐宪东，贾宏杰，靳小龙，等. 区域综合能源系统电/气/热混合潮流算法研究 [J]. 中国电机工程学报，2015，35 (14)：3634-3642.

[48] Alstone P，Gershenson D，Kammen D M. Decentralized energy systems for clean electricity access [J]. Nature Climate Change，2015，5：305-314.

[49] Zhang X J，Karady G G，Ariaratnam S T. Optimal allocation of CHP-based distributed generation on urban energy distribution networks [J]. IEEE Transactions on Sustainable Energy，2014，5 (1)：246-253.

[50] Saldarriaga C A，Hincapie R A，Salazar H. A holistic approach for planning natural gas and electricity distribution networks [J]. IEEE Transactions on Power Systems，2013，28 (4)：4052-4063.

[51] 贺平. 供热工程 [M]. 北京：中国建筑工业出版社，2009.

[52] Liu X，Jenkins N，Wu J，et al. Combined Analysis of Electricity and Heat Networks [J]. Energy Procedia，2014，61：155-159.

[53] 张义斌. 天然气—电力混合系统分析方法研究 [D]. 中国电力科学研究院，2005.

[54] Liu X，Mancarella P. Modelling，assessment and Sankey diagrams of integrated electricity-heat-gas networks in multi-vector district energy systems [J]. Applied Energy，2016，167：336-352.

[55] Martinez-Mares A，Fuerte-Esquivel C R. A Unified Gas and Power Flow Analysis in Natural Gas and Electricity Coupled Networks [J]. IEEE Transactions on Power Systems，2012，27 (4)：2156-2166.

[56] 陆伟，张士杰，肖云汉. 燃气轮机与燃气内燃机在联供系统中的应用比较 [J]. 工程热物理学报，2008，29 (6)：905-910.

[57] Abeysekera M，Wu J. Method for Simultaneous Power Flow Analysis in Coupled Multi-vector Energy Networks [J]. Energy Procedia，2015，75：1165-1171.

[58] 董今妮，孙宏斌，郭庆来，等. 热电联合网络状态估计 [J]. 电网技术，2016，40 (6)：1635-1641.

[59] 董今妮，孙宏斌，郭庆来，等. 面向能源互联网的电－气耦合网络状态估计技术 [J]. 电网技术，2018，42 (2)：400-408.

[60] 田世明，栾文鹏，张东霞，梁才浩，孙耀杰，等. 能源互联网技术形态与关键技术 [J]. 中国电机工程学报，2015，35 (14)：3482-3494.

[61] 习近平出席联合国发展峰会并发表重要讲话 [EB/OL]. http://www.gov.cn/xinwen/2015-09/27/content_2939398.htm.

[62] 李克强：推动能源生产和消费方式根本性转变为绿色可持续发展提供可靠保障 [EB/OL]. http://www.gov.cn/xinwen/2016-11/17/content_5133846.htm.

[63] 查亚兵，张涛，黄卓，等. 能源互联网关键技术分析 [J]. 中国科学：信息科学，2014，44 (6)：702-713.

[64] Takahashi R，Tashiro K，Hikihara T. Router for power packet distribution network：design and experimental verification [J]. IEEE Transactions on Smart Grid，2015，6 (2)：618-626.

[65] Rifkin J. The third industrial revolution：how lateral power is transforming energy，the economy，and the world [J]. New York：Palgrave MacMillan，2011：24-71.

[66] 梁靓，吴航，陈劲. 基于二元性视角的创新型企业组织架构研究——以海尔创新模式为例 [J]. 西安电子科技大学学报（社会科学版），2013，23 (3)：30-36.

[67] 京东组织架构大调整（2018）[EB/OL]. https://www.tmtpost.com/3660218.html.

[68] 马云宣布退休计划后，阿里巴巴组织架构再次全面升级（2018）[EB/OL]. http://www.sohu.com/a/278292783_505803.

［69］阿里组织架构"变阵"：盒马升级为独立事业群（2019）［EB/OL］. http://www. so-hu. com/a/321365468_100245994.

［70］互联网＋能源 能源企业怎么利用互联网实现转型升级（2017）［EB/OL］. http://www. ctoutiao. com/264575. html.

［71］吴挺. 互联网创业转型下的变革领导力及其效能机制研究［D］. 浙江大学，2016.

［72］中国能源互联网发展基本特征及理念（2018）［EB/OL］. http://www. ctoutiao. com/264575. html.

［73］国企组织结构变革：从职能型结构迈向矩阵型结构（2017）［EB/OL］. http://www. sohu. com/a/142484618_490418.

［74］董晓飞. 互联网企业组织结构类型的选择与比较［J］. 企业改革与管理，2019（1）：8，14.

［75］陈有勇. 互联网时代的企业组织转型研究［D］. 中央党校，2016.

［76］孙彬. 能效管理意义重大——访国网能源研究院副院长蒋莉萍［J］. 电气时代，2019，37（6）：3-10.

［77］彭克，张聪，徐丙根. 多能协同综合能源系统示范工程现状与展望［J］. 电力自动化设备，2017，37（6）：3-10.

［78］孙可，段光，郁家麟，李晓春，李春，应雨龙. 基于运行规划的能源综合服务系统能效管理研究［J］. 科技和产业，2018，18（3）：114-119＋128.